デジタルマーケティング2.0

AI×5G時代の新・顧客戦略

野村総合研究所
安岡寛道 編著
稲垣仁美／木ノ下健／松村直樹
産業技術総合研究所
本村陽一

日経BP

はじめに

マーケティング[※1]のモデルは常に進化を求められている。進化を迫る大きな要因は、新しい技術である。利用者に快適な体験を提供するアプリケーションやインターフェースの導入、それに合わせたバリューチェーンの変更などは、マーケティングの永遠の課題だ。

これから当面の間、対応が必要な最重要ファクターは、ＡＩと５Ｇであろう。

では、ＡＩ×５Ｇの時代には、どんな進化が起きる可能性があるのか。

例えば、「魔法の鏡」が登場し、スマホ並みの必需品になるかもしれない。鏡に顔を映し出すだけで肌の状態が分析され、見えないシミやしわなども含めて肌の状態をチェックした上で、最も美しく見えるメイクの方法をミラー上でシミュレーションしてくれる。シミュレーションしたパターンの中から、その日のお出かけ先や服装などに応じて、最適メイクを選べるようになる。

さらには、その最適メイクを「貼るだけ」で実現するメイクアップシート（化粧品が染み込んだ薄膜シート）を「印刷」できるようになる。メイクアップシートの印刷は、シミの位置や大きさや濃さを正確に捉える画像処理技術、化粧顔料をインクジェットで扱えるようにする材料科学の技術、そのインクを使って肌の色を正確に再現するプリンターの技術など、様々な技術によって実現する。こうなると、メイクは「塗る」ではなく「貼る」ものになる。

そして「魔法の鏡」の機能は、スマホやタブレットに搭載され、あなたの執事となり、外出先などでも利用できるようになるかもしれない。

「スマートミラー」と「メイクアップシート」というアイデアは、夢物語ではない。既にパナソニックによって開発が進められている「スノービューティーミラー」など、実用化に向けた段階に入りつつある商品もある。

AI×5Gが普及する時代は、このような新しいマーケティングのモデルが次々に出現し、競い合うことになるだろう。その中で、人々に受け入れられ、社会に定着していくものは何か。そのヒントを提供するのが本書の狙いである。本書では、AIと5Gが普及する時代のマーケティングのモデル(ソリューション)を、〈業種別〉と〈機能別〉に解説していく。

※1:「マーケティング」の定義は時代によって変遷し、プロダクト~関係性~社会志向へと、より広い概念になってきた。いずれにせよ、「売れる」ようにするための顧客視点の発想、仕組み作りである。つまり、企業などの組織が行うあらゆる活動のうち、「顧客が真に求める商品やサービスを作り、その情報を届け、顧客がその価値を効果的に得られるようにする」ための概念である。また顧客のニーズを解明し、顧客価値を生み出すための経営哲学、戦略、仕組み、プロセスを主に指す。

ＡＩ×５Ｇ時代のキーワード

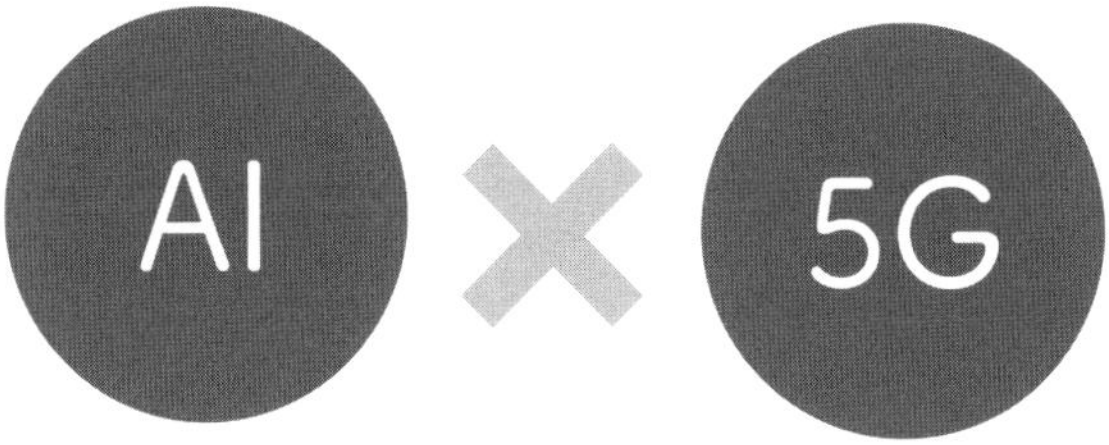

7つの主要コンセプト

- リアルタイムマッチング
- コラボレーション／シェアリング
- IoT／セルフ化による自動化
- パーソナライズ／カスタマイゼーション
- ダイナミックな需要予測／プライシング
- MR化／ライブ化
- OMOのレコメンデーション

8つの補完コンセプト

- XaaS
- X-Tech
- スコアリング／信用価値算定
- アバター／エージェント化
- マルチデバイス化
- シームレス決済
- スマートミラー活用
- スマートシティ化

もくじ

PART 1

PART 2

PART 3

業種別ソリューション ……… 45

PART 4

機能別ソリューション 173

PART

1

AI×5Gで何が変わるか？

●顧客行動と事業活動のシンクロ

これまでマーケティングのデジタル化は、カスタマー・エクスペリンス・ジャーニー（顧客体験の旅、顧客行動プロセス）と、バリューチェーン（事業活動フロー）をシンクロさせることを容易にし、新しいモデルを次々と生み出してきた。顧客を誘導するストーリーと、商品やサービスを企画・販売・フォローするプロセスをフィットさせることによって、新しい顧客体験を創造してきた。その主戦場はスマホとSNSだった。

今後は、そこにAIと5Gが加わり、そのほかのテクノロジーを巻き込みながら、新しいデジタルマーケティング[※2]のコンセプトが生まれていく。

※2：「デジタルマーケティング」とは、デジタルでの売れる仕組み作りのことを指し、そのビジネスを遂行した後、デジタルデータで検証する（次の仕組み作り）までの一連の流れを指す。具体的には、ターゲットとなる顧客層をデジタルにIT（主にID）で捉えてマーケティングの方向性を立案し、その顧客層に対して、商品・サービスの貴重な体験価値をデジタルにIT（主にウェブ）で提供することができ、さらにこれらの結果をデジタルにIT（主に分析システム）で検証できるものすべてが関連する。

カスタマー・エクスペリエンス・ジャーニー（顧客行動プロセス）とバリューチェーン（事業活動フロー）

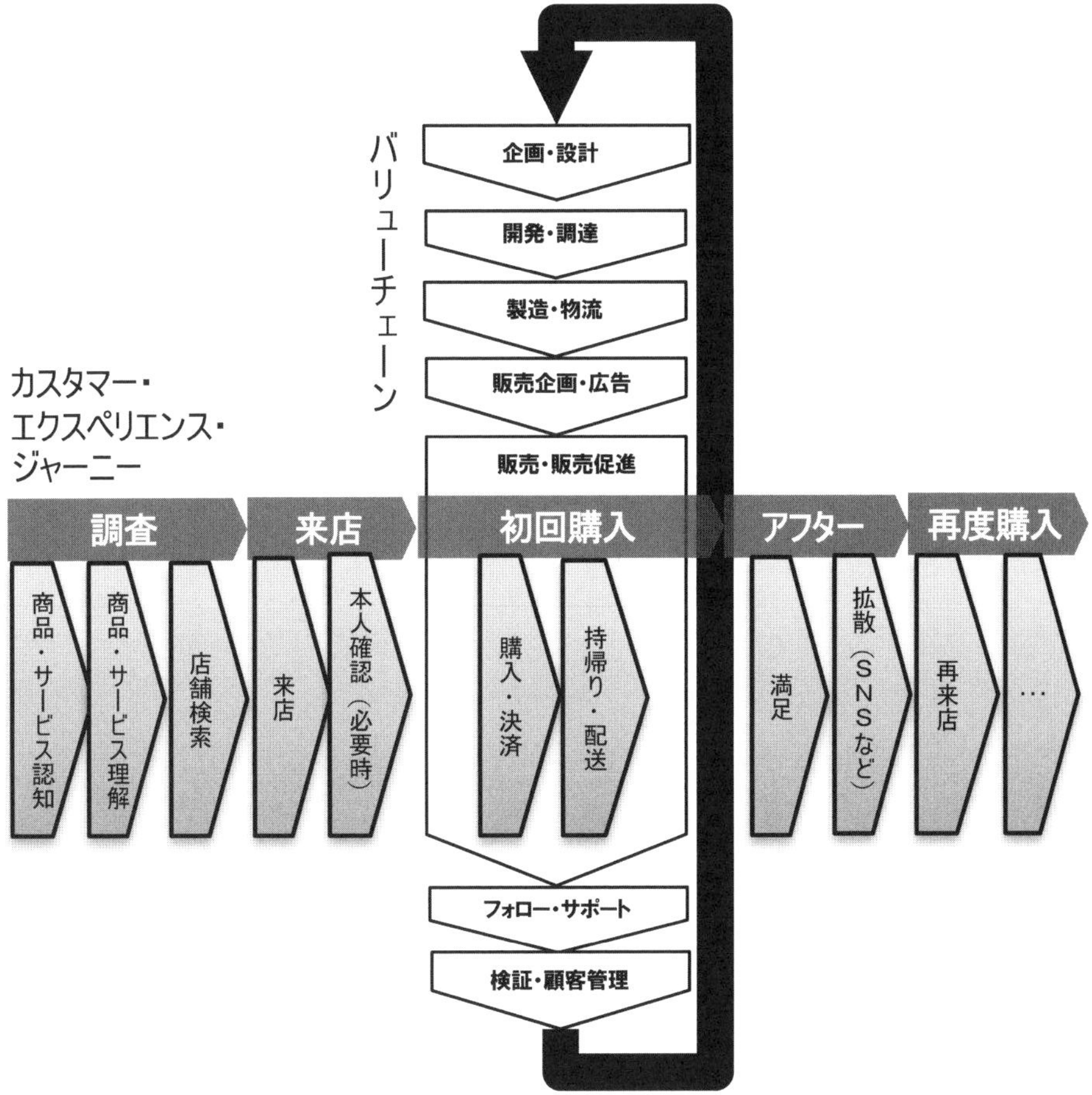

●5Gで何が変わるか？

2020年代の情報社会では、移動通信の通信量は、2010年と比較して1000倍以上に増大すると予測されている。「5G（第5世代移動通信システム）」は、この増大する通信に応えるネットワークシステムの大容量化を、低コスト・低消費電力、かつ高信頼性で実現する。10Gbpsを超えるような超高速通信や低遅延化、IoT（Internet of Things）／IoE（Internet of Everything）の普及などに伴う多数の端末との接続への対応といった幅広い性能を有する。

5Gでは、2時間の映画（動画情報）を2秒弱でダウンロードできるようになる（4Gの場合は8・4分を要する）。5Gが普及し、どこでもスマートフォンで動画をスラスラと見ることができるようになり、容量制限を気にしなくなるという状況が訪れることは、すべての産業にとってビジネスチャンスであり、一方で危機でもある。

例えば、5G経由で配信される動画コンテンツはテレビ放送と同様の品質に近づき、放送業界は重大な対応を迫られるだろう。既に動画視聴はスマホ経由で一般的に利用されているとはいえ、ユーザーは若い世代などに偏っていた。しかし5Gによって動画コンテンツの質が上がり、スマホはもちろん大きなテレビ画面でスポーツのライブ中継などを視聴できるようになる

移動通信システム（主な通信規格）	年代（普及時期）	特徴	動画2時間のダウンロード時間（概算）
1G（AMPS）	1980年代	初期の移動体通信（車載電話、ショルダーフォン）	―
2G（GSM、PDC、D-AMPS、EDGE（IMT-2000））	1990年代	メールが利用可能に（通話中心の携帯電話の普及）	181日以上
2.5G（cdmaOne（IS-95））	1990年代後半	通話品質の向上 高速データ通信が可能に	27時間以上
3G（CDMA2000（IS-2000）、W-CDMA）	2000年代	ウェブサイトが閲覧可能に（メールやネットが可能な携帯電話の普及）	
3.9G（LTE）	2010年代前半	スマートフォンの普及（3Gと4Gの中間的位置付け）	20分以上
4G（LTE-Advanced、WiMAX2）	2010年代後半	動画視聴が一般的に（スマートフォンやタブレットが当たり前に普及）	8分以上
5G（TS23.501-503）	**2020年以降汎用化**	**最先端で、超高速・大容量、超多数端末接続、超低遅延、超高信頼性**	**2秒未満**

と、よりマス（大衆）がそれらを見る状況となる。そうなればテレビ局と動画サービスの戦いは全面的な競争状態になり、より中身（コンテンツ）の競争になる。

さらに、5Gでは無線の領域において、遅延ストレスなくネットワークと接続できるため、ロボットを瞬時に操作できる。そうなると、例えば東京の名医が遠隔地の病院の患者を手術することができるようになる。医療のみならず、建築・土木、ものづくりなどの現場においても、匠の技術の遠隔対応が可能になり、ロボットやドローンを経由することで、危険な作業も対応しやすくなる。そのほか、テレビ電話（スカイプなど）においても、そばにいるような臨場感を実現でき、感覚を共有しやすくなる。また、より早く、正確に大容量の通信が行えるため、良質にデータ化しやすくなり、そのデータ活用も進むはずだ。

なお、さらに次の世代（6G）に実現されるものも発表され始めているが、まずは5Gを中心に語っていく。

●AIで何が変わるか？

AIは、そもそもマーケティングにどう活用できるか。

AIは「マッチング」を得意とする。各種のデータを蓄積してディープラーニング（深層学習）することによって、良いもの同士をより最適に選んでマッチングすることができるため、顧客向けのレコメンド（推奨）機能の精度がより向上する（ただし、選ぶのは人である）。

また、AIの活用は物の流れ、バリューチェーンの革新につながる。良いもの同士をより最適に選んでマッチングさせることができれば、バリューチェーンの構成要素を組み換えることもしやすくなる。つまり、バリューチェーンのそれぞれのプロセスがコモディティ化して、分解しやすくなる。

そのため、専門性のある中小企業や個人もバリューチェーンに入りやすくなり、かつ大企業もそれらの専門性を活用しやすくなる。今までは業界が異なるため見過ごされていた類似ノウハウ（生産工程や処理装置など）も活用しやすくなる。個人など、既存のメーカーでない試作者による3Dプリンターを活用したメーカー化も、その1つのプロセスになり得る。

そうした変化の1つのパターンとして、複数の町工場が集まり、1つのバーチャルカンパニーのように機能することも可能になる。受発注・配送管理、アフターフォローをバーチャルカンパニーで取りまとめて、各々の企業への振り分けも可能になる。こうなると、あらゆるところで適材適所のリソースを集約するバーチャルカンパニーが生まれやすくなる。

最適なマッチングは、人材面での活用も期待できる。適合人材マッチング（候補提示）が可能になり、従業員不足の解決などに役立つはずだ。その際、フルタイム労働だけでなく、副業や兼業、デュアラー（2か所以上で働く人）も柔軟に受け入れやすくなる。そこで、地方回遊非定住型の働き方のプロフェッショナルも登場するであろう。そうなると、人材を自社の負担で囲い込む必要が薄れる。

また、資金調達面にもAIの活用は広がる。資金の調達側と供給側のマッチングがより適した形で可能になり、クラウドファンディングなどの成功確率も上昇するだろう。

さらに、バックオフィスにおけるホワイトカラー業務など、人が手作業で行ってきた仕事は、RPA（Robotic Process Automation）などによって自動化されていく。AIの機械学習などを活用して認知技術を取り入れたロボットが人の作業を代行することにより、効率化や自動化を図ることができる。

●AI×5Gで何が変わるか？

5Gの通信環境では、AIの活用がさらに促進される。5Gを通じて各種のデータを貯め、ビッグデータ化させて、AIを導入すると、よりリアルタイムに、人、物、金、情報、場所・空間、および時間（過去～現在）を、より適切に、自動的にマッチングさせることができるようになる。

AI×5Gによるマッチング機能の向上によって、例えば中小企業の企画者と開発者、販売者、顧客管理業者および町工場などが一体化となり、大手企業に伍することもできる。もちろん、大手企業の一部門が参加することもできる。

こうしたバーチャル連携に際しては、AIでつながることによって、生産や稼働状況をリアルタイムに把握し、需要予測との乖離のあるイレギュラーな事象を発見し、アラート表示し、事前に対策を打つことができるだろう。

また、SNSなどのネットワークを介して、世界中から意見や協力者を集めて非定型の市場調査をすることも可能になり、国内のみならず海外からのニーズも即時に発見できる。遠隔協力者の発言、過去のコメント、チャットなどもAIが自動分類し、タスク管理、情報検索も適時に行える。交渉の際は、自動翻訳機能などにより、交渉から契約までのステップを迅速に行うことができる。

リアルタイムなマッチングの機能は、人材面での活用も期待できる。時間帯別の人材マッチング（候補提示）が常に可能になれば、ワークスタイル、ライフスタイルが変わるかもしれない。

また、先に示した資金の調達側と供給側のマッチングがリアルタイムに近い状態でワンストップ化し、クラウドファンディングなどの成功確率もさらに上昇していくだろう。

さらにこれらのデータが蓄積されていくと、人間の精神や感覚によりフィットした商品・サービス、さらには業務プロセスまでが生成でき、違和感なくあらゆる人に受け入れやすくなるであろう。

これらの取り組みは、常にデータベース化され、その情報をAIから他者、他社、他地域へ紹介・横展開し、個人や事業者向けに、モノのみならず、コト（ノウハウ）のマーケットプレイスが出来上がり、都市のみならず、地域の活性化へも寄与するはずだ。

PART

2

AI×5G時代のキーワード

●7つの主要コンセプトと8つの補完コンセプト

AIと5Gが普及する時代（近未来）には、従来は夢物語だったような顧客対応やサービスが可能になり、新しいマーケティングのコンセプトが広がっていく。それを整理してざっくり分類すれば、次の7つに集約できる。以前から注目されていたコンセプトも多いが、「精度」「リアルさ」などが向上し、実用化され、共創社会の実現を後押ししていくだろう。

①リアルタイムマッチング
②コラボレーション／シェアリング
③IoT／セルフ化による自動化
④パーソナライズ／カスタマイゼーション
⑤ダイナミックな需要予測／プライシング
⑥MR化／ライブ化
⑦OMOのレコメンデーション

AIと5Gは、その他の技術（例えばブロックチェーンなど）とも関連しながら、新しいマーケティングを実現していく。①〜⑦のマーケティングコンセプトを補完するコンセプトとして、以下のようなもの（特に8つ）が挙げられる。

1 XaaS
2 X-Tech
3 スコアリング／信用価値算定
4 アバター／エージェント化
5 マルチデバイス化
6 シームレス決済
7 スマートミラー活用
8 スマートシティ化

●7つの主要コンセプト

①リアルタイムマッチング

［時空間を超えてリアルタイムにマッチング］

AIと5Gの技術を活用することで、まず実現できる機能は、リアルタイムなマッチングである。マッチングとは、言葉のとおり、一方と他方を合わせることである。例えば、宅配便の荷物を自宅ではなく、帰宅時刻の会社（の場所）に持ってきてもらうように、人と物と時間と場所をマッチングさせることが容易になる。また、いくつもの機能が混ざり合って、バーチャルカンパニーがすぐに出来上がるかもしれない。さらには、人、物、金、情報を、リアルタイムに時空間を超えて引き合わせることもできる。例えば、亡くなった祖父がホログラフィーで表示されて専門知識をいか

リアルタイムマッチング

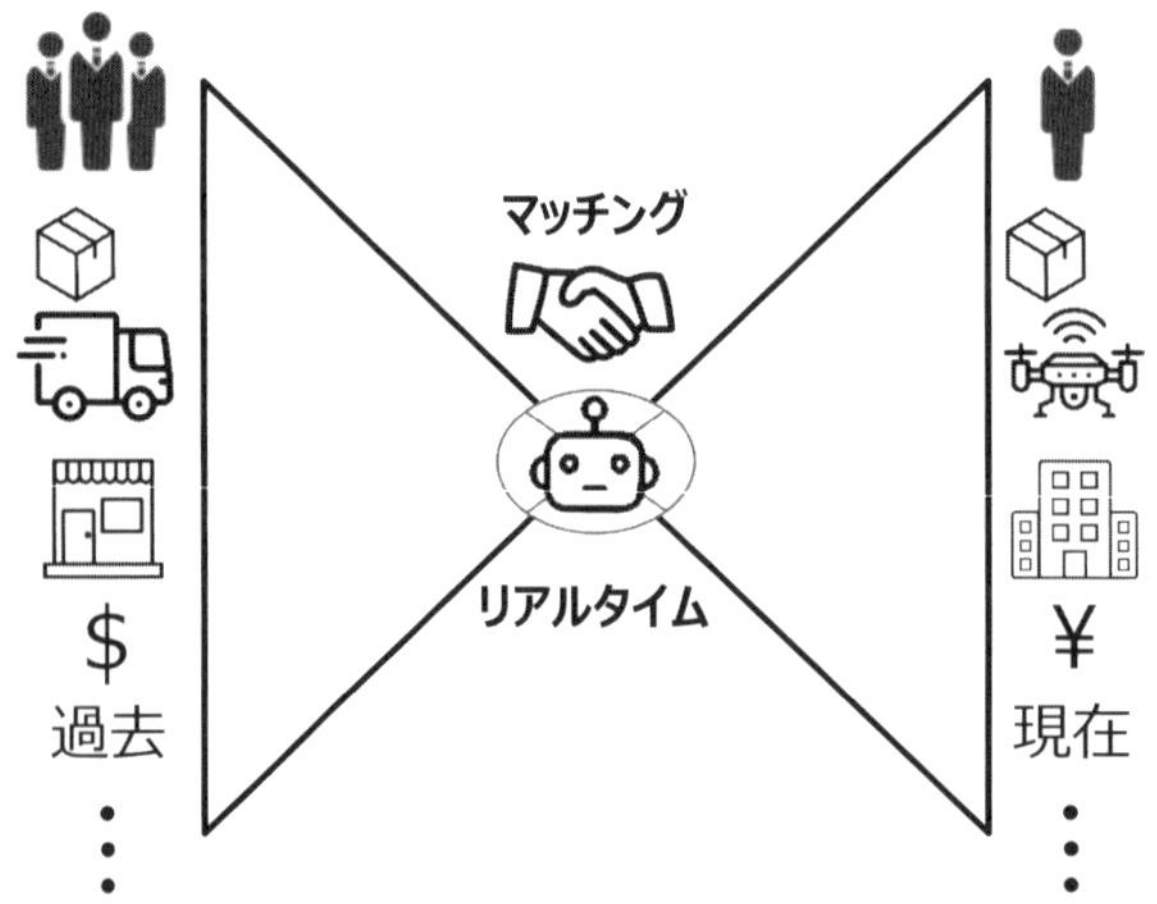

にも今話しているかのように披露することで、孫の教育の助けになるかもしれない。

【ブロックチェーンによる中立的なマッチング】

マッチングの機能を深化させるものとして、ブロックチェーン利用の実用化も進むだろう。ブロックチェーンとは、ビットコインなどの仮想通貨（暗号資産）の中核となる「取引データ」の技術を指す。取引データの履歴を「トランザクション」と呼び、複数のトランザクションをまとめたものを「ブロック」と言う。保存された取引データのブロックが鎖のように連なっていることが「ブロックチェーン」と呼ばれる所以である。

このブロックチェーンは、企業などが集中管理するものではなく、管理の形式自体が「分散」している。個々のユーザー同士が管理するこの形式を「P2P（ピアツーピア）方式」と言い、「分散型取引台帳」とも呼ばれている。

ユーザー同士が管理しているため、一企業の顧客囲い込みには適さない場合が多い。具体的には、いくつものユーザーが確認したものが「正」として取引が成立するため、若干時間を要するが、一企業の恣意的な評価を入れることや他者が改ざんすることが難しく、いくつものユーザーに確認された中立的な情報が残り、散在していくことになる。そのため、フェイク対策にもなり、それらの中立的な評価情報を、デジタルマーケティング上で活用することもできる。

②コラボレーション／シェアリング

【異業種間やバリューチェーン連携によるコラボレーション】

コラボレーションとは、「共に働く」「協力する」の意味で、「協同／共同作業」「合作」などを指す言葉である。そこには異業種での事業者間やバリューチェーンでの連携なども含まれ、AI×5Gによって連携が促進されることになる。

【APIなどによるシェアリング】

API（Application Programming Interface）とは、もともとはあるソフトウェアからOS（基本ソフト）の機能を利用するための仕様、またはインターフェースのことを指すが、最近では、ウェブサービスの機能を外部から利用するためのインターフェースもAPI（Web API）と呼ばれる。APIをオープン化して、各社が活用できるようになると、様々な展開が考えられる。普及している代表例としては、企業のホームページ上で自社の場所を示すためにグーグルマップのAPIを活用しているケースがよく見られる。また、LINE上で銀行の残高照会が可能となっているが、これもユーザー側にIDを連携してもらうことで、銀行のネットバンクの一部機能のAPIを活用している。

以上の例は、公開しているAPIを各社でシェア（共有）しながら使っていること（シェアリング）になる。既述の例は企業間（BtoB）であるが、主に個人間（CtoC）で、物、場所、移動手段などを提供者から利用者へシェアするレンタルに近い事例は数多くある。さらにCtoCを中心とした民泊、カーシェア、クラウドソーシング、クラウドファンディングなどは既に盛んになりつつある。AIと5Gによって、適材適所で瞬時（リアルタイム）にこれらのCtoCの取引が成立していく。

シェアリングエコノミー

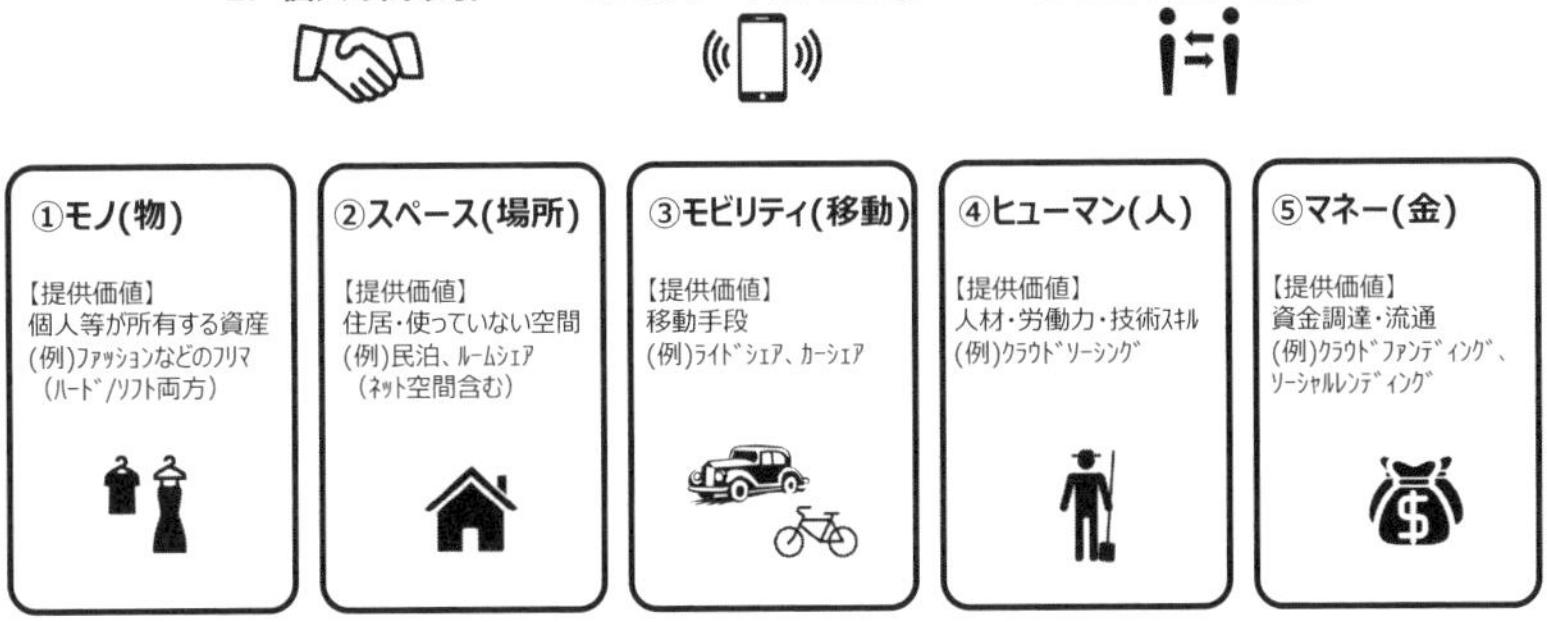

③ＩoＴ／セルフ化による自動化

【ＩoＴ】

ＩoＴ（Internet of Things）とは、センサーや通信機能が組み込まれたモノ（Thing）が、インターネットを通じてあらゆるモノ（Things）とつながり、自動的に互いの情報・機能を補完・共生し合う状態を指す。それによって実現されるのが、機器のデータを収集して状態を把握し、システム全体を最適な制御下に導くことや、データを蓄積して分析することで新たな知見を獲得し、新たなソリューションを開発・提供することなどである。

インターネットにおいて、ＳＮＳ（ソーシャルネットワーキングサービス）は、ヒトとヒトがつながる「Ｐ２Ｐ」サービスであったが、さらに、モノとモノ

IoT（Internet of things）

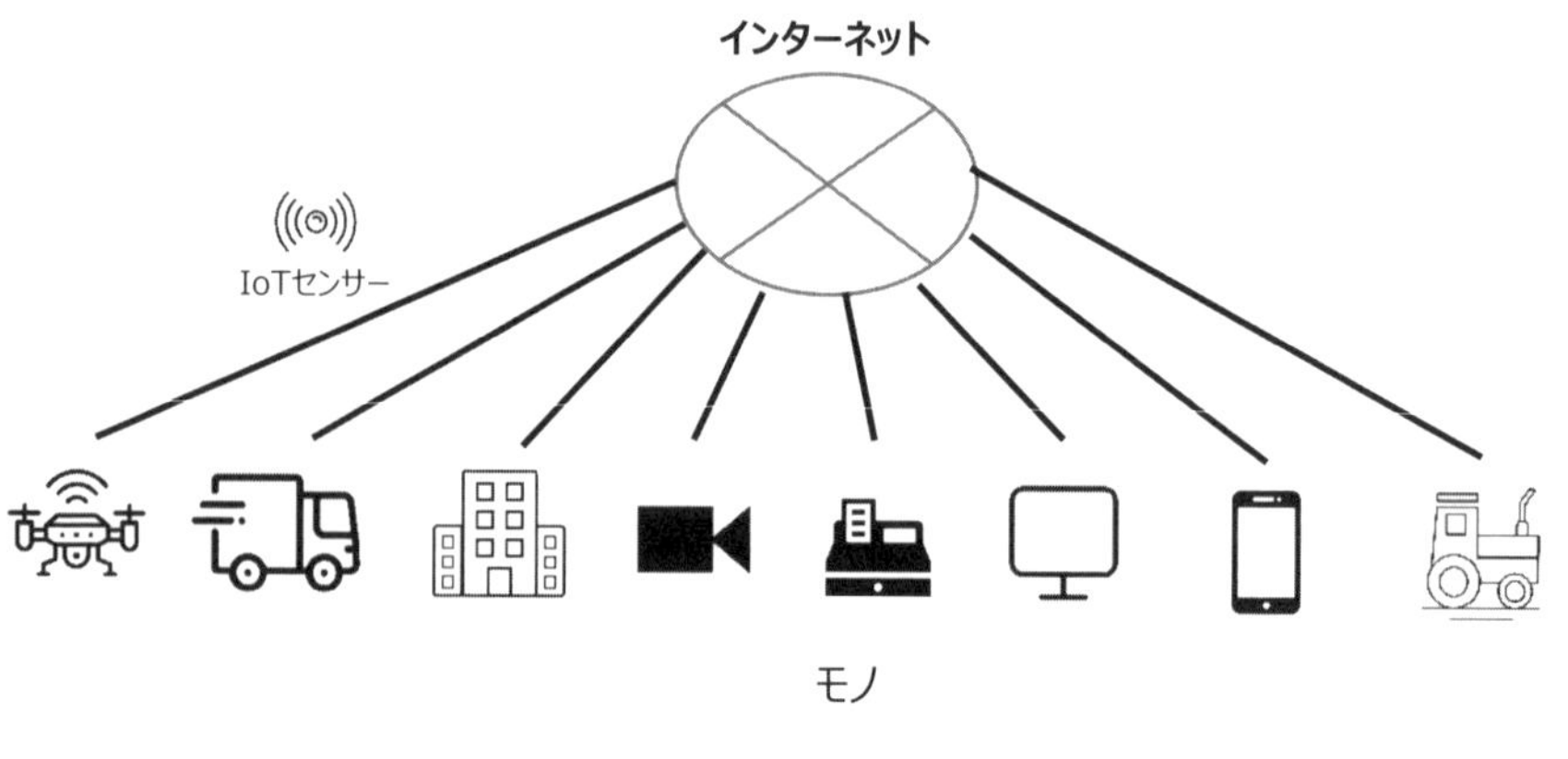

がつながる「M2M」と呼ばれるサービスを自動化したものがこのIoTである。人手を介さず、インターネット経由であらゆるものが有機的に対応する仕組みが機能すると、従来のクラウドコンピューティングでデータを集約・処理するだけでなく、利用者に近いエッジ側でデータを処理するエッジコンピューティングも普及しやすくなる。従って、IoTはAI×5Gによって活用範囲が大きく広がる可能性が高い。

【セルフ化による自動化】

アマゾンGOなどが既に実用化している「無人レジ」のように、レジ待ちの解消など、店舗での顧客のストレスを減らす試みとして、セルフ化が進む。コンビニエンスストアなどで導入され始めているセルフレジもその1つであり、これらによってサービスの「自動化」が進む。

④パーソナライズ／カスタマイゼーション

すべての顧客に一律の対応をするのではなく、個々に合わせた商品やサービスの提供など個別対応をするパーソナライズ（パーソナライゼーション）は、AIによって精度が上がり、リアルタイムに対応をすることも可能になるだろう。登録情報や行動履歴などのデータをもとにして、モノのみならず、サービス（コト）やカスタマーエクスペリエンス（CX）のような顧客体験価値の提供も含めて、顧客1人ひとりに合わせた個別対応が、幅広い分野に広がる。

さらに、顧客個人の要望に適合するよう、特注などで商品やサービスを制作するカスタマイゼーションも、やはりAIによって進化するだろう。

パーソナライズ／カスタマイゼーション

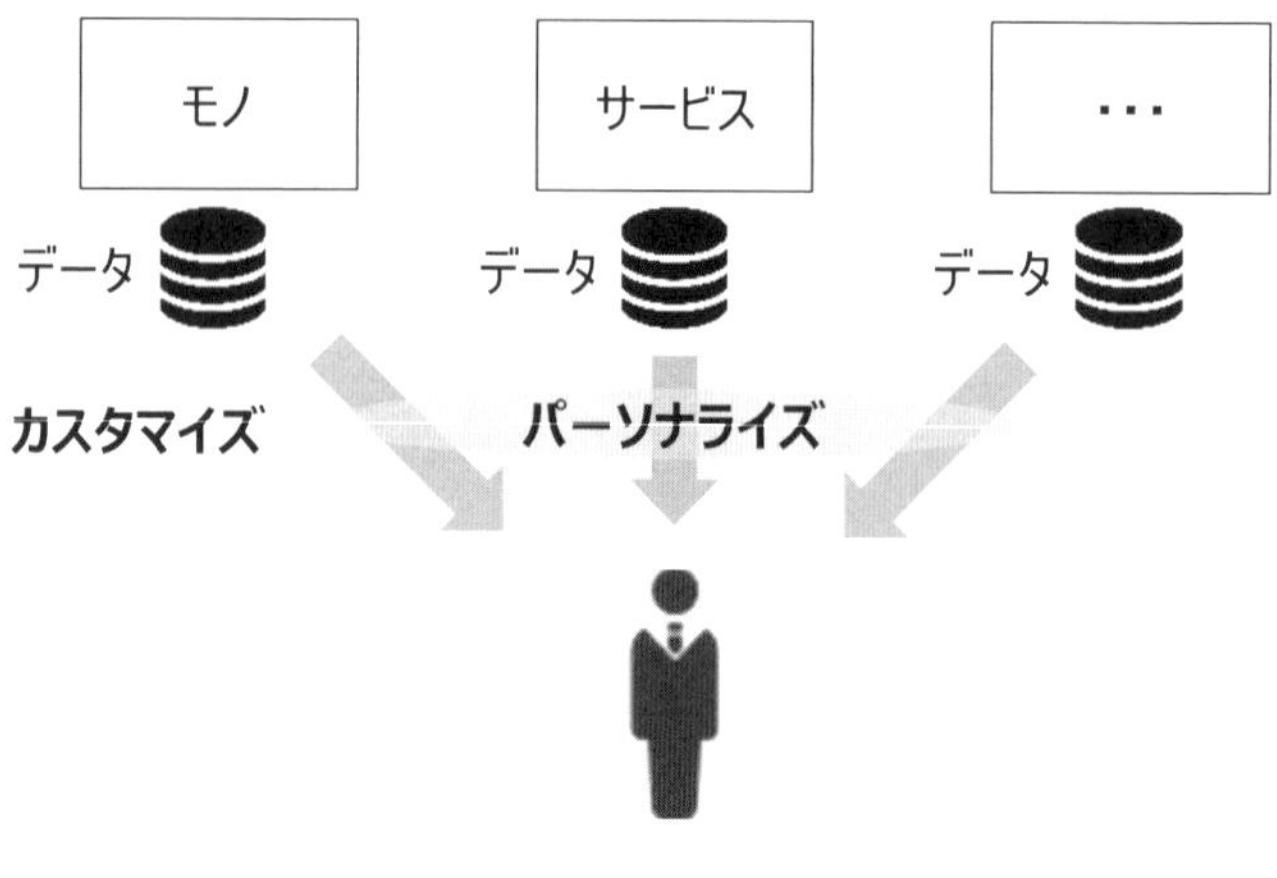

⑤ダイナミックな需要予測／プライシング

ダイナミックプライシングとは、需要と供給に応じて価格を動的に変動・設定させることである。価格を変動させることで、需要の調整を図ることもできる。需要が集中する季節・時間帯は価格を割高にして需要を抑制し、需要が減少する季節・時間帯は割安にして需要を喚起する。既に、航空運賃・宿泊料金・有料道路料金、電力料金などで導入されている。

より精度を上げるためには、リアルタイムでの需要予測が必要になる。そのため、需要に関わる各種ビッグデータを活用して、ＡＩなどの技術を使って分析し、どれくらいの需要があるかを適宜、動的に予測することで最適の価格を設定する。

ダイナミックな需要予測／プライシング

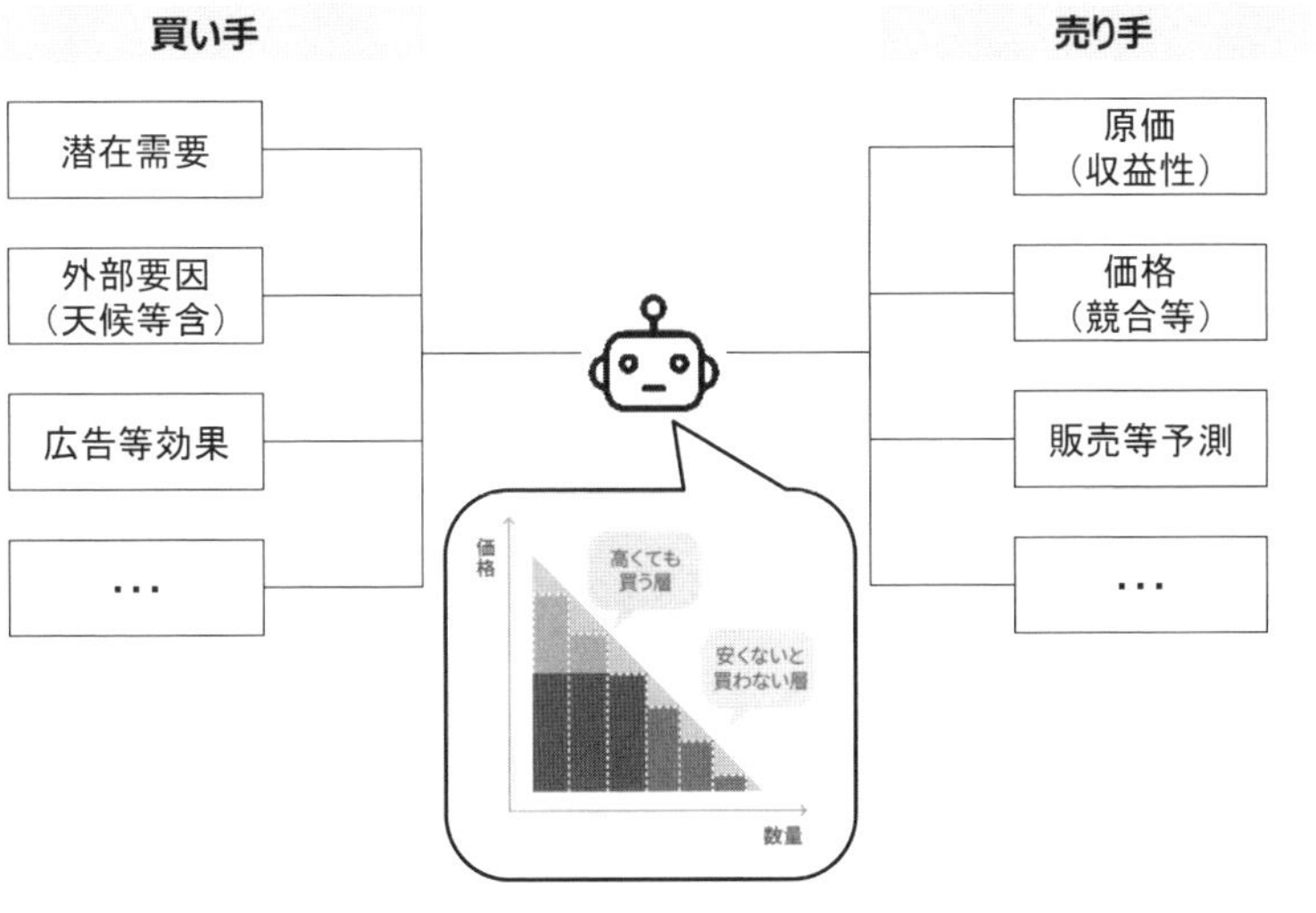

⑥ＭＲ化／ライブ化

ＭＲは、Mixed Reality（複合現実）のことであり、ＶＲ（Virtual Reality、仮想現実）やＡＲ（Augmented Reality、拡張現実）の技術の複合形でもある。現実の世界と仮想の世界をＩＴの活用で融合させる技術の１つであり、目の前の空間に様々な情報を３Ｄ（次元）で表示し、仮想世界をより現実に感じさせることができる。ＶＲ、ＡＲ、ＭＲを総称してＸＲと呼ぶこともあるが、ここでは特にＭＲを強調する。

また、ライブ化とは、ライブカメラによるライブ配信などを指し、あたかもその近くにいるかのように振る舞える状況を指す。これらは５Ｇによって利用範囲が広がっていく。

MR化／ライブ化

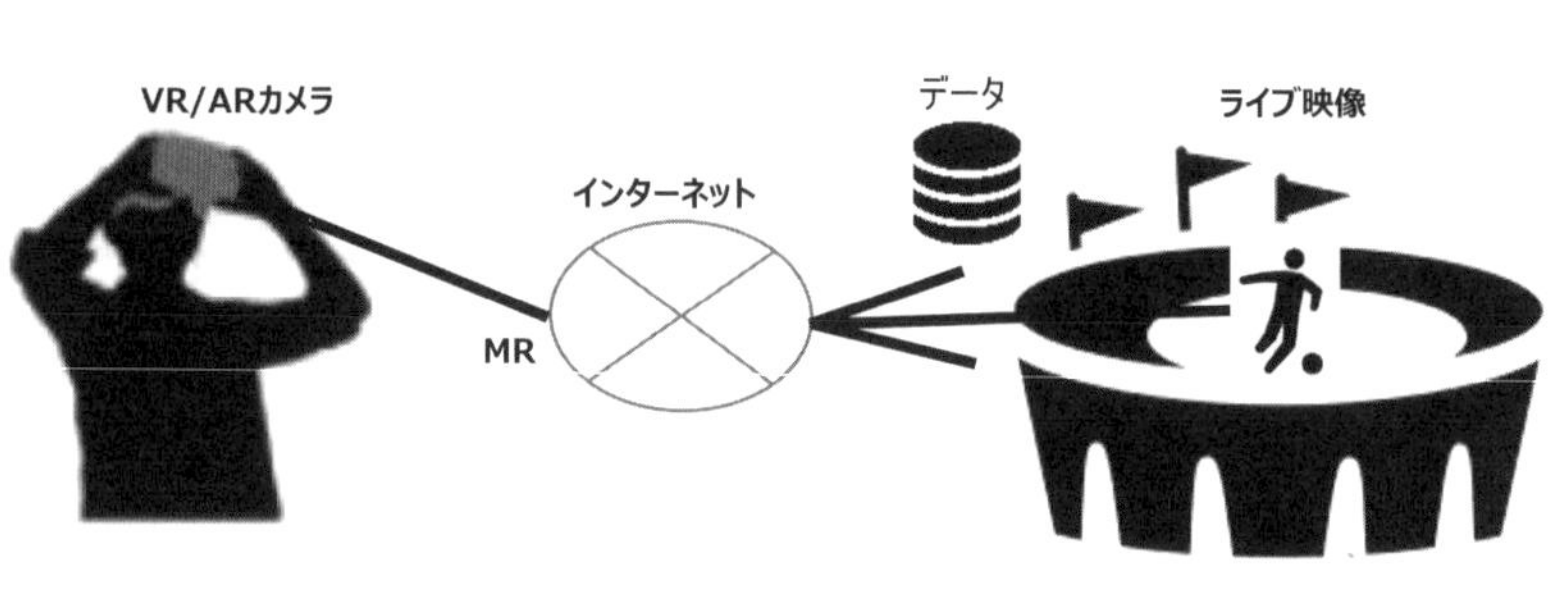

⑦OMO（Online Merges with Offline）のレコメンデーション

OMO（Online Merges with Offline）とは、オンラインとオフラインの連携を進めて両者の境目をなくし、より良いUX（User Experience、ユーザー体験）を提供するため、デジタルデータを起点として適切なチャネルを適切なタイミングで使うことである。オンラインでの顧客行動をオフラインのリアル店舗で活かすO2O（Online to Offline）を凌駕した方法である。先進的な企業では既にOMO対応が進んでいるが、5G×AIによってその流れは加速する。5GやAIによって、リアルタイム化が進み、オンライン、オフラインの垣根なく、レコメンデーション（推奨）ができるようになる。

OMOのレコメンデーション

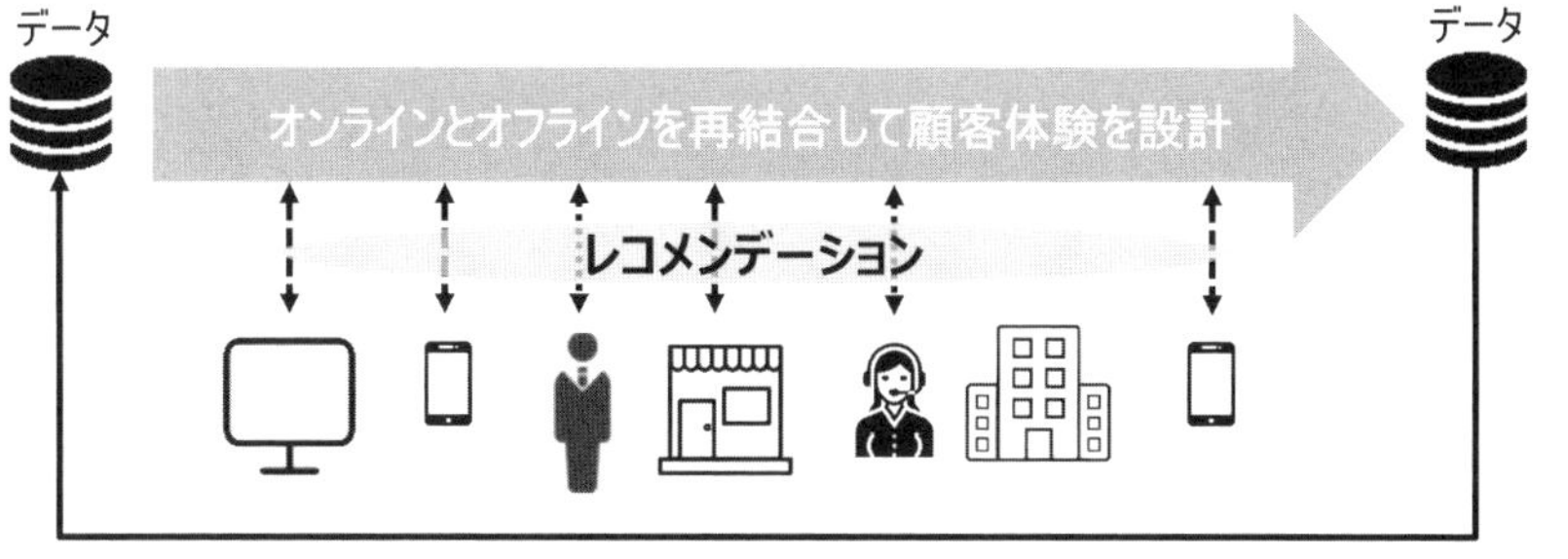

●８つの補完コンセプト

1 XaaS（X as a Service）

ＸａａＳとは、情報システムの構築・運用に必要な何らかの資源（ハードウェア、回線、ソフトウェア実行環境、アプリケーションソフト、開発環境など）を、インターネットを通じてサービスとして遠隔から利用できるようにしたものであり、そのようなサービスや事業モデルのことを指す。

従来は、購入し、固定的・長期的な利用契約を結んで利用していた様々な資源を、サービスとしてネットワーク越しに必要な時に必要なだけ利用し、実績に応じて代金を支払うサブスクリプション型の形態をとることが多く、「サービスとしてのソフトウェア」（ＳａａＳ：Software as a Service）の概念を広げ、様々な要素に適用できるようにした用語である。

ＸａａＳに含まれる概念には、ＳａａＳのほかに、ソフトウェア実行環境を提供するＰａａＳ（Platform as a Service）や、仮想化されたサーバや回線などのハードウェア環境を提供するＩａａＳ（Infrastructure as a Service）、またはＨａａＳ（Hardware as a Service）などがある。

最近広く注目されるようになったＭａａＳ（Mobility as a Service）は、自動車（バス、タクシー）や鉄道などの複数の移動手段を統合して1つのサービスとして提供するものである。近年普及を見せるカーシェアリングも、この一端を担うサービスとして注目されている。

このように、「X」には、いろいろなものが当てはまる。そして「ａａＳ」（as a Service）の部分、すなわち「サービスとして」という点が共通する。

他にも、ＲＥａａＳ（Real Estate as a Service）として、不動産×ＩＴを活用した新たなサービスの提供や、丸井グループが志向している『売らない店』のようなＰａａＳ（Product as a Service）など、モノを利用することを中心にしたサービスの提供も考えられており、ＸａａＳとしての造語（Xを他に置き換える言葉）が増えている。

2 Ｘ-Ｔｅｃｈ

金融業界のフィンテック（金融×テクノロジー）という言葉を聞くようになってから久しいが、「既存の産業」が「新しい技術」によって生まれることを意味するコンセプトがＸ-Ｔｅｃｈである。

例えば、フードテック（食×Ｔｅｃｈ）は、食品生産〜流通〜外食産業にとどまらず、新しい食品の開発に新技術を活用することを指す。完全栄養食のパンやパスタを提供するベースフード、大豆などの植物性原料で代用肉を作るビヨンド・ミートに見られるように、関連する多くのベンチャーが出てきている。

XaaSと同様、「X」にはいろいろなものが当てはまる。例えば、エデュテック（教育）、メディテック（医療）、ヘルステック（ヘルスケア）、アグリテック（農業）、REテック（不動産）、スポーツテック（スポーツ）、HRテック（人事採用）、リーガルテック（法律）、ファッシュテック（ファッション）、ガブテック（行政）、リテールテック（小売り）、マーテック（マーケティング）などがある。

3 スコアリング／信用価値算定

スコアリングとは、個々の見込み客が持つ、自社への将来的な「価値」を予測し、その価値に準じて点数化し、順位をつけることである。このスコアリング結果は、マーケティングやセールス活動を展開すべき見込み顧客を抽出するための指標にもなる。また、信用力の価値算定は、社会の生活のおける個人の「価値」の算定とも言え、社会的な概念で点数化する場合もここでは含んでいる。

4 アバター／エージェント化

アバターとは「化身」の意味であり、ネットワーク上の仮想空間でのユーザーの分身のことを指す。オンラインゲームやチャット、ブログなどには、動物などのアニメーションのキャラクターや、自分の好みの顔や服装をした分身を使ってコミュニケーションを楽しめるサービスもあり、今後は観光などのリアルな施設でも表現・実装されていくはずである。なお、最近はリアル世界の出来事をそのままデジタル上に再現する「デジタルツイン」という言葉もある。

　また、エージェントとは、「代理人」「代理店」「仲介人」「取次業者」などの意味である。ICTの分野では、利用者や他のシステムの代理として働き、複数の要素の間で仲介役として機能するソフトウェアやシステムなどを指す。AIがこれらの役割を担うとより有能な代理人となる。

5 マルチデバイス化

　マルチデバイスとは、コンテンツやサービス、ソフトウェアなどが様々（マルチ）な種類の機器（デバイス）から等しく利用できることであり、単にデバイスの「種類が増える」というだけでなく、それらの機器が混在した上で相互に連携（オムニバス化）できることを意味する。なお、「デバイスフリー」という表現も「どのデバイスでもOK」を意味する類似の用語である。

6 シームレス決済

シームレス決済とはクレジットカード、QRコード決済、電子マネー、生体認証などのキャッシュレスな決済をシームレスに（滞りのない状態で）提供する決済サービスのことを示す。ここでは、狭義の支払いを示す決済のみならず、クーポンやポイントを使ったお得なユーザーメリット（特典）の適用を含めてシームレスに提供することになる。

なお、決済の入口から出口まで、つまり消費者が商品を購入してから販売先（店舗）に売上代金が入金されるまでの包括的な決済ソリューションを提供することも含まれる。

7 スマートミラー活用

顔や姿を映すことによって、医療や美容領域における診断でレコメンドなどの様々なサービスが受けられる鏡のことである。「はじめに」で紹介した「魔法の鏡」のような機能を備える。アパレルショップ（EC含む）でのバーチャルな試着、選んだ商品とピッタリ合うコーディネートの検討、サイズの調整、店内への誘導、興味の喚起など、あらゆる機能に応用できる。

8 スマートシティ化

先端技術を駆使して街全体のエネルギーや交通、行政サービスなどのインフラを効率的に管理・運用する概念であり、ある地域全体での最適化につながり、最適なマーケティング活動にももちろんつながるものである。

以上のように、AI、5Gのみならず、様々なコンセプトになり得るキーワードが世の中に氾濫している。これらの背景にあるのが、21世紀の石油ともいわれる「データ」である。インターネットに接続されたスマートフォンやセンサーなど様々な機器からデータが生み出され、時々刻々と膨大な量に増えてビッグデータとなり、社会や経済、産業を変えつつある。昨今では、これらのデータに基づいた社会変革に関して「データ駆動型社会」「デジタル革命」とも言われているが、本当の変革期はこれからである。

●＝メイン　○＝サブ

11	12	13	14	15	16	17	18	19	20	21	22	23	24	25
宅配便	ガソリンスタンド	携帯電話サービス	教育サービス（塾・予備校）	外国語会話教室	サービス業（マッサージ、クリーニングなど）	美容（スキンケア・メイクアップ）	健康管理サービス	福祉・介護	医療機関	警備（一般顧客向け）	自動販売機	駐車場	自動車	家電製品
○				●	●			●	●	●		○	○	
○	●	●									●	○	●	
	○						○			○	○	○	○	●
		○	●	○		●	●			○				○
●					○						○	●		
	○			○				○	○					
												○		
													○	
			○	○			○	○	○					○
					○									
○		○	○	○		○								
									○		○	○		
						○								

15のキーワードと50のソリューション〈業種別〉〈機能別〉の関係（その1）

業種／機能 キーワード（主要／補完コンセプト）	1 小売店	2 百貨店・GMS	3 アパレル	4 飲食店	5 スポーツ・エンタメ	6 アミューズメント施設	7 ホテル・鉄道・航空	8 インバウンド観光	9 出前・デリバリー	10 タクシー
① リアルタイムマッチング	○			●		○		○	○	○
② コラボレーション／シェアリング		●			○		○		●	●
③ IoT／セルフ化による自動化	○	○	○							
④ パーソナライズ／カスタマイゼーション	○		○				○			
⑤ ダイナミックな需要予測／プライシング				○	○	○	●		○	○
⑥ MR化／ライブ化		○	●		●	●		●		
⑦ OMOのレコメンデーション	●	○	○	○	○		○	○	○	
[1] XaaS		○					○			○
[2] X-Tech	○		○							
[3] スコアリング／信用価値算定										
[4] アバター／エージェント化			○	○	○			○		
[5] マルチデバイス化						○				
[6] シームレス決済	○					○		○		○
[7] スマートミラー活用			○							
[8] スマートシティ化										

●＝メイン　○＝サブ

36 経営コンサルティング	37 セミナー・講演	38 公共サービス（社会保障、税務）	39 商品企画・開発	40 物流	41 販売企画・検証	42 広告制作	43 販売促進	44 ポイント・クーポン・決済	45 コールセンター	46 カスタマーサポート	47 ユーザー検証（アンケート）	48 顧客情報管理	49 経理・財務	50 人事
○	●		○		●	○	○	●	●	○			○	●
	○	●			○							●		
●	○	○	○	●	○	●		○	○	●	●	○	○	○
○			○	○	○	○	○	○						
	○				○							○	●	○
	○		●											
							●	○						
				○							○			
		○											○	○
	○			○								○		○
									○					
							○			○	○			
								○						

15のキーワードと50のソリューション〈業種別〉〈機能別〉の関係（その2）

業種／機能 ＼ キーワード（主要／補完コンセプト）	26 受注生産品（住宅や自動車など）	27 エネルギー機器	28 電力システム	29 農林水産業	30 損害保険	31 生命保険	32 金融（個人向け融資）	33 金融（法人向け融資）	34 資産運用	35 不動産仲介
① リアルタイムマッチング			○	●			○		○	
② コラボレーション／シェアリング		○	○			○		●	○	
③ IoT／セルフ化による自動化	○	●	○	○	●	●		○	○	
④ パーソナライズ／カスタマイゼーション	●				○	○				●
⑤ ダイナミックな需要予測／プライシング			●	○						
⑥ MR化／ライブ化	○									
⑦ OMOのレコメンデーション							●		●	
[1] XaaS										○
[2] X-Tech				○			○			
[3] スコアリング／信用価値算定					○	○	○	○	○	○
[4] アバター／エージェント化										
[5] マルチデバイス化										
[6] シームレス決済										
[7] スマートミラー活用										
[8] スマートシティ化		○	○							○

PART

3

業種別ソリューション

〔小売店〕

OMOが高精度化
店舗の運営コストは半減

リアルタイムマッチング	コラボレーション／シェアリング	IoT／セルフ化による自動化	パーソナライズ／カスタマイゼーション	ダイナミックな需要予測／プライシング
MR化／ライブ化	OMOのレコメンデーション	XaaS	X-Tech	スコアリング／信用価値算定
アバター／エージェント化	マルチデバイス化	シームレス決済	スマートミラー活用	スマートシティ化

顧客分析・需要予測	発注・在庫管理	販促・キャンペーン	販売
ベテランによる、POSの購買データ分析・モデル構築	過去データを踏まえた手動での発注業務、煩雑な棚卸業務	チラシやメルマガなどによる、一斉マーケティング	人手によるレジ打ち、現金管理

Before

After

顧客分析・需要予測	発注・在庫管理	販促・キャンペーン	販売
AIによる、データ分析・モデル構築のサポート、非購買データやECとの連携	AIの発注支援による、省力化、AIカメラなどを活用したリアルタイム在庫管理	一人ひとりにカスタマイズした、リアルタイムでのクーポン・情報配信	AIカメラ、スマートカート、キャッシュレスなどを活用したセルフレジ化・無人化

顧客識別

小売店においては、顧客データの分析や需要予測に基づく適切な発注、在庫管理、販促施策を行うことが重要である。従来はこれらの業務の多くが手動で行われていたが、発注端末などは電子化され、単品での在庫管理が行われている。また、従来の需要予測は、ベテラン社員に頼り、人材育成に時間がかかっていたが、近年は過去データに基づく分析や予測モデルを構築し、ある期間単位で行っている。

また、無人店舗については、中国が進んでいるが、人手不足に悩む日本でもいくつか取り組みが見られる。中でも、ディスカウント大手のトライアルが福岡で出店した無人店舗は注目を浴びた。大量のＡＩカメラとレジカートの導入で省力化し、運営コストを約４割下げた。

今後は、様々な店舗業務にＡＩが導入され、小売店の高度化や省力化、無人化が進む。例えば、ＥＣとのデータ連携に加えて、店舗内でこれまで取得できなかったデータ、例えば、来店客が一度手に取った後で棚に戻した商品や、買わなかった時の行動データなどが取得できるようになる。より精度の高い需要予測によって、Ｏ２Ｏ（Online to Offline）からＯＭＯへと次の購買に向けたレコメンドなどの取り組みも高度化される。これらはリテールテックの１つである。

小売店の高度化については、アマゾンＧＯ（レジで支払いをせずそのまま店から出られる画期的な店舗）が有名であるが、プライバシーを度外視した中国が最も進んでいるとも言われている。例えば、アリババの生鮮リアル店舗「盒馬鮮生」は、見た目は通常の生鮮スーパーマーケットだが、実態はＥＣサイトの倉庫の役割を兼ねる。ＥＣサイトの注文を受けて、店舗で従業員が商品のピッキング作業を行い、店内に数か所設置されたリフトにバッグを乗せる。バッグは、天井のレールを通ってバックヤードまで運ばれてデリバリースタッフに引き渡され、30分以内に顧客に届けられる。また、レシートは電子ペーパーを利用しているため、ＥＣと店舗で価格差はなく、アリペイでのセルフ決済が基本となる。

また、ライバルの京東も、同様に「7フレッシュ」を出店する。専用アプリで店内のショッピングカートのＱＲコードをスキャンすると、そのカートが自動的にユーザーをフォローする自動運転の買い物カゴとなる。商品選びが済んだ後は、ショッピングカートだけが支払いの列に並び、ユーザーはサービスカウンターで商品を受け取るか、宅配を選択できる。ＥＣでは、店舗の半径３キロ以内のエリアであれば、早ければ30分以内に配送が可能になる。同社は、３～５年間で全国１０００店まで拡大予定で、今後はさらに一般化されるであろう。

なお、顧客は支払い時点のＱＲコード決済で認識されるだけでなく、店舗に入った時点で顔などの生体認証で認識されることも進む。

これらの店舗に共通するのは、顧客のニーズを多面的かつ徹底的に分析するところから始めたことである。また、将来的には、その分析をもとに、顧客をリアルタイムに識別するだけでなく、パーソナライズしてリアルタイムにレコメンドしていくことになる。

なお、店舗業務では、これまではカテゴリ別にバイヤーが商品を選んで店頭に並べ、顧客はその中から自身のニーズに合うものを選ぶという流れが一般的であったが、これらの店舗では、店側がデータ分析により把握した顧客ニーズに沿った商品を適切な数だけ店頭に並べるというフローにより、極めて効率的な店舗運営の実現が可能になる。

また、無人店舗に欠かせないAIカメラやレジカートのコストダウンは徐々に進み、コストに見合った生産性を生み出せるレベルにまでなる。

このように、小売業界は、テクノロジーによる省力化・無人化が進み、セルフでシームレスな決済、リアルタイムの顧客行動の把握、OMOの取り組みを組み合わせることなどにより、新たな購買体験が提供される場となるはずだ。

新・顧客戦略のポイント

〔小売店〕

- AIカメラ、スマートカート、キャッシュレスを活用したセルフレジの無人体験
- AIの発注支援による省力化、リテールテックを活用したリアルタイム在庫管理

［百貨店・GMS］

ショールーミングを収益化 データをもとに商品をプロデュース

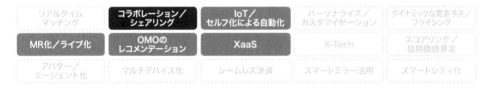

リアルタイムマッチング	コラボレーション／シェアリング	IoT／セルフ化による自動化	パーソナライズ／カスタマイゼーション	ダイナミックな需要予測／プライシング
MR化／ライブ化	OMOのレコメンデーション	XaaS	X-Tech	スコアリング／信用価値算定
アバター／エージェント化	マルチデバイス化	シームレス決済	スマートミラー活用	スマートシティ化

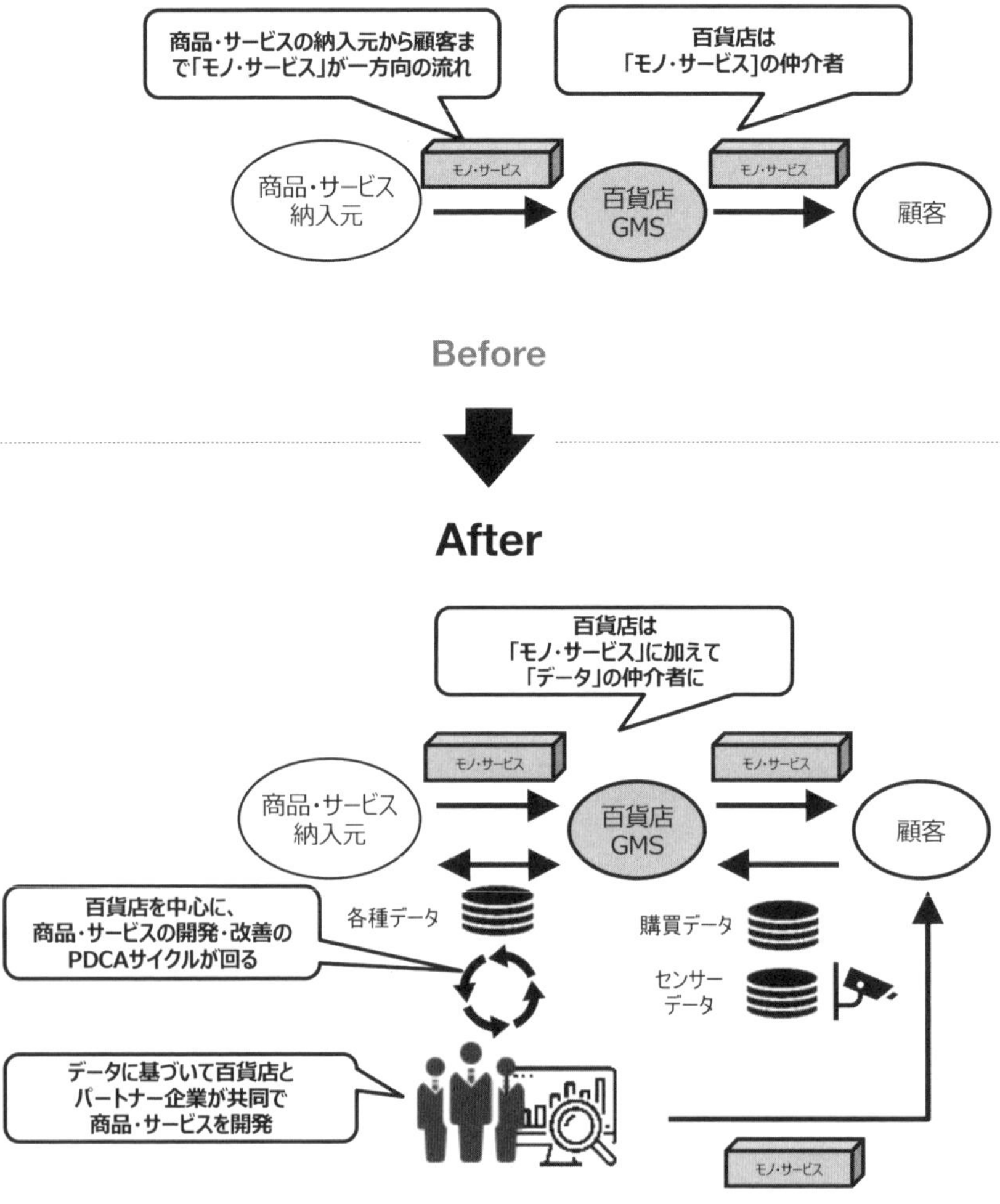
商品・サービスの納入元から顧客まで「モノ・サービス」が一方向の流れ
百貨店は「モノ・サービス」の仲介者
モノ・サービス
商品・サービス納入元
百貨店 GMS
顧客
Before
After
百貨店は「モノ・サービス」に加えて「データ」の仲介者に
百貨店を中心に、商品・サービスの開発・改善のPDCAサイクルが回る
各種データ
購買データ
センサーデータ
データに基づいて百貨店とパートナー企業が共同で商品・サービスを開発

リアル店舗で商品を見定めた後、価格比較サイトなどを使って最も安い購買チャネルで実際の購入を行う「ショールーミング」の増加などの影響で、百貨店やGMS（総合スーパー／量販店）は苦戦が続いている。

一方で、自社発行のクレジットカードの利用度合いに応じて割引／ポイント付与率を変えることによる顧客の囲い込みや、購買データに基づいたテナントや売り場の最適化、外国人観光客のインバウンド需要に特化したマーケティングなどの施策が功を奏し、都市部では新たな需要を開拓できている個店もある。

また、データに基づいたマーケティングにより、ネット販売やコト消費、さらには衣料品や雑貨といったモノを売ることを主体にするのではなく、飲食やサービスの提供を軸とする「売らない店舗」といった新たな市場・サービス（PaaS）に進出・展開する例も増えている。

これまでは利用者の購買内容などのデータ分析は、各百貨店の売り場作りや顧客への提案内容の最適化といった自社内での活用が主であったが、今後は、そうしたデータをメーカーや卸などにも共有し、百貨店・GMSは「商品・サービス販売の仲介者」から、「新たな商品・サービスをプロデュースする存在」となる。かつて叫ばれていたチームマーチャンダイジングの購買外のデータも含めた進化形である。

その萌芽事例と言えるのが、米国の百貨店大手メーシーズのb8ta社の買収である。

b8taのビジネスモデルは、先進的な商品を集めたセレクトショップであると同時に、店内に設置されたセンサー、ライブカメラなどで、顧客が商品をどのように試用しているかなどのライブ情報を収集し、メーカーや卸に販売している。こうしたビジネスモデルであれば、ショールーミングをデータ販売という収益に結びつけることができる。

そうしたIoT機器やPOSデータからの定量データに加えて、消費者のニーズを感じ取る能力が極めて高い販売員の知見を加味することで、より魅力的な商品をメーカーや卸と共同で開発することができる。各種のデータや知見を活用し、どのような商品・サービスにニーズがあるかを百貨店やGMS内で仮説構築し、メーカーなどと開発を行う。その販売状況（リアルやネットでのレコメンドに対する反応含む）や評判のデータを店頭で収集し、仮説検証を行うサイクルを高速で回すことで、消費者にとっても常に新鮮で魅力的な商品やサービスを体感・購入できる場となる。

新・顧客戦略のポイント

〔百貨店・GMS〕

- 百貨店は、「モノ・サービス」に加えて「データ」の仲介者に
- 「データ」に基づいて百貨店とパートナー企業が共同で商品・サービスを開発

〔アパレル〕

「見えなかった顧客の行動」を可視化 AIで店内レイアウトを最適に

リアルタイムマッチング	コラボレーション／シェアリング	IoT／セルフ化による自動化	パーソナライズ／カスタマイゼーション	ダイナミックな需要予測／プライシング
MR化／ライブ化	OMOのレコメンデーション	XaaS	X-Tech	スコアリング／信用価値算定
アバター／エージェント化	マルチデバイス化	シームレス決済	スマートミラー活用	スマートシティ化

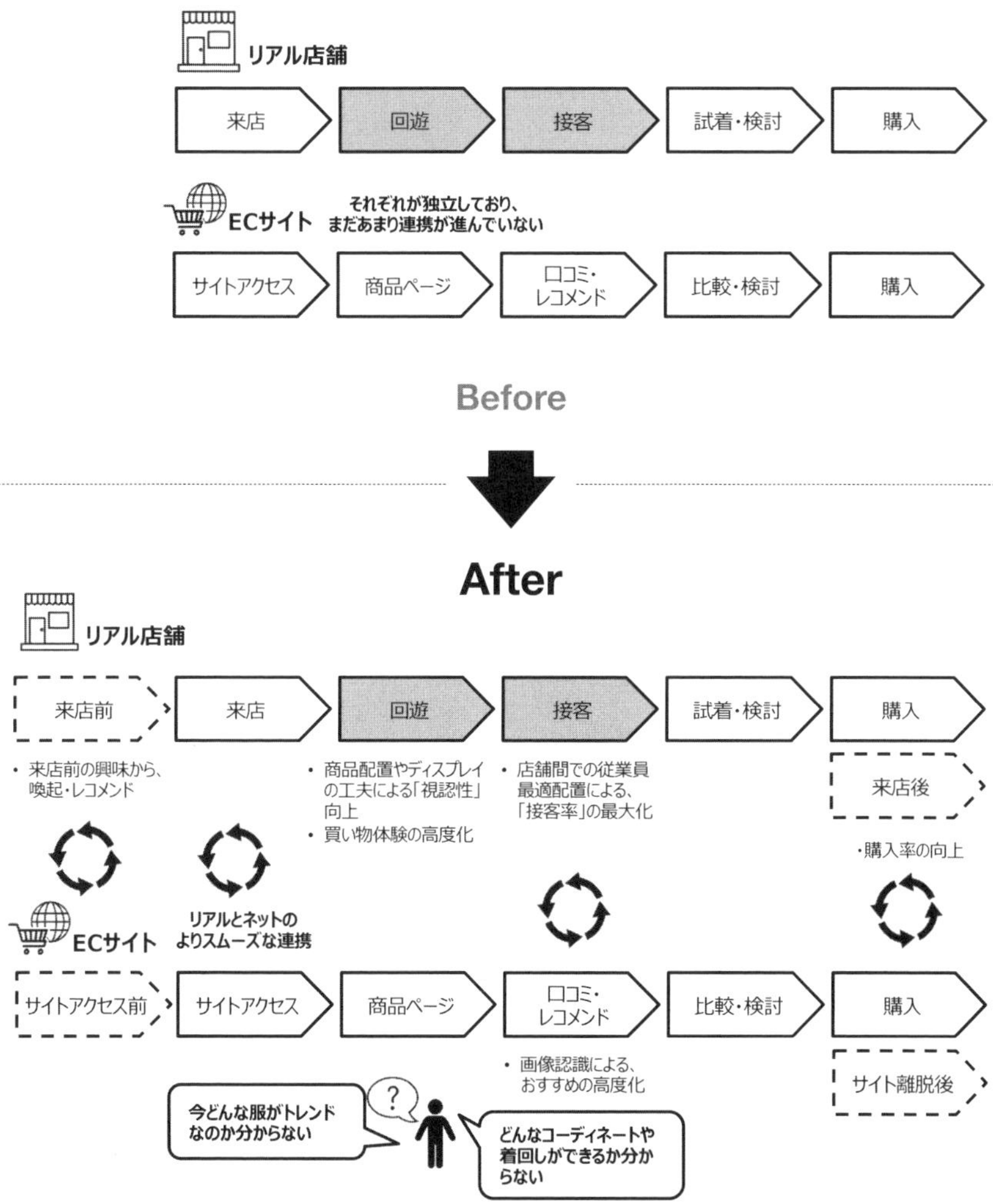

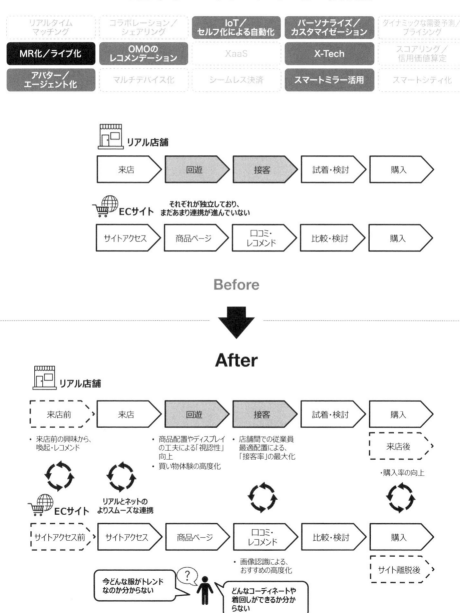

従来、アパレル店舗における販促活動としては、店員の掛け声や店頭マネキンによる顧客の興味喚起・店内誘導、会員カードのＬＩＮＥ友だち機能などによるＥＣとの紐付けによる顧客属性・購入データの活用、店員によるコーディネートの提案や商品のおすすめなど、様々な取り組みがなされてきた。ＥＣにおいても、自分のアバターによる試着や、ＺＯＺＯスーツのような顧客の体型・サイズを電子化する取り組みも行われてきた。

一方、これらの取り組みの効果を分析するためのデータ取得は不十分だった。購入した顧客の情報しかとれておらず、顧客が店内でどのように過ごしているのか、それがどの程度購買につながっているのかなど、顧客が購入に至るまでのプロセスや購入に至らない場合の状況が見えていなかった。

今後は、アパレル店舗においても、ＡＩやＩｏＴを活用した店舗内の最適化が進む。

例えば、三陽商会では、ＡＩソリューションを持つＡＢＥＪＡと業務提携し、リアル店舗でのＡＩを活用した取り組みを進めている。具体的には、「回遊率」を高めるための店内レイアウト最適化と、「接客率」を高めるための接客キャパシティの最大化を行うことにより、売上を向上させることができた。

「回遊」について、あるブランドの店舗で顧客の回遊率を分析したところ、店舗の奥まったエリアはあまり人が立ち寄っておらず、商品が見られていないことが分かった。一方、商品視認率を上げることで購買につながりやすいという関係性も見えていたため、いかに当該エリアへの回遊率を上げるかがこの店舗の課題であった。そこで、同社は商品配置を試行錯誤しながら変更することで、回遊率を改善することに成功し、結果として、商品視認率や店舗全体の買上率も向上させることができた。

また、別ブランドにおいて、接客人員のリソースと来店客数、接客率、購入率を店舗間で比較したところ、来店客数の少ない店舗では従業員1人当たりの接客人数が11人／日と少ないため接客率が高く、購入に至っている割合も高かった。一方、来店客数の多い店舗では従業員1人当たり83人／日もの顧客を見ており接客率が低いが、接客した顧客の購入率は高いことが分かった。つまり、接客率と買上率に相関があるにもかかわらず、来店客数が多い店舗ではリソースが足りずにきちんと接客できていなかった。これを改善するために店舗間でのリソース配置をカスタマイズすることで、接客率が上がり、結果として買上率、売上が向上した。

このように、店内のカメラ映像による行動データの取得と会員データとの紐付けにより、これまで取得できなかったデータの分析が可能になることで、これまで見えなかった事象が可視化され、対策を打つことが可能になる。さらに、顧客の行動データを蓄積し、リテール向けの新たなデバイスなども併せて活用することで、「個客」にパーソナライズした取り組みが盛んになるだろう。

例えば、パナソニックの透明スクリーンとビーコンを組み合わせた店頭マネキンのコーディネートのシーン提案や、個別にパーソナライズされたおすすめによる歩行者への個別の興味喚起・店内誘導、店内ではスマートミラーによる、TPO（Time・Place・Occasion）に合わせたお試しができ、選んだ商品と合ったコーディネートや適切なサイズなどのおすすめが実際に行われる。これらはファッシュテック活用の1つである。また、店内在庫の確認も自動で行うことができれば、効率化にもつながる。

なお、ECでも商品画像の認識によって、顧客自身が「欲しい商品を言葉にできない」という課題や、「今見ている商品そのものに似た商品を欲しい」という欲求に応えるレコメンドなどの取り組みがなされる。従って、店舗とECの連携により、来店前から来店後までを含めた顧客理解が進み、さらなる個客対応が可能になる。

新・顧客戦略のポイント

〔アパレル〕

- 商品配置・ディスプレイの工夫による「視認性」の向上から購買体験へ
- 従業員の最適配置による、「接客率」の最大化から購買促進へ

〔飲食店〕

スマホが「顧客のエージェント」に需要予測や食材調達はダイナミック化

リアルタイムマッチング	コラボレーション／シェアリング	IoT／セルフ化による自動化	パーソナライズ／カスタマイゼーション	**ダイナミックな需要予測／プライシング**
MR化／ライブ化	**OMOのレコメンデーション**	XaaS	X-Tech	スコアリング／信用価値算定
アバター／エージェント化	マルチデバイス化	シームレス決済	スマートミラー活用	スマートシティ化

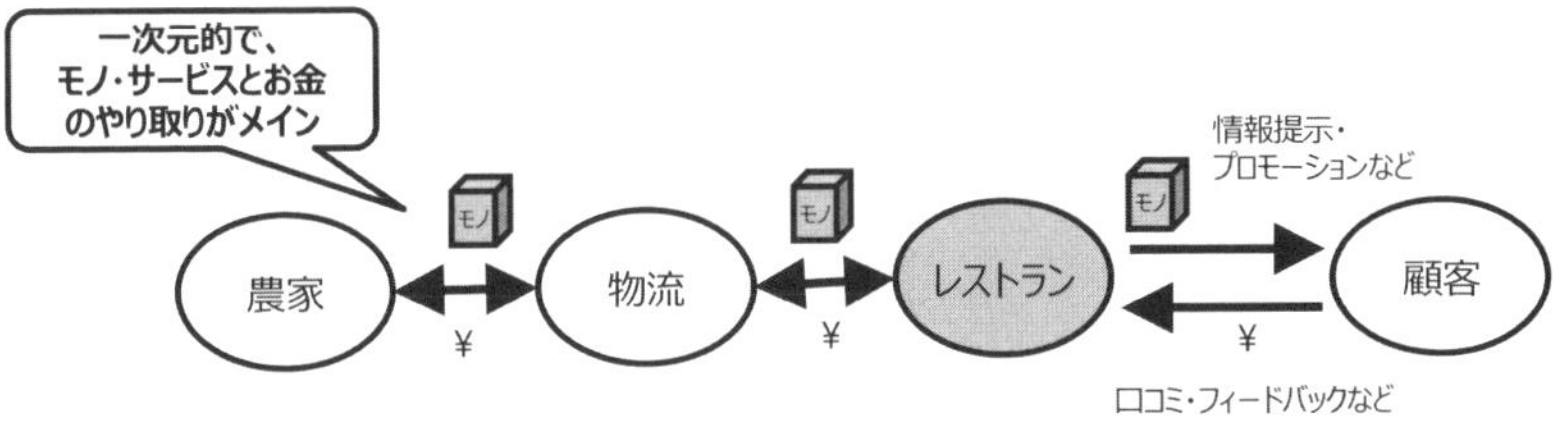
一次元的で、モノ・サービスとお金のやり取りがメイン
農家
物流
レストラン
顧客
モノ
¥
情報提示・プロモーションなど
口コミ・フィードバックなど

Before

After

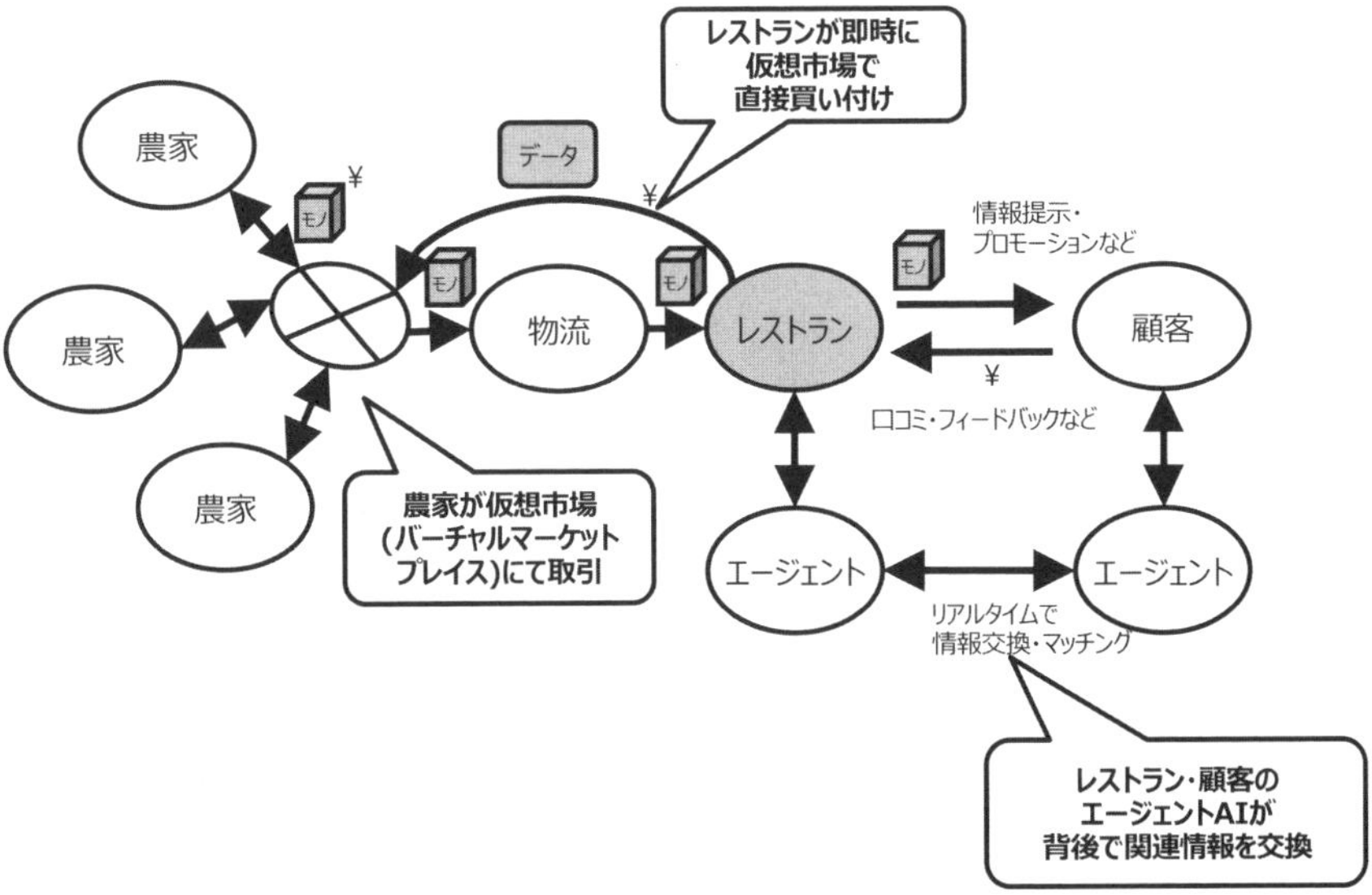
レストランが即時に仮想市場で直接買い付け
データ
農家
農家
農家
物流
レストラン
顧客
モノ
¥
情報提示・プロモーションなど
口コミ・フィードバックなど
農家が仮想市場(バーチャルマーケットプレイス)にて取引
エージェント
エージェント
リアルタイムで情報交換・マッチング
レストラン・顧客のエージェントAIが背後で関連情報を交換

デジタル化の進んだレストランなどの飲食店は、顧客価値を高める活動として既にいくつものマーケティングツールを活用している。

ウェブサイトやメール、ＳＮＳの活用のほかに、スマホアプリ、店頭でのデジタルサイネージもある。具体的には、例えば、ウェブを通じた店舗・メニュー情報の提示や予約の受付、ＬＩＮＥ公式アカウントをはじめとするチャットアプリを通じた店舗情報・クーポン情報のプッシュ通知などが行われている。また、顧客から各種の口コミサイトを経由してフィードバックをもらうことで、店舗やメニューの改良へとつなげている。

今後は、デジタル技術、特にデータ統合やリアルタイムマッチングの発展を通じ、顧客が食事をしようと思い立つより遥か前から、より適切な顧客へのプロモーションを行ったり、より顧客価値を高める最適な店舗・メニュー作りを行ったりといったことが可能となる。

まず、顧客が予約時に入力した以上の情報を活用して、より最適な店舗やメニューのオススメが可能となる。例えば、顧客は限られた時間では、メニューや価格、口コミを調べることはできても、店舗の雰囲気や食材の仕入先などの詳細な情報まで調べ尽くし、比較することはできない。あるいは、暑い時にみずみずしいトマトを食べたいと感じていても、それを言葉にしてメニューを調べるには至らないかもしれない。

その際、自分の属性や行動、嗜好などの情報を蓄積した、スマホ上のアプリなどに内在する顧客（自分）のエージェント（代理人）として活動するAIが、自動的に店舗に問い合わせ、顧客の過去の行動履歴をもとに店舗の評価を行う。また、デジタルウォッチから取得した当日のバイタルデータを用いて適切な（例えば水分含有量の多い）メニューを優先的に探したり、さらには顧客の医療健康情報を参照してメニューにアレルギー食材が含まれていないか、摂取する食塩量が基準値を超えないかなどを予め判断したりすることで、より顧客にとって好ましい店舗やメニューをレコメンドすることが可能になる。

次に、店舗側は食品流通情報や顧客の需要予測情報を活用して、より素早く柔軟に調理やサービスを変更することができる。例えば、食材の仕入れは、スタッフが市場に出向いたり配送を待つ前に農家から直接情報を受け取ることができる。また、インターネット上に実現する食品の仮想的な市場（有志の事業者によって立ち上げられ、適宜運営される業種横断の生産〜販売までのマーケットプレイス）で常に取引情報をウォッチすることで、食材を手にするより遥かに早い段階で量や鮮度、価格を把握することが可能になる。

さらに、顧客の検索・予約情報に加えて、周辺地域の人出や他店舗の予約情報、ひいては天候や交通機関の混雑情報などの外部情報も加味したダイナミックな需要予測を行うことで、より詳細な来店人数や来店者情報を、事前に想定しておくこともできる。

そうなると、画一的なメニュー・サービス提供ではなく、例えば事前に提供する料理の一部を変更したり、スタッフの人数を調整したり、調理工程を入れ替えたりすることが可能になり、顧客の体験価値の向上や食品ロスの削減、業務の効率化なども可能となる。

新・顧客戦略のポイント

〔飲食店〕
- レストランと顧客のエージェントAIが関連情報を交換してメニュー微調整
- ダイナミックな需要予測に応じて食材を仮想市場で直接買い付け

［スポーツ・エンタメ］

5Gで未体験ライブ動画を提供 試合結果に応じてリアルタイム販促

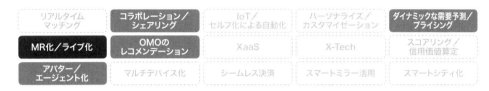

リアルタイムマッチング	コラボレーション／シェアリング	IoT／セルフ化による自動化	パーソナライズ／カスタマイゼーション	ダイナミックな需要予測／プライシング
MR化／ライブ化	OMOのレコメンデーション	XaaS	X-Tech	スコアリング／信用価値算定
アバター／エージェント化	マルチデバイス化	シームレス決済	スマートミラー活用	スマートシティ化

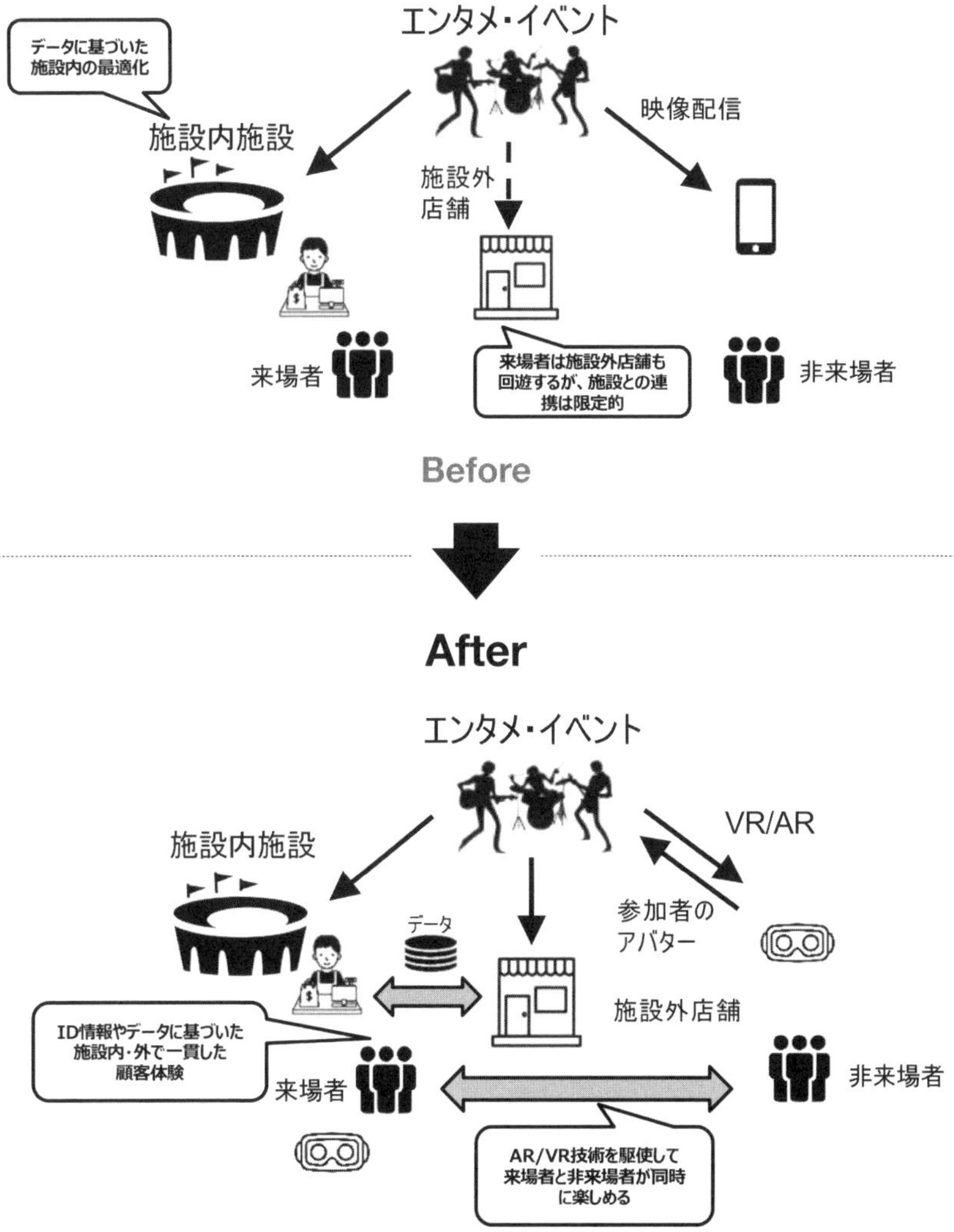
エンタメ・イベント
データに基づいた施設内の最適化
施設内施設
施設外店舗
映像配信
来場者
来場者は施設外店舗も回遊するが、施設との連携は限定的
非来場者
Before
After
エンタメ・イベント
施設内施設
VR/AR
参加者のアバター
データ
施設外店舗
ID情報やデータに基づいた施設内・外で一貫した顧客体験
来場者
非来場者
AR/VR技術を駆使して来場者と非来場者が同時に楽しめる

スポーツやコンサート、イベントなどは、現在でもリアルタイムのネット動画配信が進んでいる。放送枠の制限から、これまではリモートでは楽しむことができなかったものも含め、多様なコンテンツが配信されるようになってきた。また、野球場・サッカースタジアムなどの施設では、会員組織の拡充による入場者の属性や行動をより詳細に分析可能とし、飲食や物販などニーズが高い施設を会場内に増やすなども行われてきた。

今後は、リアルとバーチャルの融合により、顧客体験の高付加価値化が進んでいく。ネットにおいては、スマートフォン画面で映像としてコンテンツを楽しむだけでなく、5G回線を活用した高範囲・高解像度の情報送受信により、遠隔地においても、VR機器を装着すれば会場にいるのと遜色のない体験ができる。

また、リアルの会場においてもAIが投影先の動きを検知して自動的に最適な描画となるように調整されたプロジェクションマッピングなどにより、解説や追加情報、AR/MRによる視覚効果といったバーチャルな要素が加わることで、分かりやすさや迫力が向上する。例えば、球技の試合中にボールの軌跡を表示するといった、TVなどでは実現されている表現がリアルの会場でも可能となる。さらに、そこで選手の着ているユニフォームがARでレコメンドされ、それが欲しくなったらクリック1つで、適正な価格で購入することもでき、ECとも連動できる。

このようにリアルとバーチャルが融合した体験が増えるにつれて、消費者のコンテンツに対する嗜好自体も変化し、リアルとバーチャルの垣根が取り払われていく。バーチャルアイドルと人間のコラボレーションライブや、過去の有名選手をシミュレートしたバーチャルな選手と人間の試合といったコンテンツも人気が出ると考えられる。

一方で、周辺の店舗は、開催イベントに参加するであろう顧客の休日の前日は夜遅くまで営業している。また、飲食店の場合は、それらに応じて、昼や夜の回転率を上げて売上を上げるため、曜日別の来店予想人数に応じて作り置きしてきた。

今後は、開催イベントの来客者の人数、属性、行動特性を過去データから予測し、自店舗に来てほしい顧客の場合は、イベント終了時間に応じて閉店時間を延長することができる。顧客にリアルタイムクーポンを配信し、その日のイベント結果（例：野球の勝敗、MVP選手）に応じた簡易企画（メニュー）を限定で行うなどのマーケティングによって、新たな収益を上げていくであろう。

新・顧客戦略のポイント

［スポーツ・エンタメ］

- AR／VR技術を駆使して来場者と非来場者が同時にエンジョイ
- ID情報やイベントのデータに基づいた施設内・外で一貫した顧客体験

〔アミューズメント施設〕

遊園地とスマホのゲームがつながる「行列の待ち時間」をブロックチェーンで売買

リアルタイムマッチング	コラボレーション／シェアリング	IoT／セルフ化による自動化	パーソナライズ／カスタマイゼーション	ダイナミックな需要予測／プライシング
MR化／ライブ化	OMOのレコメンデーション	XaaS	X-Tech	スコアリング／信用価値算定
アバター／エージェント化	マルチデバイス化	シームレス決済	スマートミラー活用	スマートシティ化

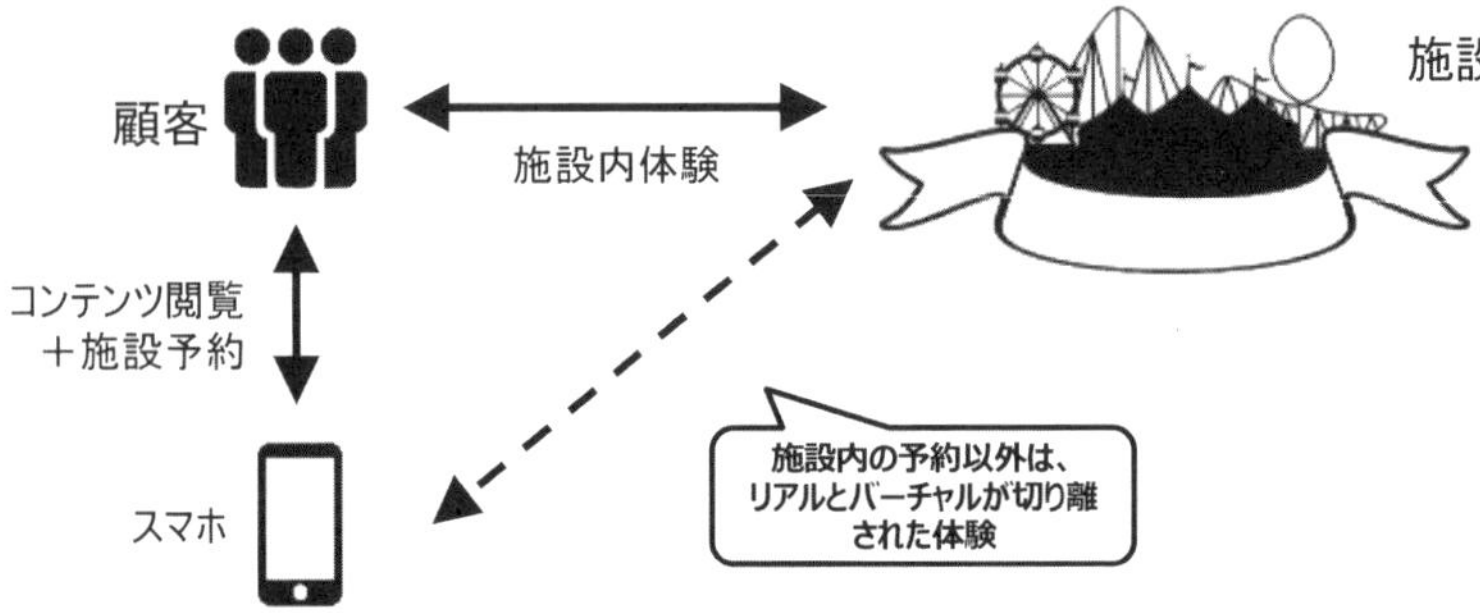
顧客
施設
施設内体験
コンテンツ閲覧
＋施設予約
スマホ
施設内の予約以外は、
リアルとバーチャルが切り離
された体験

Before

After

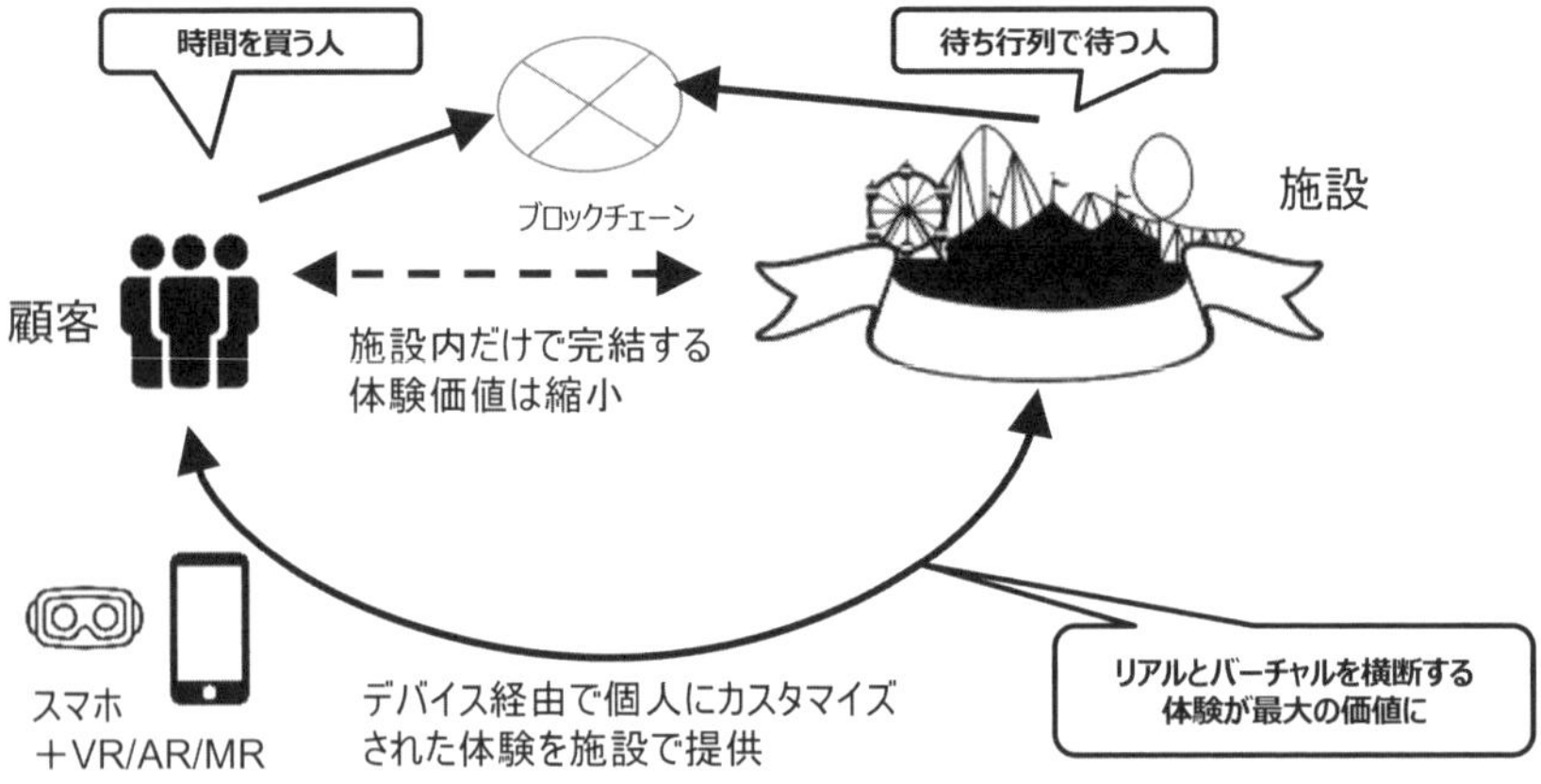
時間を買う人
待ち行列で待つ人
ブロックチェーン
施設
顧客
施設内だけで完結する
体験価値は縮小
スマホ
＋VR/AR/MR
デバイス経由で個人にカスタマイズ
された体験を施設で提供
リアルとバーチャルを横断する
体験が最大の価値に

アミューズメント施設では、ウェブサイト上での購入予約・発券や混雑状況の提示などは、大規模な施設ほどその効果は大きくなるため、他業態と同様に既に実施が始まっている。

また、会員組織を持つことで、データの取得やダイレクトマーケティングを行い、収益の最大化を図ることが一般化している。例えば、会員属性別の施設内設備の利用状況を分析することで将来の設備増強内容の意思決定に活かす、施設が空いている時間帯に来場を促すクーポンを配信する、リアル施設だけでなくネット通販などのクロスセルを訴求するプロモーションを行う——などである。

これまでは集客に向けたマーケティングは個人別に最適化されていても、施設内での体験は基本的にはすべての顧客に共通したものであった。今後は、リアル・バーチャル横断で会員別のデータを活用し、またＶＲ／ＡＲ、およびＭＲ技術などと組み合わせることで、個人に最適化された経験を提供し、体験を高付加価値化する動きが加速する。

リアルの行動をバーチャルに反映する例としては、遊園地で遊んだ内容に応じてスマートフォンでのゲームにその内容をフィードバックして、ゲームコンテンツを変化させることなどが考えられる。逆に、バーチャルからリアルへのフィードバックとしては、普段はゲーム内で触れ合っているキャラクターが、遊園地内でそこにいるかのように一緒に遊ぶことができるようにする、ＭＲ技術の活用なども考えられる。

また、VR／AR技術により、必ずしも大規模なリアル設備がなくとも、五感を楽しませるエンタテインメント体験が可能となる。繁華街などの室内でそうした技術を活用した施設が近年増えてきており、様々なアイデアに基づいた多様なコンテンツが提供される。そうした施設の中からブームになるものが出てくれば、業界のプレーヤーも変化していく。

アトラクションの入場待ち行列への対応も進化する。既にディズニーランドなどでは、ファストパスのように優先券を提供するサービスも存在するが、その場合も基本的に発券者と施設利用者は同一である。そこで、行列の時間を待つ人と、その時間を省略するためにその権利を時価で買う人が現れるはずであり、それらをマッチングするサービスが広がる。例えば、売る側と買う側がブロックチェーンで需要と供給をマッチングするような市場も形成されていく可能性もある。その際のお金のやり取りは、CtoCにおけるシームレスな電子決済となろう。

新・顧客戦略のポイント

〔アミューズメント施設〕

- デバイス経由で個人にカスタマイズされた体験を施設で提供
- リアルとバーチャル横断での体験が最大の価値になり、権利購入も可能に

［ホテル・鉄道・航空］

空室状況に応じて価格設定 MaaSの延長として商品やサービスも提供

リアルタイムマッチング	**コラボレーション／シェアリング**	IoT／セルフ化による自動化	**パーソナライズ／カスタマイゼーション**	**ダイナミックな需要予測／プライシング**
MR化／ライブ化	**OMOのレコメンデーション**	**XaaS**	X-Tech	スコアリング／信用価値算定
アバター／エージェント化	マルチデバイス化	シームレス決済	スマートミラー活用	スマートシティ化

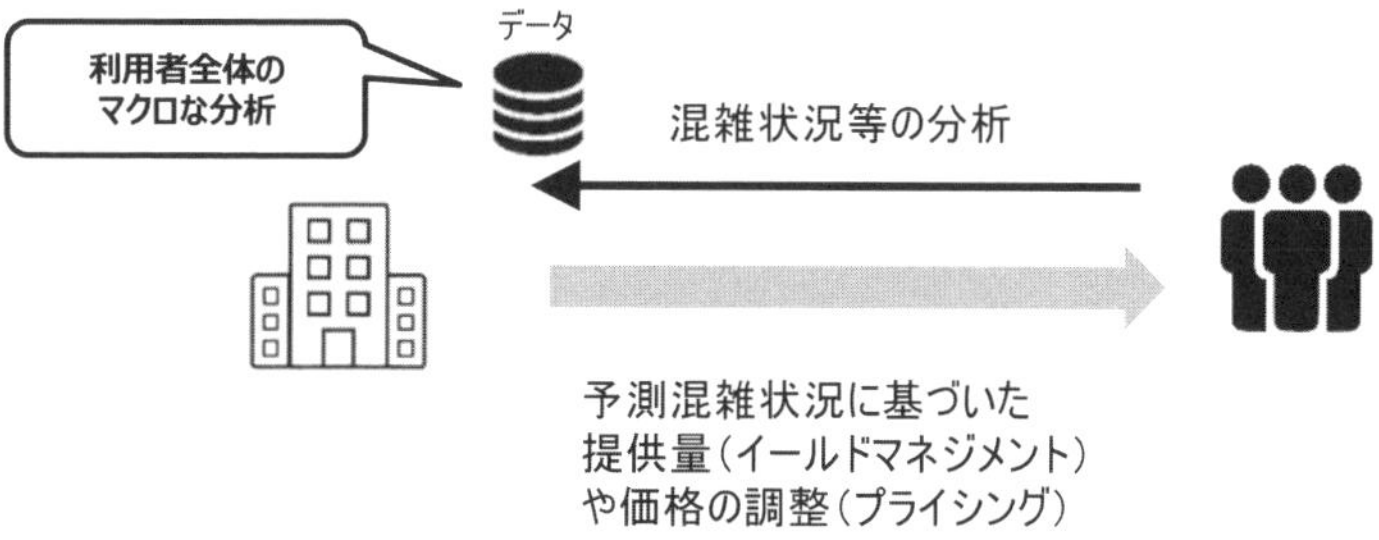
データ
利用者全体のマクロな分析
混雑状況等の分析
予測混雑状況に基づいた
提供量（イールドマネジメント）
や価格の調整（プライシング）

Before

After

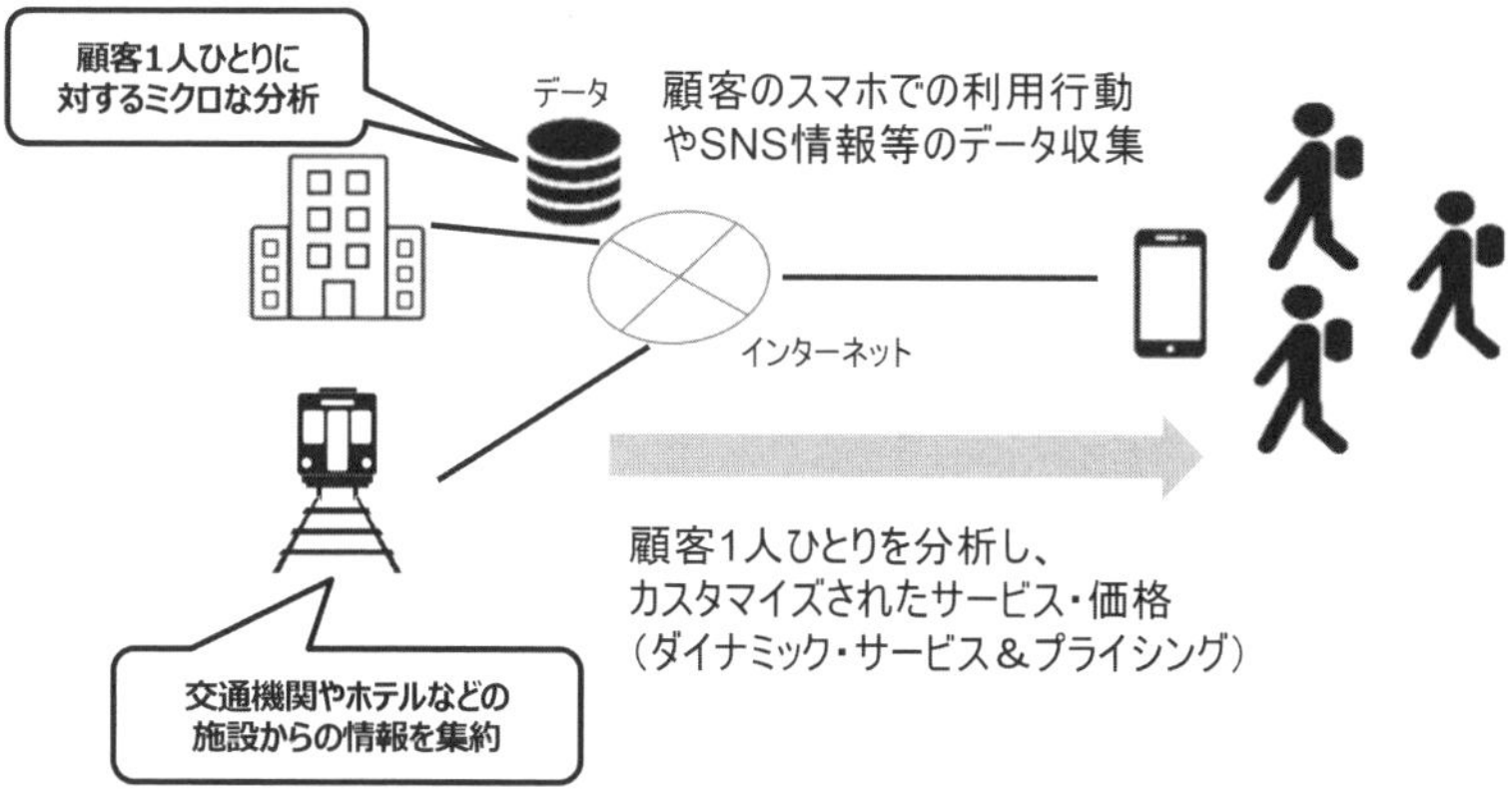
顧客1人ひとりに対するミクロな分析
データ
顧客のスマホでの利用行動
やSNS情報等のデータ収集
インターネット
顧客1人ひとりを分析し、
カスタマイズされたサービス・価格
（ダイナミック・サービス＆プライシング）
交通機関やホテルなどの施設からの情報を集約

旅行代理店経由での予約は縮小し、消費者がインターネット上の予約サイトで直接、予約・購入することが増えている。そうした個別サイトでの値付けは、混雑状況によって変更されている。稼働率を調整（イールドマネジメント）した上で収益ができるだけ上がるように、各事業者が季節・曜日などのパラメータ別に、最適な価格を設定している。過去のデータからいかに最適なルールを設定できるかは、各企業にとって競争優位の源泉となっている。

価格設定においては、これまではもっぱら過去の各企業のサービスの利用状況に基づいて行われていたが、今後は、外部の多様なデータを加味することで価格設定の精度が上がっていく。例えば、スマートフォンの位置情報から人の移動状況を把握して将来を予測したり、ＳＮＳの書き込み内容などから人気が出るであろう行楽先を予測したりすることなどである。

また、企業間でデータを連携することで、各企業の個別最適ではなく全体最適な価格設定も可能となる。具体的には、ある地点のホテルが他の地域よりも空室が多い、ということであれば、その地域に移動する交通費と宿泊費を合わせた金額として、魅力的な値付けをリアルタイムで設定してレコメンドするというようなことが考えられる（トータルなダイナミック・サービス&プライシング）。その際の交通費は、ホテルが一定程度負担するなどのコストやレベニューのシェアを行うことで、各事業者にメリットが生まれる。

このように複数事業者の商品・サービスを組み合わせた提供は、ＭaａＳの流行の延長としても重要である。これまでは、鉄道・バスなどの基幹交通とシェアサイクル・カーなどのモビリティを組み合わせることは行われているが、移動先での商品・サービスも合わせて提供することで、さらに利便性が高く高付加価値なサービスとなる。

新・顧客戦略のポイント

［ホテル・鉄道・航空］

- 顧客のスマホでの利用行動やSNS、各企業の情報などのデータ収集・連携
- 顧客1人ひとりを分析し、カスタマイズされたサービス・価格を提示

〔インバウンド観光〕

「AI添乗員」が観光案内 スマホで撮影すると解説情報を表示

リアルタイムマッチング	コラボレーション／シェアリング	IoT／セルフ化による自動化	パーソナライズ／カスタマイゼーション	ダイナミックな需要予測／プライシング
MR化／ライブ化	**OMOのレコメンデーション**	XaaS	X-Tech	スコアリング／信用価値算定
アバター／エージェント化	マルチデバイス化	**シームレス決済**	スマートミラー活用	スマートシティ化

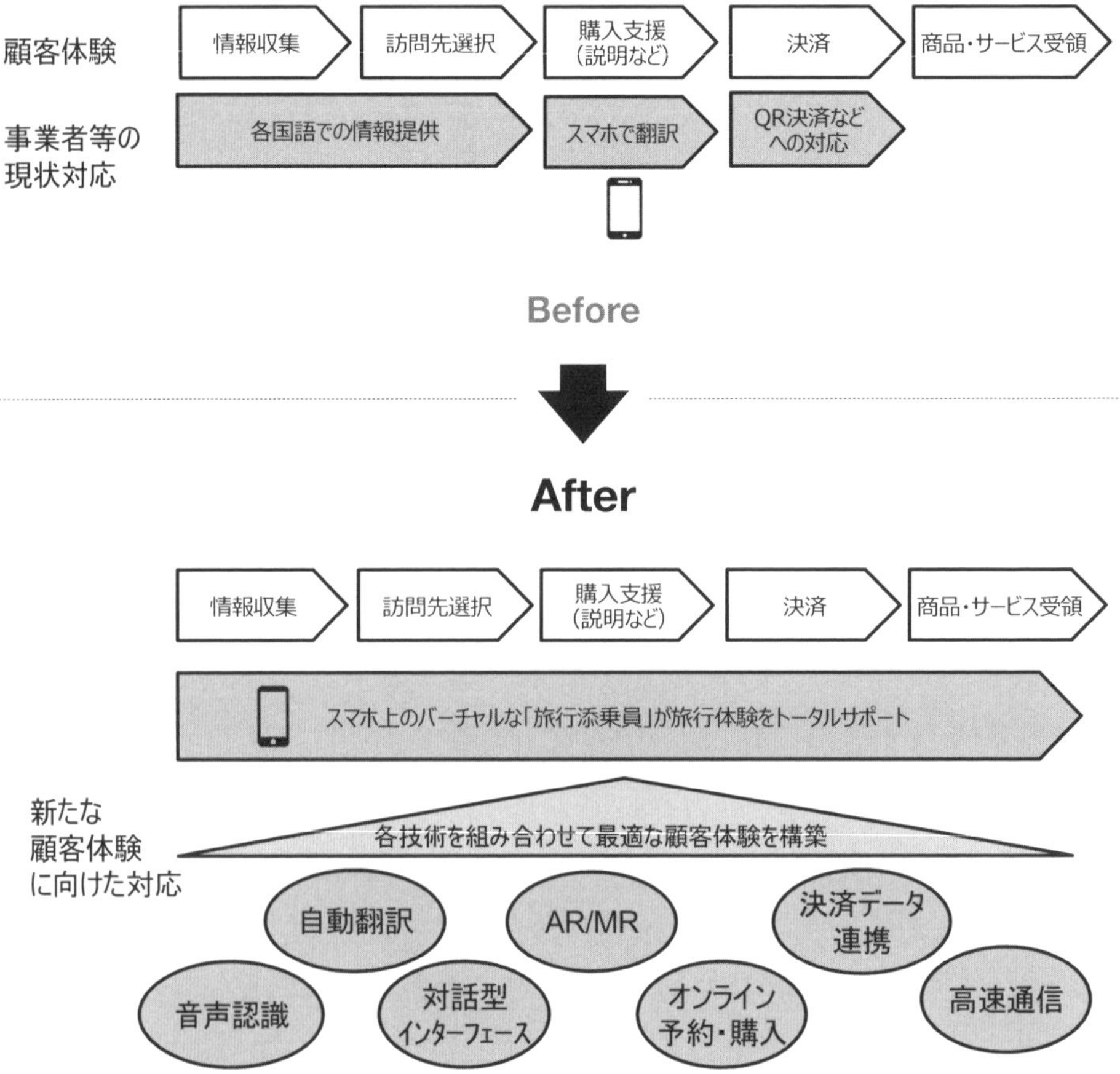

近年、主要観光施設においては、中国からの旅行者が利用するアリペイやウィーチャットペイといったQRコード決済の導入が進んでいる。また、訪日外国人とのコミュニケーションはスマートフォンや専用端末を用いて、自動翻訳を用いて行われていることも多い。一方で、訪日観光客からは、観光情報が各所に散在していて分かりにくいという声もあり、行政（自治体など）と民間事業者が一体となった情報の一元化などの試みが進んでいる。

これまでは、観光客は自身でウェブサイトやガイドブック、観光案内所などで情報を収集していたが、今後は、スマートフォン上で、AIによる支援を受けながら観光をスムーズに行えるようになる。言わば、観光客1人ひとりに旅行添乗員が同行するように、情報の検索や施設の予約、通訳、質問に対する受け答えなどが、スマートフォン上で可能となる。AI化が進んでいない地域では、経験者（高齢住民など）が5G通信を介して、案内することもできる。

また、音声認識や翻訳技術、通信速度の進化から、これまでのようにスマートフォン画面をタッチ操作するのではなく、画面上に表示されたコンパニオン（アバター）が人間の通訳のように音声で逐次／同時音声通訳を行うことが一般的となる。従って、日本語しか話せない経験者の案内も、この逐次／同時音声通訳の仕組みの一部となる。

さらに、MR技術も活用し、カメラで撮影した内容の文字を直訳するだけにとどまらず、必要に応じて対象者が求める情報を追加で表示することも行われる。例えば、食事のメニューを画像認識して翻訳した場合に、メニューには記載がないアレルゲン情報を追加で表示することなども、AIによる「おもてなし」の一例である。

また、決済については、普段利用している決済手段を用いて、あらゆる場所での決済が可能となる。その際、利用者が使いたい決済手段と、店舗などで受け入れ可能な決済手段が異なる場合には、その変換を行うことが必要となる。例えば、訪日外国人が普段使っている決済手段から、日本独自規格の決済手段のバリューに一旦チャージして決済可能とするといったことがスムーズに実現される。そのため、そうした決済事業者間のグローバルな連携が進行する。なお、決済事業者同士は競合であるため、これらのようなケースについては、自治体が仕組みやシステムに関して補助支援する、もしくは仲介することも考えられる。

新・顧客戦略のポイント

〔インバウンド観光〕

- スマホ上のバーチャルな「旅行添乗員」が旅行体験をトータルサポート
- 自動翻訳、AR／MRなどの技術を組み合わせて最適な顧客体験を構築

〔出前・デリバリー〕

ギグワーカーが配達員として活躍 状況に応じて需給をコントロール

リアルタイムマッチング	コラボレーション／シェアリング	IoT／セルフ化による自動化	パーソナライズ／カスタマイゼーション	ダイナミックな需要予測／プライシング
MR化／ライブ化	OMOのレコメンデーション	XaaS	X-Tech	スコアリング／信用価値算定
アバター／エージェント化	マルチデバイス化	シームレス決済	スマートミラー活用	スマートシティ化

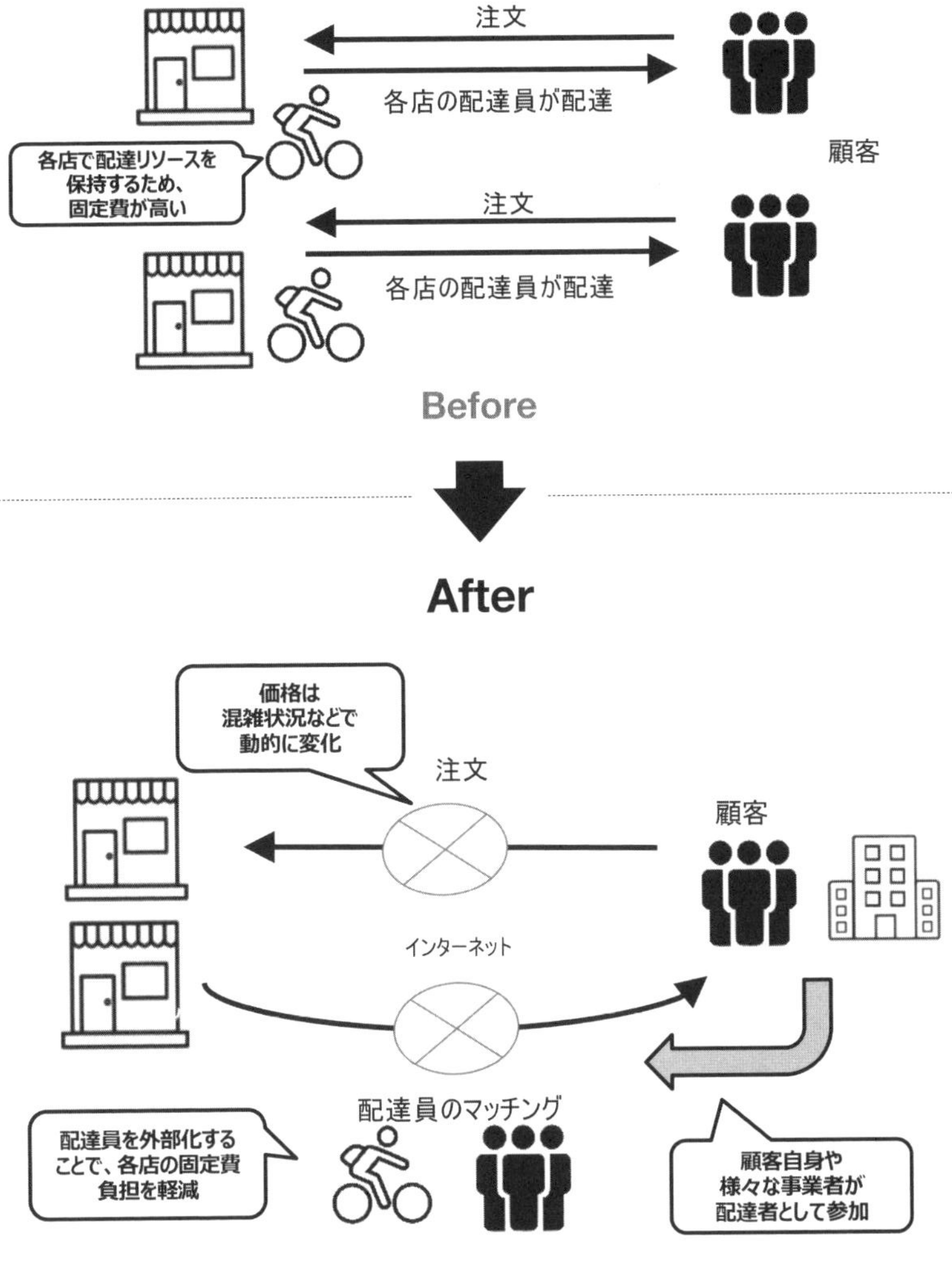
注文
各店の配達員が配達
各店で配達リソースを保持するため、固定費が高い
顧客
注文
各店の配達員が配達
Before
After
価格は混雑状況などで動的に変化
注文
顧客
インターネット
配達員のマッチング
配達員を外部化することで、各店の固定費負担を軽減
顧客自身や様々な事業者が配達者として参加

スマートフォンやネットによる出前・デリバリーサービスの注文が広く普及し、住所ではなくスマートフォンの位置情報宛に商品を送ることも可能となってきた。店舗のマーケティングは、自社のウェブサイトやチラシのほか、専業のプラットフォーム事業者（LINE、dデリバリーなど）に登録し、送客を受けることも一般的である。また、アプリでの注文による、遠隔地向け（離れ小島）向けのドローン配送も始まっている。

配達員に関しては、各店舗にて雇用（アルバイト含む）している場合が多い。

一方、ウーバーイーツやLINEデリマといったスマートフォンから気軽に自宅などへと食事をオーダーできるサービスは国内外で成長を続けている。そうしたサービス間の競争の中で、飲食店や小売事業者の配達に要する単価が下がり、それによってさらなる事業者の参入と利用者増につながるという正のスパイラルが期待されるが、配達員の不足が課題となる可能性も高い。

これまでもウーバーイーツなどは個人を配達員として活用しているが、配達に用いられる交通手段がバイクや自転車であり、運転技術や体力を必要とすることから、そのリソース提供可能者は限られる。そこで、今後は、それらの生産性向上に向けて、鉄道やバスなどの公共交通機関の利用者や、これまでは出前・デリバリーサービス以外の商品を運んでいた配達員などもマッチングされ、出前・デリバリーサービスも行えるようになる。もちろん、逆の場合（出前の配達員が他の商品を運ぶこと）もあり得る。さらには、ドローン（配送員の代わり）の活用も進む。

また、注文するウェブサイト上に、リアルのクーポン番号を入力することで割引いたり、共通ポイントのIDを入力することでポイントを付与したりすることも可能であり、O2Oのサービスも現在行われている。今後は、さらに時間帯や状況（天候、イベントなど）に応じたクーポンやSNSでの情報発信、予約サービスなどにより、需要と供給を積極的にコントロールすることができるようになる。これらのコントロールやOMOによるマーケティング上の工夫も、企業の重要な競争優位となる。

新・顧客戦略のポイント

〔出前・デリバリー〕

- 価格は混雑状況などで動的に変化させながらOMOを実現
- 配達員を外部化することで、各店の固定費負担を軽減

〔タクシー〕

AIの需要予測で配車を最適化 空港に向かう車内でチェックインも

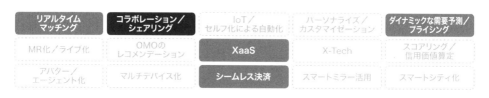

リアルタイムマッチング	コラボレーション／シェアリング	IoT／セルフ化による自動化	パーソナライズ／カスタマイゼーション	ダイナミックな需要予測／プライシング
MR化／ライブ化	OMOのレコメンデーション	XaaS	X-Tech	スコアリング／信用価値算定
アバター／エージェント化	マルチデバイス化	シームレス決済	スマートミラー活用	スマートシティ化

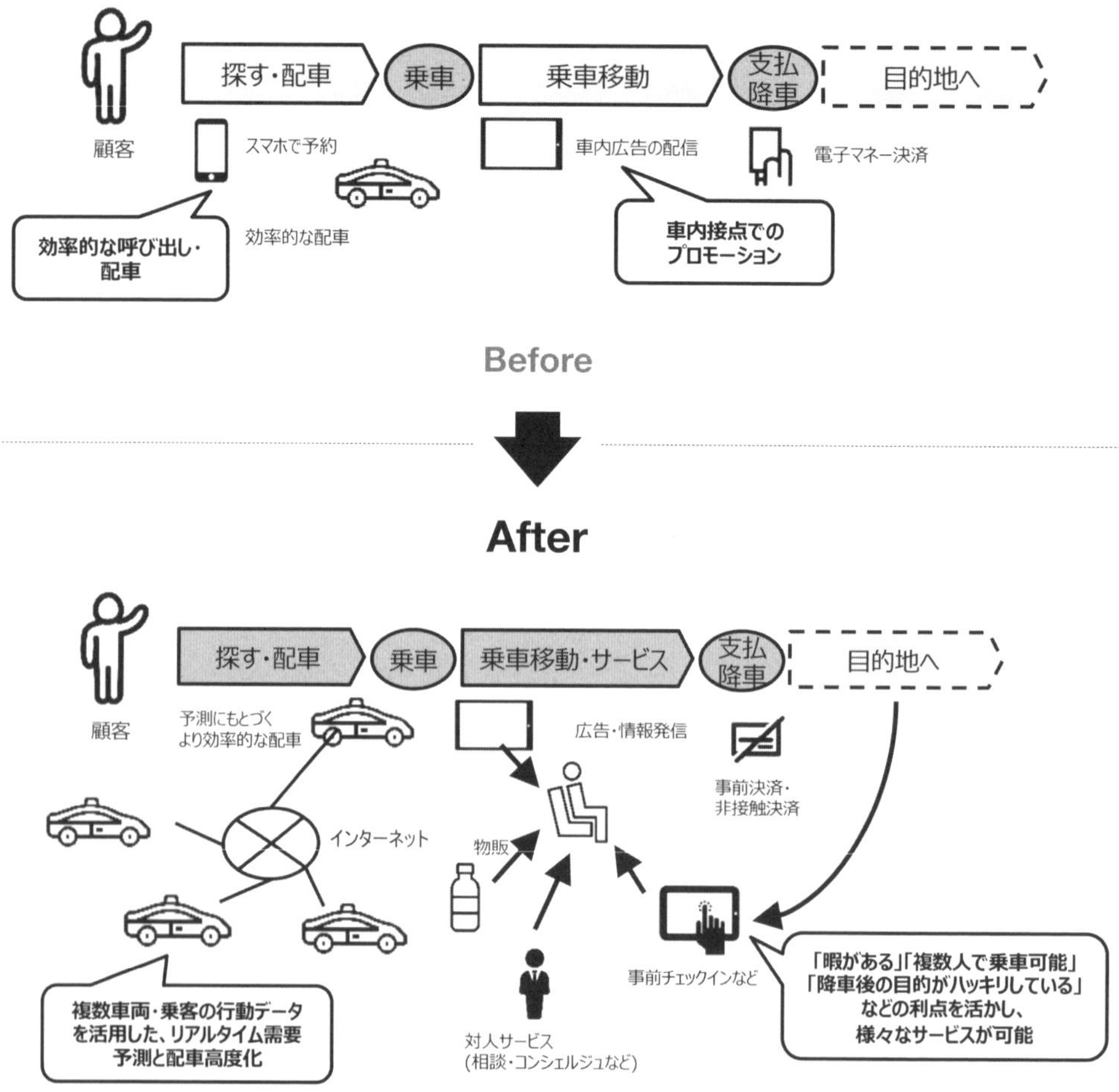

タクシーは、空車時にタイムリーに顧客の元へ配車し、また顧客の輸送時にはなるべく早く・正確に到着することが、顧客への提供価値向上につながる。業務無線による車両間での連絡に加えて、かねて、プローブ交通情報（プローブカーと呼ばれる一部の自動車の車速や走行位置などの情報を用いて生成された道路交通情報）を活用しており、より空いている道路を利用し、乗客を効率的に輸送する取り組みが行われている。

また、決済のキャッシュレス化も東京オリンピックに向けて進んだ。後部座席の画面では、乗客に合った広告を掲示し、その画面でのQRコード表示によって、降車前の決済手段の登録も行える。

さらに、よりリアルタイムに、適切な台数を顧客（あるいは潜在顧客）の元へ配車する取り組みが既に始まっている。

例えば、NTTドコモは「AIタクシー」のサービス名で、タクシー乗車の需要予測サービスを提供している。これは、タクシー運行データや気象データ、周辺施設データなどに加え、携帯電話ネットワークから作成されるリアルタイムのモバイル空間統計データを活用し、地域のタクシー需要の予測台数を配信するサービスであり、実際に東京や名古屋のタクシー運行会社で利用されている。

今後は、これらのデータ以外に、商業施設の一時的な混雑といったイベントデータや、公共交通機関の遅延など、利用する周辺環境で取り込むデータが拡大し、例えば一定時間以上の電車遅延が発生している駅に集中的にタクシーを配車するなどのサービスの拡大も考えられる。このように、近未来のダイナミックな需要予測や、いつもと異なる状況の検知はＡＩ技術の得意領域であり、配車の高度化が進んでいく。

また、タクシーにはマーケティングの場として大きな可能性がある。近年、ＭａａＳつまり、「サービスとしての移動」あるいは「移動のサービス化」が注目されているが、タクシーは次の４つの特徴がサービス提供の場としての利点となる。

１つ目は、タクシーに乗って移動している間、乗客は基本的に何もすることがない。そのため、顧客に有益な情報やサービスを提供することのできる隙間時間がある。２つ目は、タクシーは乗車時点で行き先が分かり、場合によっては到着後の行動・目的までも予め分かる。３つ目は、複数人が着座でき、かつプライバシーが確保された個室空間を提供できる。４つ目は、必ず運転手が接するため、運転中は難しいが対人接客すら可能である。

これまでにタクシーで提供されているサービスとしては、タブレット端末を活用したサイネージによる広告配信・ニュース配信・決済サービスや、物品販売サービス（傘や飲料水など）、ほかには自由にＰＣやスマートフォンを充電できるサービスも増えてきた。

さらには、４つの特徴を活かすコラボレーションサービスが続々と登場すると考えられる。

例えば、空港へ向かう乗客に対して、車内の大きなサイネージを通じて事前チェックインを可能にしたり、手みやげを検索・購入（シームレス決済）し、空港ですぐに受け取れたりするようなサービスが考えられる。

また、プライバシーが確保された空間であることを活用して、病院に向かう車内で予めタブレット上で問診票の記入と保険証のスキャンを済ませ、病院に到着後すぐに診察を受けられるようにするサービスなども考えられる。

新・顧客戦略のポイント

［タクシー］

- 車両・乗客の行動データを活用した、リアルタイムな需要予測と配車の高度化
- タクシーの利点を活かし、様々なコラボレーションサービスが可能

〔宅配便〕

配送の場所・時間・方法を最適マッチング コストを反映した選択肢を提示

リアルタイムマッチング	コラボレーション／シェアリング	IoT／セルフ化による自動化	パーソナライズ／カスタマイゼーション	ダイナミックな需要予測／プライシング
MR化／ライブ化	OMOのレコメンデーション	XaaS	X-Tech	スコアリング／信用価値算定
アバター／エージェント化	マルチデバイス化	シームレス決済	スマートミラー活用	スマートシティ化

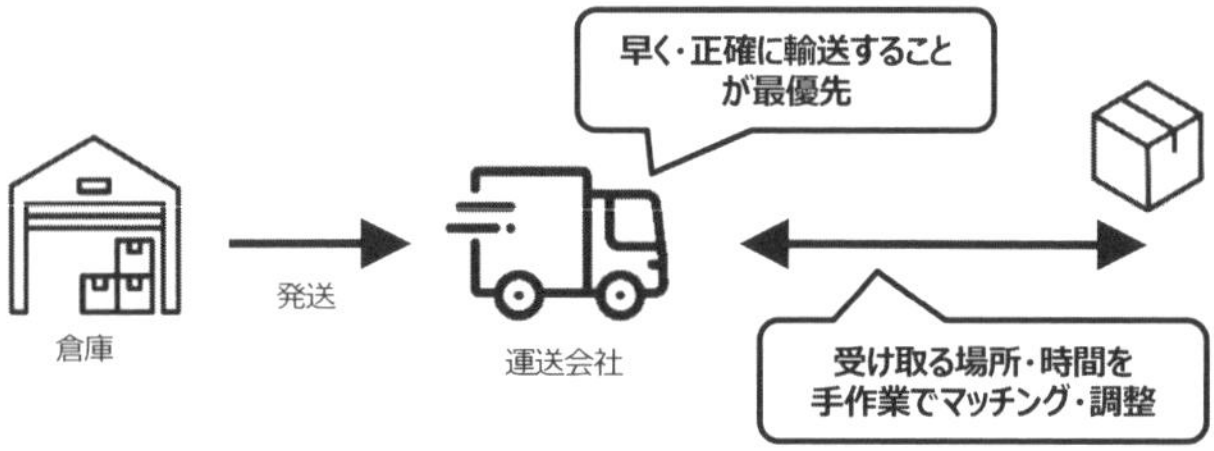

Before

After

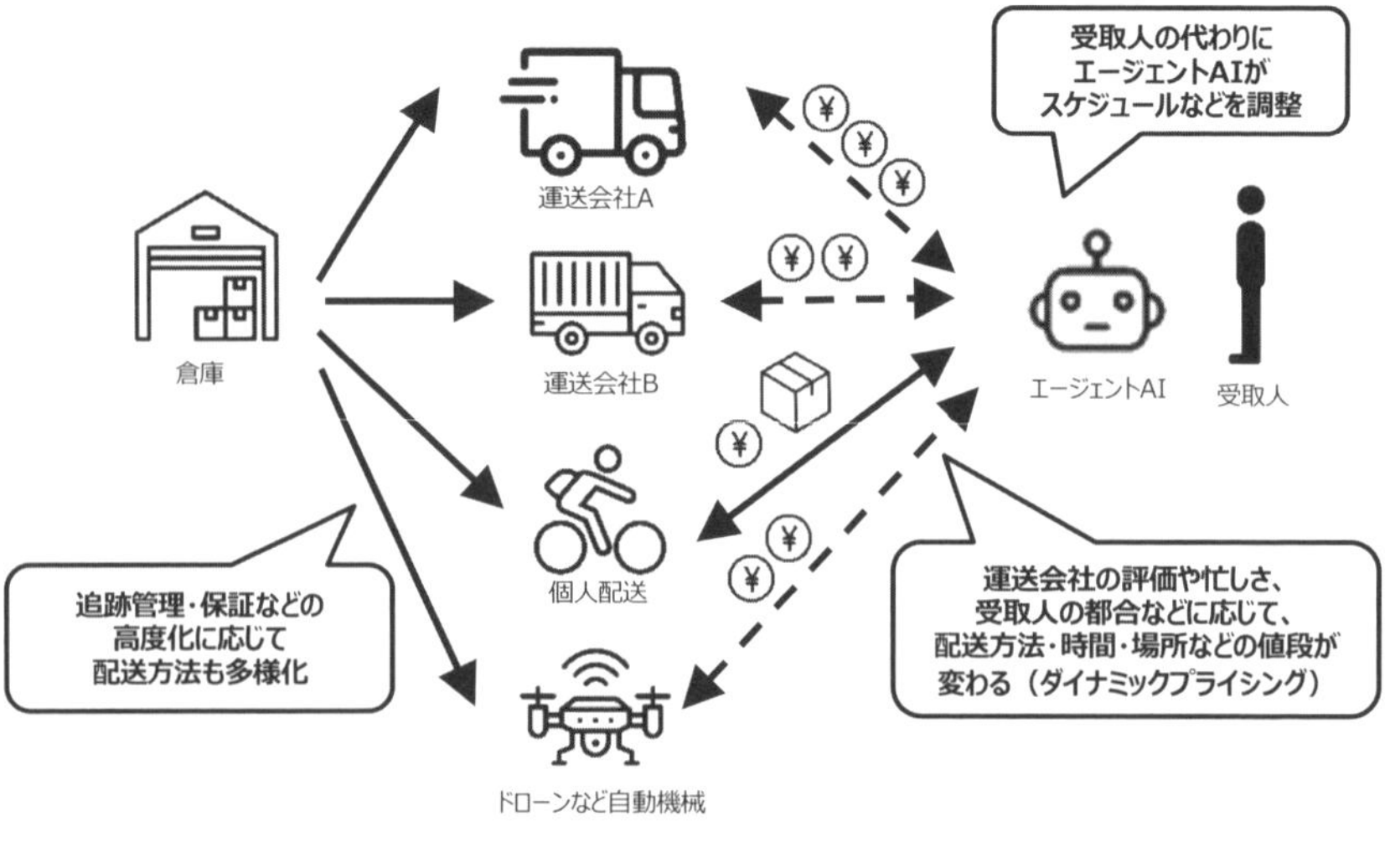

従来、物流や配送を行う宅配便サービスは、取り決めた時間・場所にいかに正確に届けるかが重要であった。近年では、例えば消費者向けの宅配便では、事業者が配達予定時刻を予め消費者に連絡し、消費者は受け取れる時間帯を登録したり変更したりすることで、再配送の非効率を防いだりしている。

また、モノを受け取る場所も、自宅（宅配ボックス含む）だけでなく、集配所やコンビニ、玄関付近（車庫など）の置き配を選択できるなど、選択の幅が広がってきている。このように、取り決めた時間や場所に対して、柔軟に対応することが一般的になってきている。

宅配便サービスは、究極的には送る側と受け取る側の双方にとって最適な場所・時間・配送方法のマッチングであり、シミュレーション技術や、種々のデータを活用したＡＩ技術の活用が有効な領域である。従って、今後は商品受け取りの最適化のため、変化に柔軟に対応できる方向で発展を遂げていくと考えられる。配送予定時刻はより正確にシミュレーションされ、随時受け取り側へ連絡されるだろうし、受け取り場所は直前まで柔軟に対応できるようになる。

一方で、物流コストの負担は大きな課題である。物流コストは消費者にあまり意識されないために事業者の負荷となり、経営を圧迫している。そして大口荷主の要請に耐えられなくなった配送業者が取引を打ち切る事例なども見られる。

そうした問題への対応として、今後は、ダイナミックプライシングを行い、消費者の生活の中に、それと意識しない形で配送コストを加味した複数の配送の選択肢が用意されるようになっていくと考えられる。つまり、時間・場所の変更の柔軟性が高かったり、配送の品質が高かったりする配送業者を選択すると、配送コストが高くなり（あるいは商品価格が高くなり）、遅配も許容する配送や個人事業主による配送などは安くなる、といった価格変動が適宜行われる。

ほかにも、研究が盛んなドローンやロボットによる配送や、例えばスーパーで買い物をした消費者が、スーパーの代わりに帰宅中に近隣住民へ食品をついでに届ける「ついで配送」など、各種事業者や消費者同士がコラボレーションした様々な配送手段が考えられる。これらは、消費者の感じる利便性と、リスク・コストのバランスによって成立するかどうかが決まっていくであろう。

いずれにしろ、物流・配送が物理的に行われる以上、届ける側だけでなく受け取る側の生活や意識を適切にコントロールしていくマーケティングが必要になる。

新・顧客戦略のポイント

〔宅配便〕

- 受取人の代わりにエージェントAIがスケジュールなどを調整
- 状況に応じて配送方法・時間・場所などの値段が変化

［ガソリンスタンド］

「監視」「給油許可」をAIが代行 EVへの対応と地域の拠点化で大変身

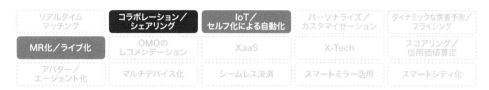

リアルタイムマッチング	コラボレーション／シェアリング	IoT／セルフ化による自動化	パーソナライズ／カスタマイゼーション	ダイナミックな需要予測／プライシング
MR化／ライブ化	OMOのレコメンデーション	XaaS	X-Tech	スコアリング／信用価値算定
アバター／エージェント化	マルチデバイス化	シームレス決済	スマートミラー活用	スマートシティ化

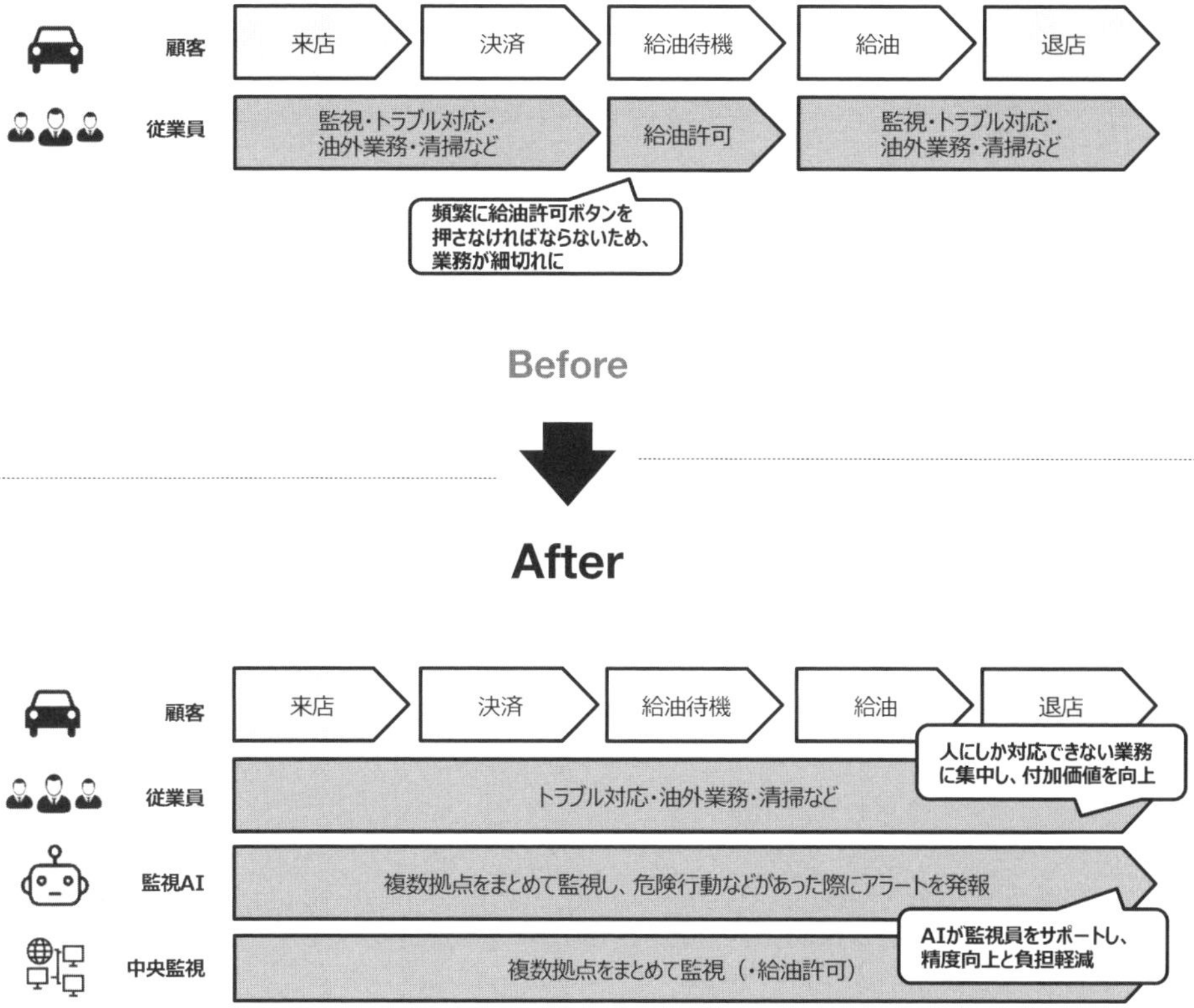

これまでガソリンスタンドは、ガソリンを給油する拠点から、車に関してあらゆるサービスを提供するトータルカーケアステーションに変貌を遂げてきた。具体的には、１９９０年代後半からセルフサービスの業態が台頭したことにより、店員は給油以外のサービスに注力することができるようになった。多くのガソリンスタンドが利便性の向上や収益源の確保を目的として、洗車や鈑金・整備、レンタカーや中古車販売など、自動車関連サービスを中心に給油以外のサービスを展開し、多角化してきた。

また、ガソリンスタンドは、地域の燃料インフラネットワークの一部として、公共性の高い存在でもある。特に地方部では、地域住民への灯油の小口配送などを担っている。また、非常用発電機を備え、災害時でもサービスを継続できる耐震性・耐火性の高い強固な作りになっていることから、地域の防災拠点としての役割も担っている。

このように、ガソリンスタンドは民間企業としての顔と公共性の高い地域の防災拠点としての顔を併せ持っている一方、拠点数は減少を続けており、燃料インフラ維持の観点から、国もガソリンスタンド維持のための方策を検討している。

その方策の１つが、運営の効率化の検討である。通常、セルフサービスの拠点においては、顧客自らが給油量の設定や支払いを行うため、顧客側から見るとガソリンの自動販売機のように思えるが、消防法では必ず従業員が給油している顧客の行動を監視し、危険な行動をしていないかを確認して「給油許可」ボタンを押さないと給油ができない仕組みになっている。しかし、人手不足の問題はガソリンスタンド業界にも押し寄せており、このままでは、いずれ地域の燃料インフラを維持できなくなってしまう。そのため、今後は、「監視」や「給油許可」の業務効率化が行われる。具体的には、AIを活用した監視システムの導入による監視・給油許可業務のより効率化・セルフ化された運用体制が構築される。

海外では、オランダのシェル社が喫煙や許可されていないタンクへの給油など、危険な行動をAI監視カメラで検出し、監視センターにアラートを出すシステムの運用を2018年冬から開始している。また、イギリスなどの欧州では、特に地方部において、AI監視カメラと遠隔監視センターによる運用体制の構築により、一度は経営難で閉鎖した拠点を効率的に復活させている事例も見られる。日本国内においても、このようなAIによる遠隔監視が広まっていくものと考えられる。

また、欧州や中国などではガソリン車の販売を規制し、EVを推進する動きも見られる中、日本においてもEVの活用が盛んに議論されている。家庭用の自動車がすべてEVに置き換わるまでにはまだ大分時間がかかるとしても、事業環境の変化に向けて充電スタンドを備えるなど、新たな取り組みが迫られている。

このような外部環境の変化による圧力や、AIの導入による給油業務効率化を背景に、ガソリンスタンドはより収益性の高い油外業務に人員や工数を割いて、新たなサービス展開するだろう。既に宅配や郵便局、コンビニ、飲食の持ち帰り店、道の駅など、異業種とのコラボレーションが盛んに行われている。今後は、こうした異業種のサービスのうち、地域に合ったサービスを上手く融合できたガソリンスタンドが、地域のニーズに応えられる拠点として生き残っていく。

新・顧客戦略のポイント

〔ガソリンスタンド〕

- 監視ＡＩが複数拠点をまとめて監視し、危険行動などのアラートを発報
- 従業員は人にしか対応できない業務に集中し、異業種連携も取り入れ、付加価値を向上

［携帯電話サービス］

家電製品や公共施設との連携が拡充 シームレスなサービス提供者として進化

リアルタイムマッチング	**コラボレーション／シェアリング**	IoT／セルフ化による自動化	**パーソナライズ／カスタマイゼーション**	ダイナミックな需要予測／プライシング
MR化／ライブ化	OMOのレコメンデーション	XaaS	X-Tech	スコアリング／信用価値算定
アバター／エージェント化	マルチデバイス化	シームレス決済	スマートミラー活用	スマートシティ化

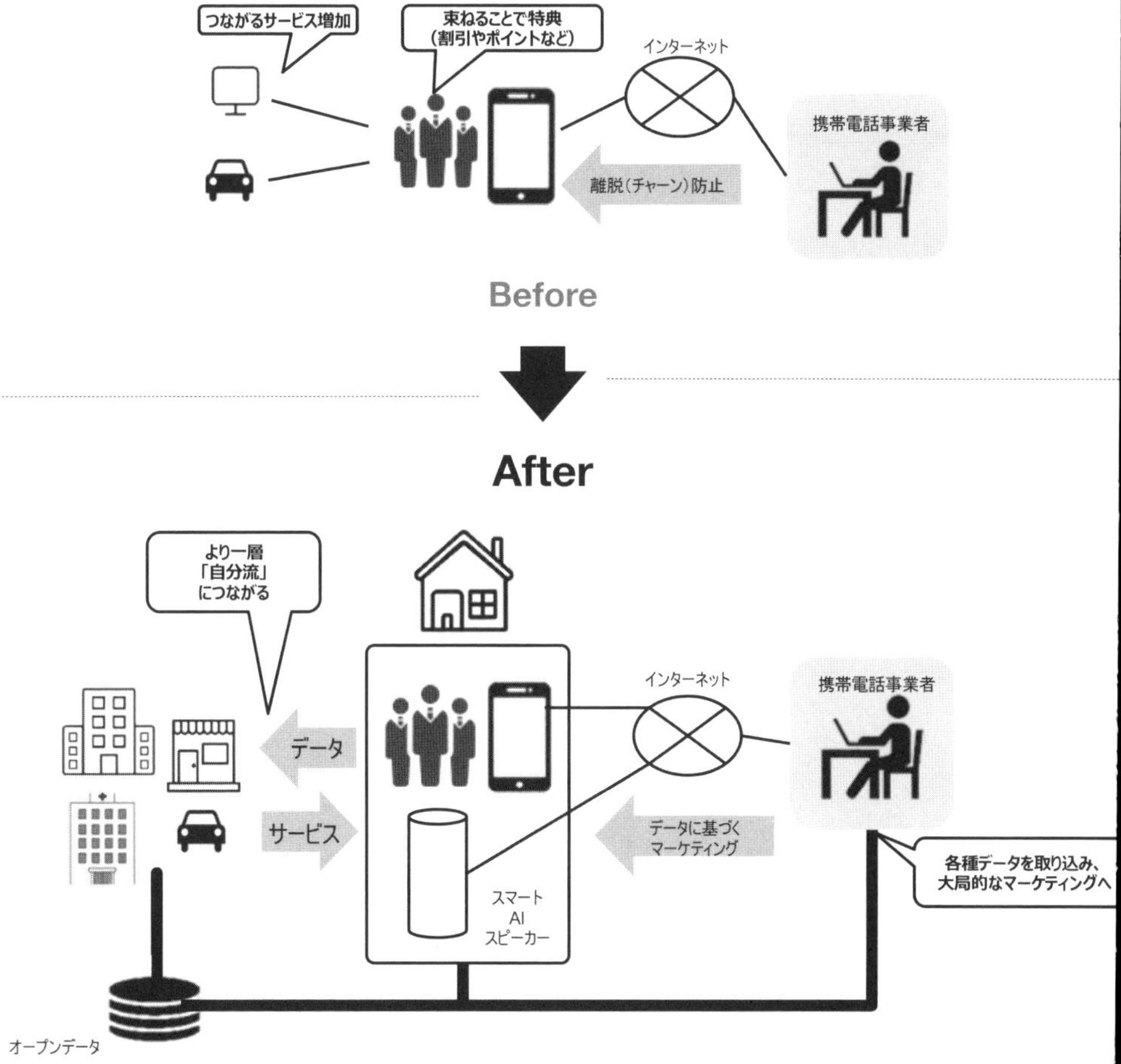

ケータイ・スマートフォンは、人々の暮らしのパーソナルなインフラになっている。通話、メール、SNSやウェブの利用はもちろん、Wi-Fiやブルートゥース、その対応アプリによってあらゆる設備・機器ともつなげることができ、スマートフォンから自宅の家電、TVの操作ができ、また自動車、カーナビなどとも連携できる。

今後は、スマートフォンの利用は「自分流化」が進んでいく。アプリの進化は計り知れず、自宅内の家電製品や自宅外の公共施設などとの連携サービスが増え、使い方も多様化される。いちいちつなげる手間もなくなり、シームレスに近づく。

一方で、事業者はユーザーの囲い込みが難しくなっている。携帯電話番号は機種変更を行っても引き継がれ、スマートフォン内のアプリは端末や契約に依存せず、ユーザー独自のメールアドレス（Gmailなど）も使えるようになっているため、ユーザーは基本的に好きな時期に、他社（格安なサービス含む）に乗り換えやすくなっている。

その対策として、機種変更時などに、自分の利用状況に応じて、できるだけ適した料金プランを勧め、自社サービスから離脱（チャーン）しにくいようにしている。また、利用特性に応じたチャーン予測に基づいて、離脱前のタイミング時で引き止めがあったりもする。

また、1つの端末の長期利用ユーザーの利益を短期利用ユーザーへ還元することへの批判の高まりから、高価格化する高機能端末の代金への補填ができなくなってきているが、ネット上のフリーサービスと連携し、それらのサービスが無料になるだけでなく、利用に応じて貯まったポイントなどをケータイの端末、料金プラン、付加サービスへの還元にも使えるようになる。より一層、スマートフォンを上手く使うユーザーほど、新たな方法での料金割引を得られるようになる。

さらには、携帯電話事業者はアプリなどで連携するサービスのデータや、オープンデータ（官公庁データやSNS、EC利用履歴など）を活用して、利用特性にも応じたチャーン予測に基づき、離脱予兆の初期（適切な時期）に何とか囲い込もうとする。携帯電話事業者は、より最適なデータベース（データに基づく）マーケティングをさらに進化することが求められる。

新・顧客戦略のポイント

〔携帯電話サービス〕

- **より一層「自分流」に進化**
- **携帯電話事業者は、各種データを取り込み、大局的なマーケティングへ**

〔教育サービス（塾・予備校）〕

アダプティブラーニングが主役に「やる気」と「好奇心」を高める

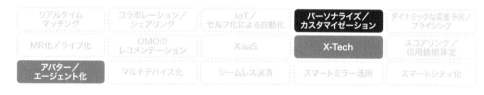

リアルタイムマッチング	コラボレーション／シェアリング	IoT／セルフ化による自動化	パーソナライズ／カスタマイゼーション	ダイナミックな需要予測／プライシング
MR化／ライブ化	OMOのレコメンデーション	XaaS	X-Tech	スコアリング／信用価値算定
アバター／エージェント化	マルチデバイス化	シームレス決済	スマートミラー活用	スマートシティ化

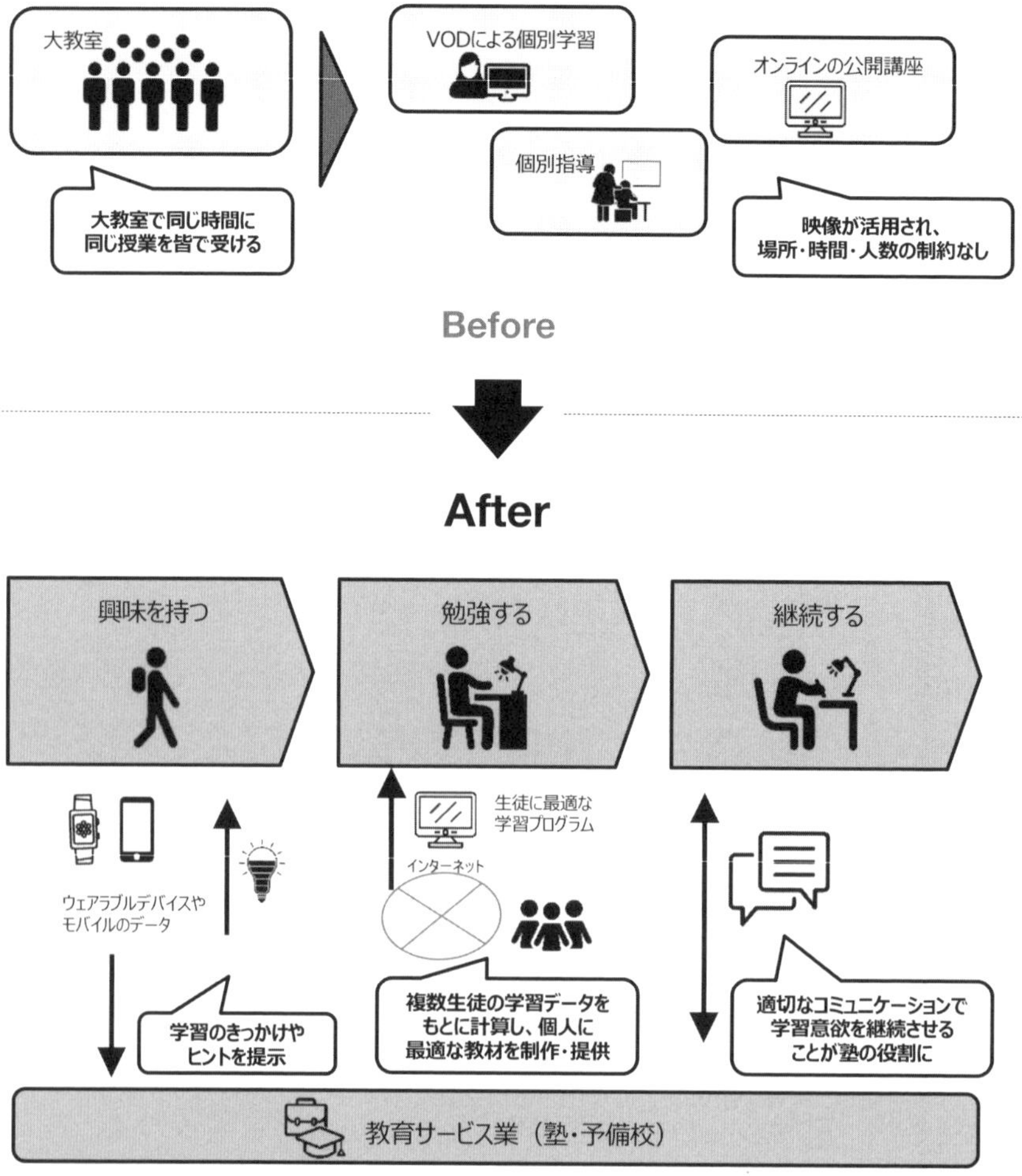
大教室
大教室で同じ時間に同じ授業を皆で受ける
VODによる個別学習
個別指導
オンラインの公開講座
映像が活用され、場所・時間・人数の制約なし
Before
After
興味を持つ
勉強する
継続する
ウェアラブルデバイスやモバイルのデータ
学習のきっかけやヒントを提示
生徒に最適な学習プログラム
インターネット
複数生徒の学習データをもとに計算し、個人に最適な教材を制作・提供
適切なコミュニケーションで学習意欲を継続させることが塾の役割に
教育サービス業（塾・予備校）

塾や予備校では、基本的に生徒の学習目的をいくつか想定した上で（例えば、特定の志望校へ合格するプランや、学校の補習を行うプランなど）、ほぼ全生徒に共通の学習プログラム（講義やテキストなど）を提供する形を取ってきた。そして20世紀の終わり頃から、大教室で同じ授業を受ける形式から、VOD（ビデオ・オンデマンド）形式で好きな場所・時間に映像を視聴する形式へシフトしたり、あるいは個別指導塾が広まったり、サービスが多様化している。また、21世紀に入ってからは、いわゆるMOOC（大規模公開オンライン講義）の形で、インターネット上で有名大学の講義が手軽に視聴できるようになってきた。

今後、教育サービスに関わる顧客への付加価値向上は、大きく3つの方向性が考えられる。

1つ目は、これまで同様、より生徒個別の課題に応じて適切な学習コンテンツを制作して提供していく方向である。例えばLMS（ラーニングマネジメントシステム）、エデュテックを活用して、生徒の学習進捗状況を管理し、より適切な教材を適切なタイミングで出し分ける取り組みが公教育・民間教育問わず進んでいく。

また、学習教材そのものも高度化が進む。近年、アダプティブラーニングと呼ばれる、生徒の理解度に合わせて問題などを臨機応変に変えていく学習方法が、タブレットなどのデジタルデバイスやAIの活用によって次々と実現されており、先行している受験業界に加え、資格試験や技能の修得といった様々な教育シーンで主流となる。

2つ目は、教育を受ける生徒への動機づけの高度化である。教材の発展に伴ってティーチング（知識を教えること）が高度化しても、学習を行うのが人間である以上、モチベーションを維持して学習を継続させるコーチングという指導は必ず必要となる。近年は生徒のモチベーションを科学的に管理・コントロールするコーチング指導への関心がさらに高まっており、生徒の学習状況に加え、やる気や目的意識といった非認知能力を科学する取り組みは、ティーチングがコモディティ化していく中でますますその重要性を増す。

例えば、学習の進捗に応じて、ポイントを付与するようなプログラムである。これによって、「何かがもらえる」という日本人になじみやすいインセンティブになる。また、自分の分身のキャラクターも用意し、これらを生徒間で可視化させることで、ペーパーテスト以外の要素でも競い合うという意識も生まれてくる。

3つ目は、生徒との顧客接点をより密にすることで、生徒の学習意欲の芽を見つけて育てる取り組みが可能になる。これまで、塾・予備校産業は、学習の必要性（例えば受験対策）を生徒へ示し、学習の場（塾など）へと生徒を呼び込んで、学習サービスを提供してきた。しかし、人が何かを学びたい・知りたいという欲求は普段の生活の中で絶えず生じているはずで、その兆候を捉えて学習を促すことで、鉄を熱いうちに打つことができる。

そこで、例えば生徒がスマートフォンで何かを検索して調べる行動を追跡したり、ウェアラブルデバイスのバイタルサインの変化で好奇心の高まりを検知したりすることで、その瞬間に生徒に適切な教材を提示したり、学習方法のアドバイスを示したりできれば、生徒に心理的な負荷を与えることなく、生活の一部として学習がビルトインされていく。

これらの付加価値をいかにアピールするプロモーションができるかが、教育サービスを売る側には重要になる。

新・顧客戦略のポイント

〔教育サービス（塾・予備校）〕

- 複数生徒の学習データをもとに、個人に最適な教材を制作・提供
- 適切なコミュニケーションで学習意欲を継続させることが塾の役割に

［外国語会話教室］

世界中のネイティブ教師とマッチング 受講券の余りはブロックチェーンで転売

リアルタイムマッチング	コラボレーション／シェアリング	IoT／セルフ化による自動化	パーソナライズ／カスタマイゼーション	ダイナミックな需要予測／プライシング
MR化／ライブ化	OMOのレコメンデーション	XaaS	X-Tech	スコアリング／信用価値算定
アバター／エージェント化	マルチデバイス化	シームレス決済	スマートミラー活用	スマートシティ化

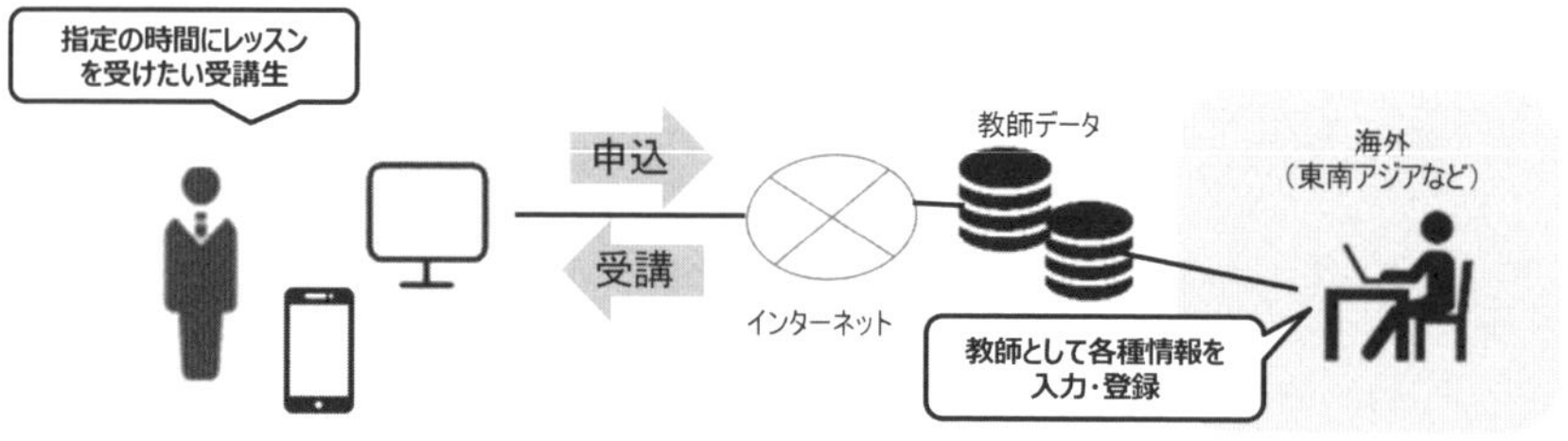

Before

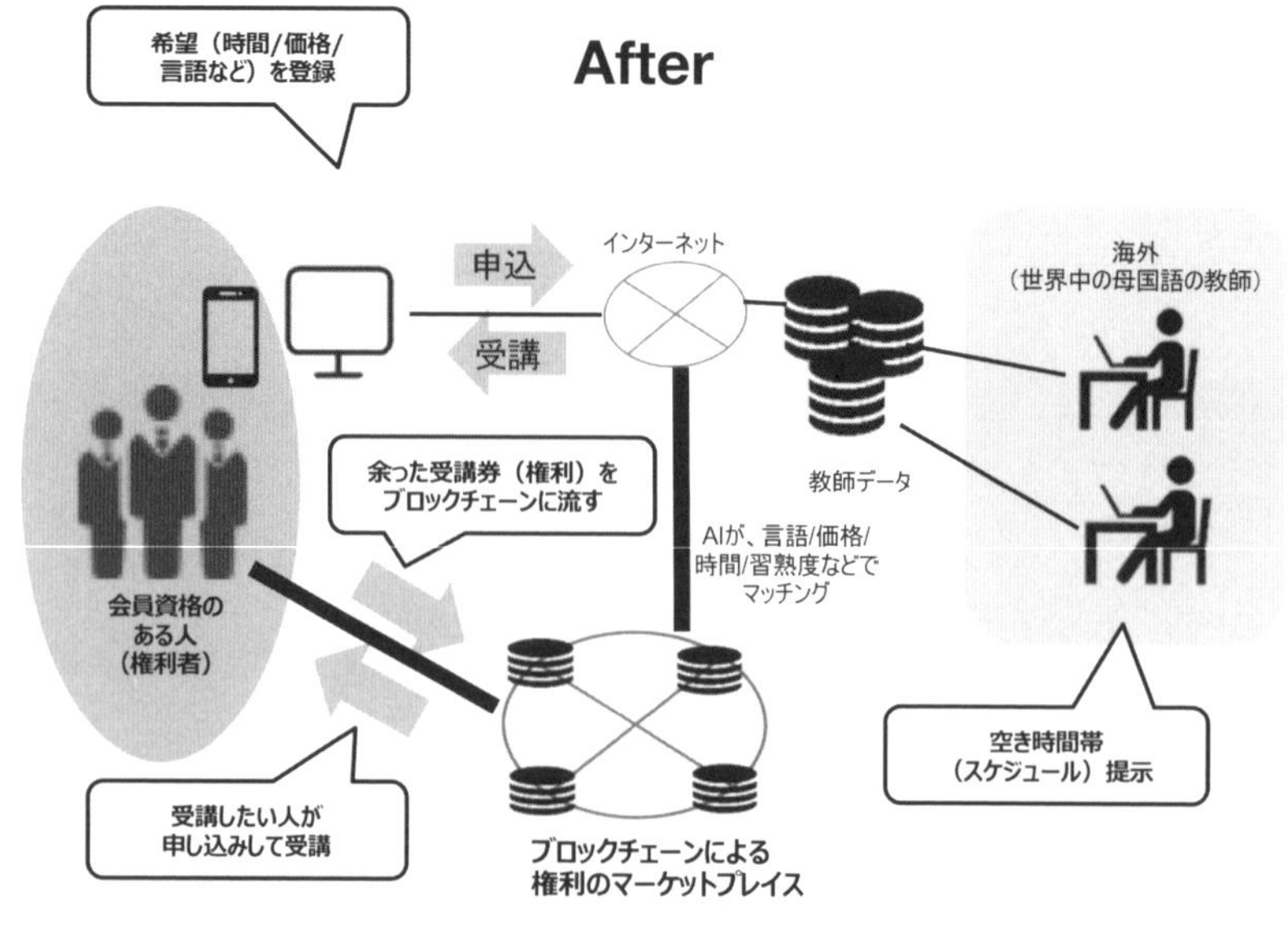

After

外国語会話のレッスンでは、定期的な時間帯、もしくはチケット制で申し込んだ時間帯に登校する形式のサービスが主流である。このほか、昨今では指定の時間帯にレッスンを受けたい受講生が、主に東南アジアの英語圏の教師とインターネットのスカイプなどでつなぎ、格安の外国語会話（主に英会話）のオンラインレッスンをＰＣやタブレット、スマホで受けるサービスも広がっている。

今後広がりそうなサービスは、レッスンを受けたい受講生が、希望言語（米英語、豪英語、広東語など）、希望時間、希望価格を選択し、それらに応じて、世界中のネイティブ教師の空き時間とマッチングさせて、オンラインでレッスンを受ける形式である。この形式なら、受講生は空き時間に勉強できるようになる。

また、ティーチング経験のない登録人材（教師）が格安な料金で教師を引き受けて経験を積み、成長の機会を得ることができる。もちろん、経験豊富な登録教師とマッチングすることもできる。また、レアな外国語でもビジネスが成立する。

外国語サービスは事前に受講券を購入する形式が多いが、余った受講券（権利）は、ブロックチェーン上で、その権利の売買をマッチングするマーケットプレイスに流すことも可能になるだろう。これによって、使わないままの権利という無駄が排除しやすくなる。誰が利用できるかは、受講券にある対応教師の情報（自己ＰＲ、得意領域、評価など）のほか、受講生の資格情報を共有することにより、その権利の受講可能（体験含む）を設定することができる。

これらによって、外国語会話サービスの提供会社は、受講生の家族や友人への展開や、一度やめた受講生への復活の促進など、幅広くプロモーション活動を行うこともできる。

新・顧客戦略のポイント

〔外国語会話教室〕

- AIが言語／価格／時間／習熟度などで受講者と教師をマッチング
- 余った受講券（権利）をブロックチェーンのマーケットプレイスに転売・流通

［サービス業（マッサージ、クリーニングなど）］

サービスの品質をアルゴリズム判定 プラットフォーマーが事業者を認定

リアルタイムマッチング	コラボレーション／シェアリング	IoT／セルフ化による自動化	パーソナライズ／カスタマイゼーション	ダイナミックな需要予測／プライシング
MR化／ライブ化	OMOのレコメンデーション	XaaS	X-Tech	スコアリング／信用価値算定
アバター／エージェント化	マルチデバイス化	シームレス決済	スマートミラー活用	スマートシティ化

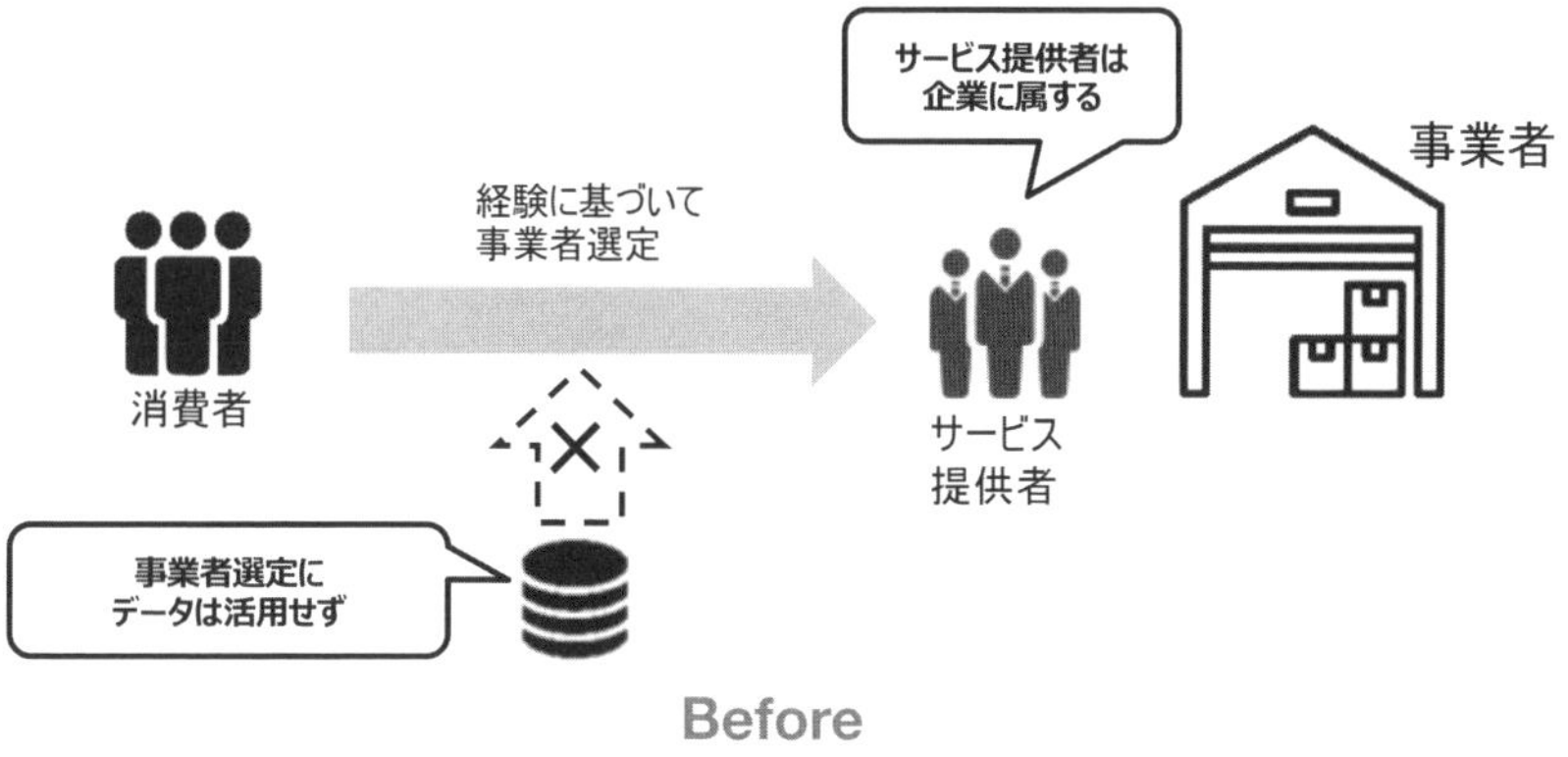

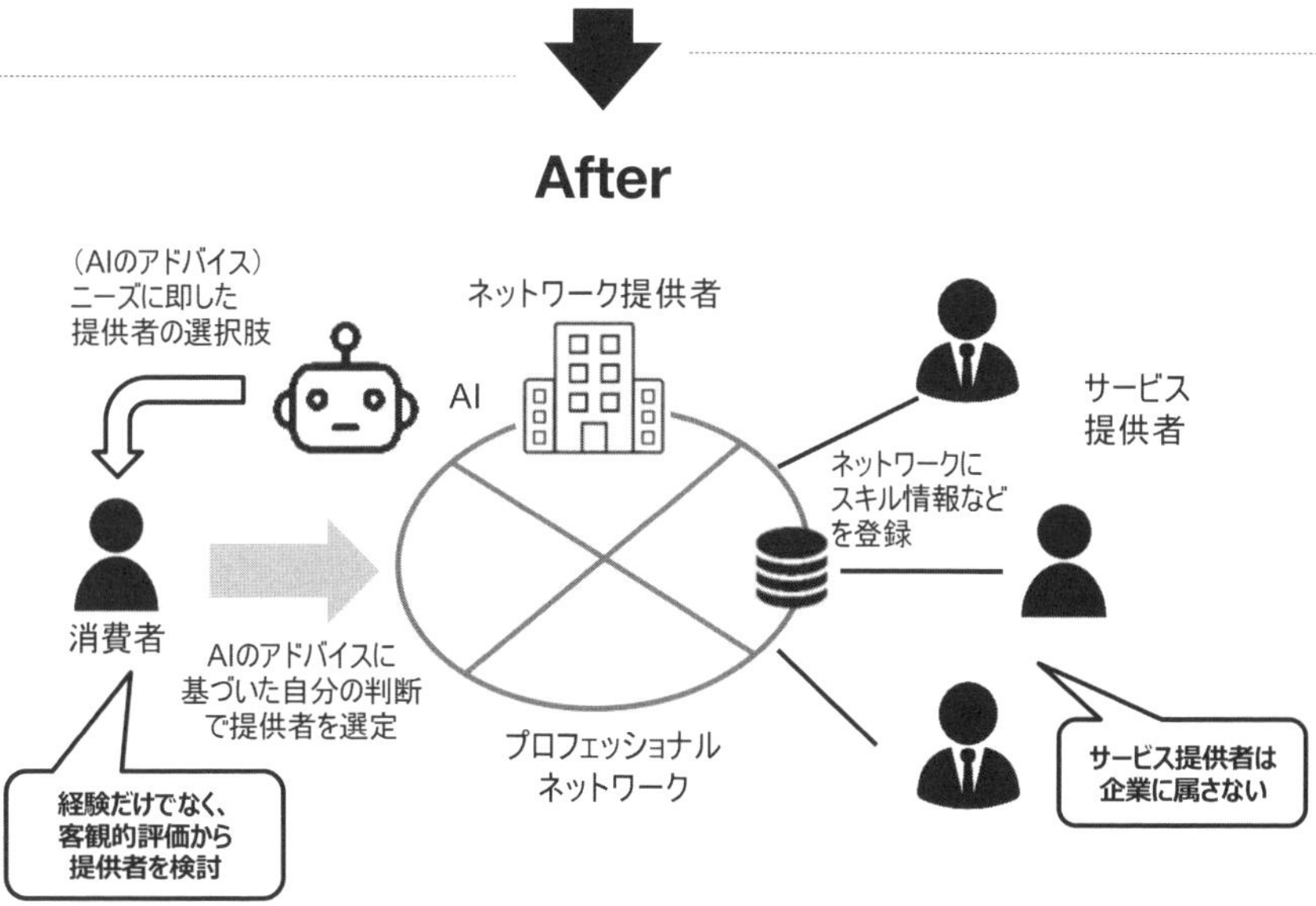

小規模なサービス事業者は、ＩＴの活用が遅れている分野である。データを活用したマーケティングを導入している事業者は、小売りと比較しても少ない傾向にある。サービスの提供者は、その特定の事業者（店舗など）に属しているため、事業者の仕組み（ネット・電話予約など）に依存している。

サービス業において、ＩＴ化が進まない要因として、その品質を定量的に評価（スコアリング化）し、データ化するのが難しいことが大きい。例えば、マッサージや散髪といったサービスは、その受け手のニーズもそれぞれに異なるため、「品質」を客観的評価・比較することが難しい。結果として、自身の主観的な体験に基づいて、再びそのサービスを利用するかどうかを判断せざるを得ない状況にある。

こうした現状を打破するため、サービス事業者や提供者の品質を適切に判定することができるアルゴリズムを組むことができれば、マッチングプラットフォーマーとして成功できるだろう。今後は、利用者の再利用の頻度や期間、友人関係者の利用率などのデータをＡＩで分析するほか、プラットフォーマーが事業者を教育したり、資格を認証したりするといったアプローチも有効である。

スキルを持ったプロフェッショナルなサービス提供者は、ネットワーク上のマッチングプラットフォームに登録し、利用者はニーズを登録し、両者をつなぐＡＩがプロフェッショナルのスケジュールと利用者のニーズに応じたタイミングでマッチングする。最適なプロフェッショナルを、スキルやタイミングなどに応じて適切なプライシングで紹介する。

サービスを受ける場所も、店舗から、自宅などに変化することになり（クリーニングなども自宅や職場などでマッチングされた配送者が仲介）、利便性が増し、新たな市場も形成される。従って、これらで良く見せることが重要なマーケティングとなる。

新・顧客戦略のポイント

［サービス業（マッサージ、クリーニングなど）］

- プロフェッショナルなサービス提供者がネットワーク上に登録
- 利用者に対してＡＩがニーズに即したサービス提供者の選択肢を提示

［美容（スキンケア・メイクアップ）］

「魔法の鏡」でメイクのシミュレーション「貼るだけできれいになるシート」を印刷

リアルタイムマッチング	コラボレーション／シェアリング	IoT／セルフ化による自動化	**パーソナライズ／カスタマイゼーション**	ダイナミックな需要予測／プライシング
MR化／ライブ化	OMOのレコメンデーション	XaaS	X-Tech	スコアリング／信用価値算定
アバター／エージェント化	マルチデバイス化	シームレス決済	**スマートミラー活用**	スマートシティ化

店頭カウンセリング → 遠隔カウンセリング／ウェブ診断

カウンセリング・肌診断 → データの蓄積 → 商品選定・アドバイス → 商品購入・利用 → 再来店（店舗・ウェブ）

- 店頭・遠隔にて、対人でのカウンセリング・水分量などの肌診断を実施
- ウェブ上で、肌悩みなどのタイプ別診断に回答

- 顧客の基本情報、過去の購入・カウンセリングデータをカルテとして保存

- BAによるアドバイス
- タイプ別診断などにより、タイプ内での画一的なアドバイス

Before

After

カウンセリング・肌診断 → データの確認・分析 → 商品作成・アドバイス → 商品購入・利用 → 再来店・結果の振り返り

- 上記に加え、画像や動画による肌状況の記録
- 肌状態に合わせた、改善計画のプランニング

- 顧客のカルテデータは電子化され、過去の情報も有効活用
- AI・ビッグデータを解析し、数百万通りのパーソナライズされたアドバイス、個別の商品設計・提供が可能に

- アプリによるおすすめの使用方法の確認
- 診断結果の振り返り、商品使用後の肌状態の再チェックなどの振り返りを行い、当初プランのアップデート

他の顧客との比較なども可能になり、分析結果・提案がより精緻に

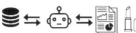

スキンケアやメイクアップなどの美容関連製品においては、数種類の肌質タイプや肌の悩みごとに、商品開発・マーケティングが行われてきた。カウンセリング化粧品については、ビューティアドバイザー（BA）によって対面で行われる肌診断の結果や、顧客の好みなどのヒアリングに基づき、一定程度顧客にカスタマイズされた商品選びや使い方のアドバイスなどが行われ、店舗ごとに顧客カルテで管理されている。

インターネット上でも、資生堂のワタシプラスなど、顧客の好みやスキンケア習慣、肌悩みなどを尋ねるアンケート結果から、簡易に顧客の肌状態を推定し、スキンケアのアドバイスや商品のおすすめを行うサービスも存在する。

今後は、AIを活用することで、顧客1人ひとりの肌の状態や嗜好に基づく、パーソナライズされたスキンケアやメイクアップ関連商品が続々と展開される。例えば、化粧品大手のポーラは、AIを活用した独自の肌分析結果に基づき、1人ひとりに合った製品を862万通りまで細分化して提供するパーソナライズドスキンケアブランド、「アペックス（APEX）」を展開する。同ブランドでは、まず顧客の肌分析を行い、顧客1人ひとりに合ったプランを作成することから始め、プランを実行後に結果を見て再度プランをアップデートする、といったフローで顧客に寄り添い、個別最適化したスキンケアを提案する。

肌分析においては、顧客が肌を動かしている動画を解析することで、肌深部の状態を分析し、

1800万件を超えるビッグデータと掛け合わせ、肌の状態をレポートとして可視化する。さらに、地域や季節、使うアイテムの優先順位まで考慮し、クレンジングや洗顔、化粧水、乳液、カラークリームなどからおすすめ製品を提案する。なお、これらの分析は店舗で実施するが、結果の振り返りや動画による製品の使用方法などは、アプリで手軽に見ることができる。アプリ上では、自分の顔の情報をもとにシミュレーションすることが一般的になっていくであろう。

パナソニックは、「スノービューティーミラー」による肌診断と、その結果に基づいて印刷されるメイクアップシートの開発を進めている。顧客がスマートミラーの前に座ると、鏡が対象者の顔の肌を分析し、見えないシミやしわといった肌の状態をチェックする。表面に見えているシミなどの位置や大きさ、濃さをセンシングすることで、その人に合ったメイクアップシートを作成する。作成されたシートは、実際に印刷される前に、ミラー上でメイクアップシミュレーションができ、気に入れば、薄いシートに印刷して、水で肌に貼る。

これにより、通常、何度も塗る必要がある化粧下地やコンシーラー、ファンデーションなどの工程を省き、印刷された薄膜シートを肌に貼るだけで、シミやそばかすなどもきれいに隠すことができる。そのため、通常の女性以外にも、生まれつきのあざやシミなどを持つ人のためのシミ隠しシートとしても反響が大きかった。

メイクアップシートの開発には、シミの位置や大きさ、濃さを正確に捉える画像処理技術、化粧顔料をインクジェットで扱えるようにする材料科学の技術、そのインクを使って肌の色を正確に再現するインクジェット技術など、様々な技術が使用されている。商品化されるまでに時間を要するが、近い将来、メイクは貼るものだという新しい概念が浸透するかもしれない。

また、「スノービューティーミラー」のようなスマートミラーについては、エステサロンやスポーツジム、百貨店のラウンジ、ホテルなどの商業施設に設置することで、肌診断データと顧客の過去の利用・購入データと紐付けてマーケティングにも活用し、個別最適な情報を提供することが可能になる。

さらに将来的には、美容以外の領域も含めてカスタマイズしていくことで、ダッシュボードのような使い方も可能である。例えば、普段は鏡として利用しながら、スケジュール、メール、その日の天気予報などの確認や、顔認識技術による日々の体調チェックに基づいた食事やサプリメント、余暇の過ごし方、服装や雨具などの組み合わせのおすすめにもつなげられる。

新・顧客戦略のポイント

［美容（スキンケア・メイクアップ）］

- パーソナライズされたアドバイス、個別の商品設計・提供が可能に
- 商品使用後の肌状態のチェックなどから、プランをアップデート

［健康管理サービス］

食事の画像から栄養データを分析 IoTデバイスと連携し異変を検知・助言

リアルタイムマッチング	コラボレーション／シェアリング	**IoT／セルフ化による自動化**	**パーソナライズ／カスタマイゼーション**	ダイナミックな需要予測／プライシング
MR化／ライブ化	OMOのレコメンデーション	XaaS	**X-Tech**	スコアリング／信用価値算定
アバター／エージェント化	マルチデバイス化	シームレス決済	スマートミラー活用	スマートシティ化

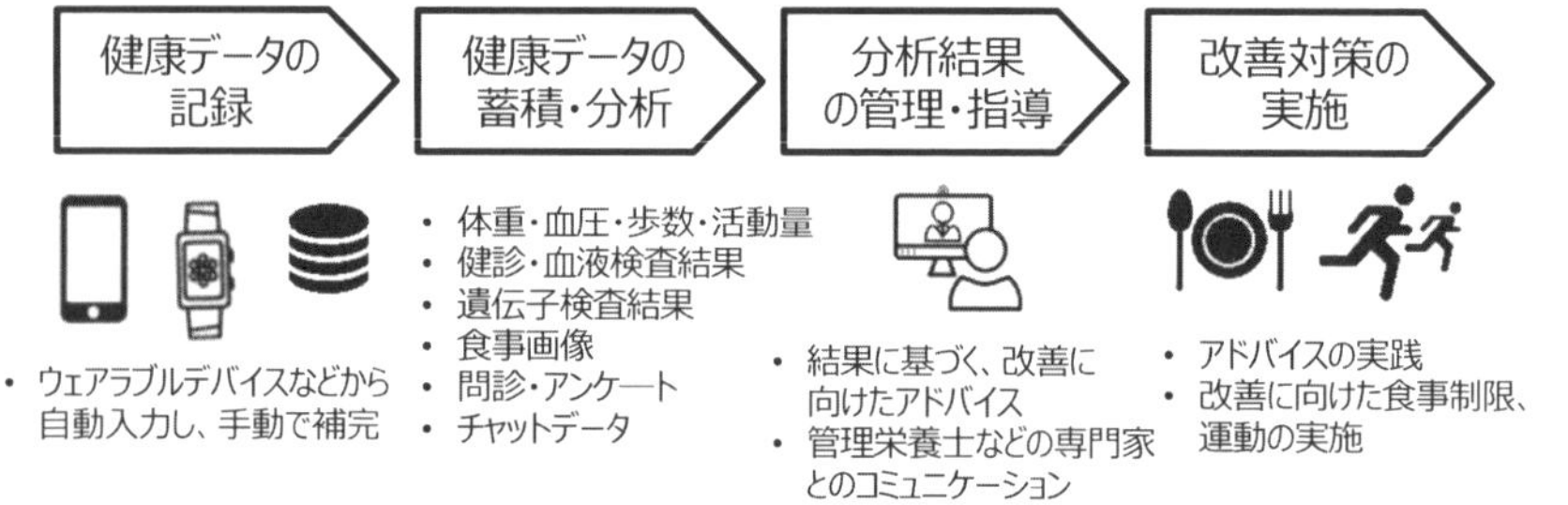
健康データの記録
健康データの蓄積・分析
分析結果の管理・指導
改善対策の実施
・ウェアラブルデバイスなどから自動入力し、手動で補完
・体重・血圧・歩数・活動量
・健診・血液検査結果
・遺伝子検査結果
・食事画像
・問診・アンケート
・チャットデータ
・結果に基づく、改善に向けたアドバイス
・管理栄養士などの専門家とのコミュニケーション
・アドバイスの実践
・改善に向けた食事制限、運動の実施

Before

After

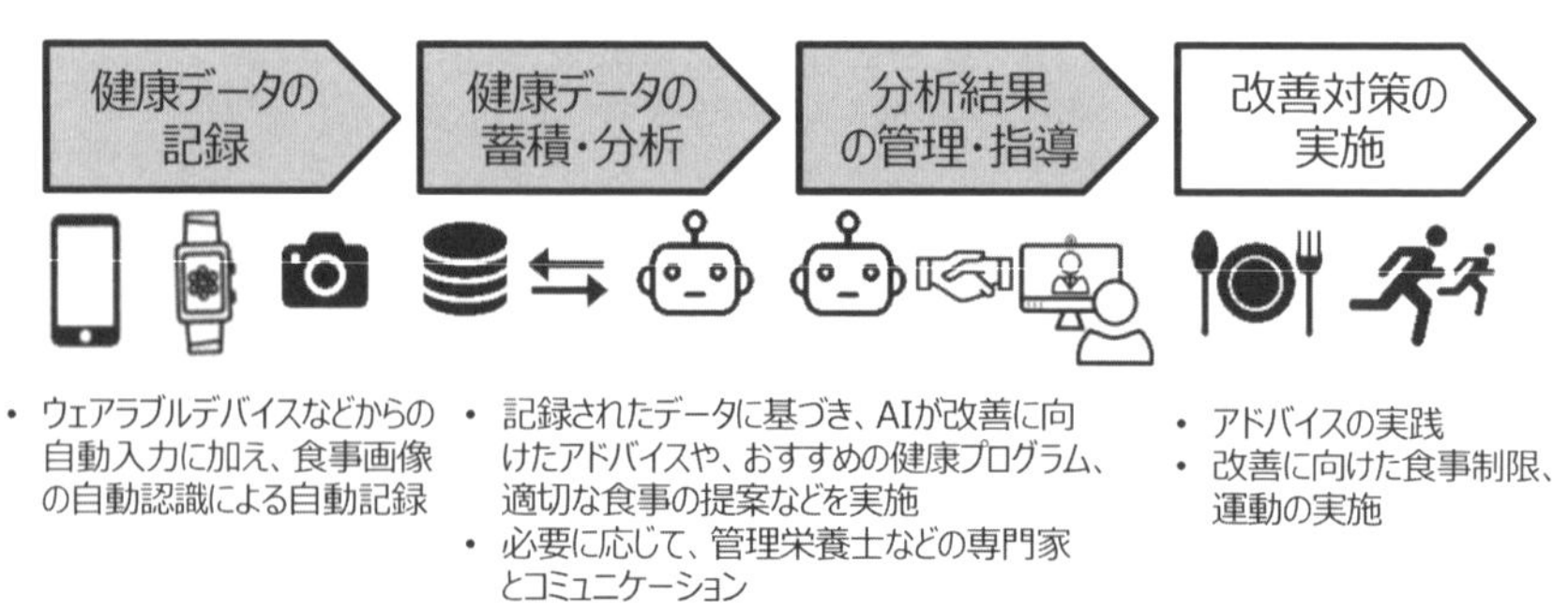
健康データの記録
健康データの蓄積・分析
分析結果の管理・指導
改善対策の実施
・ウェアラブルデバイスなどからの自動入力に加え、食事画像の自動認識による自動記録
・記録されたデータに基づき、AIが改善に向けたアドバイスや、おすすめの健康プログラム、適切な食事の提案などを実施
・必要に応じて、管理栄養士などの専門家とコミュニケーション
・アドバイスの実践
・改善に向けた食事制限、運動の実施

生活習慣病予防のために、メタボリックシンドロームの疑いがある場合に運動や食事の改善を指導する「特定健診・特定保健指導」が運用されている。一方、特定保健指導では、生活習慣の改善のために、管理栄養士や保健師による栄養指導や運動指導が行われているが、人が対応しているためコストがかかっている。

また、ダイエットしたい人や健康に関心の高い人など向けに、体重などの計測指標に基づく管理サービス・アプリが提供されている。利用者の情報や関心に応じた健康・美容コンテンツの配信、目標体重や運動習慣付けなどの利用者の目的に応じたミッションの配信、健康イベント（ヨガ、ピラティス、ランニングなど）や関連コミュニティの構築などのサービスが存在する。さらに、これらに関心の高い人のみならず、著名人のダイエットのビフォー／アフターを示し、潜在顧客にもターゲットを広げている。

今後は、ネットワークに接続された体組成計やウェアラブルデバイスなどのＩｏＴ機器から、バイタルデータなどの生体情報、歩数、運動量、睡眠時間などの生活習慣データを自動で収集してリアルタイムで管理することに加え、利用者が撮影した毎日の食事画像を品目別に自動認識した栄養摂取状況のデータも統合することで、総合的な健康管理・指導が容易になる。それに伴って、より実績に基づいたプロモーションも可能になる。まさにヘルステックである。

例えば、ヘルスケア／フィットネスアプリのＦｉＮＣは、体重・歩数・睡眠・食事・女性の生理をまとめて記録でき、記録データや生活習慣などに関する質問項目への回答、その他診断結果などに基づいて、ＡＩによるアドバイスを受けられるライフログサポートアプリを既に提供している。

アプリ内では、ＡＩパーソナルトレーナーが利用者の悩みや毎日のライフログデータに基づく、個別の美容・健康アドバイスを行う。さらにはプロのトレーナーが監修するフィットネス情報、栄養士や料理研究家によるヘルシーレシピなど、ＦｉＮＣ公式の美容・健康のスペシャリストが毎日情報を発信しており、これらの中から利用者におすすめのプログラムなどを教えてくれる。

また、20問の質問に答えると、８５６８通りから利用者に合ったおすすめサプリメント５種を選んで1日分ずつ個包装で届けてくれる、「パーソナルサプリメント」の月額サブスクリプションサービスも提供している。

なお、ＡＩ技術は食事画像の自動認識にも使われており、手間がかかる食事の手動入力を画像のアップロードだけで登録することを可能にした結果、同機能のリリース後に食事の投稿率を向上させることができた。1枚の画像に対して複数の食事が紐付く定食などの画像認識精度はまだまだ向上の余地があるが、利用者がアップロードした食事画像にアノテーション（正しい情報のタグ付け）を行い、再度学習させてモデルを入れ替えることで精度向上を図っている。

他社の食事管理アプリでは、食事の自動画像認識機能は有料サービスであるが、同社では、データを活用した別のサービスに収益源を求めることで、画像認識機能そのものは無償化している。

このように、健康管理の分野では、IoTデバイスと連携した体調管理や運動管理、食事管理などのサービスが提供され、これらのデータを集約・分析することで、その日の体調や体に起こっている異変を検知し、病気の可能性を予測できるようになる。何か不具合が生じてから病院で検査をして治療する対症療法的な医療から、パーソナライズされた、より高度な予防医療にシフトし、マーケティングも同様にパーソナライズされていく。

新・顧客戦略のポイント

〔健康管理サービス〕

- ウェアラブルデバイスのデータ、食事画像の自動認識による自動記録
- 記録されたデータに基づき、AIが改善アドバイス、健康プログラムなどを実施

〔福祉・介護〕

高齢者を「仲良しマッチング」医療施設とテレビ電話でつなぐ

リアルタイムマッチング	コラボレーション／シェアリング	IoT／セルフ化による自動化	パーソナライズ／カスタマイゼーション	ダイナミックな需要予測／プライシング
MR化／ライブ化	OMOのレコメンデーション	XaaS	**X-Tech**	スコアリング／信用価値算定
アバター／エージェント化	マルチデバイス化	シームレス決済	スマートミラー活用	スマートシティ化

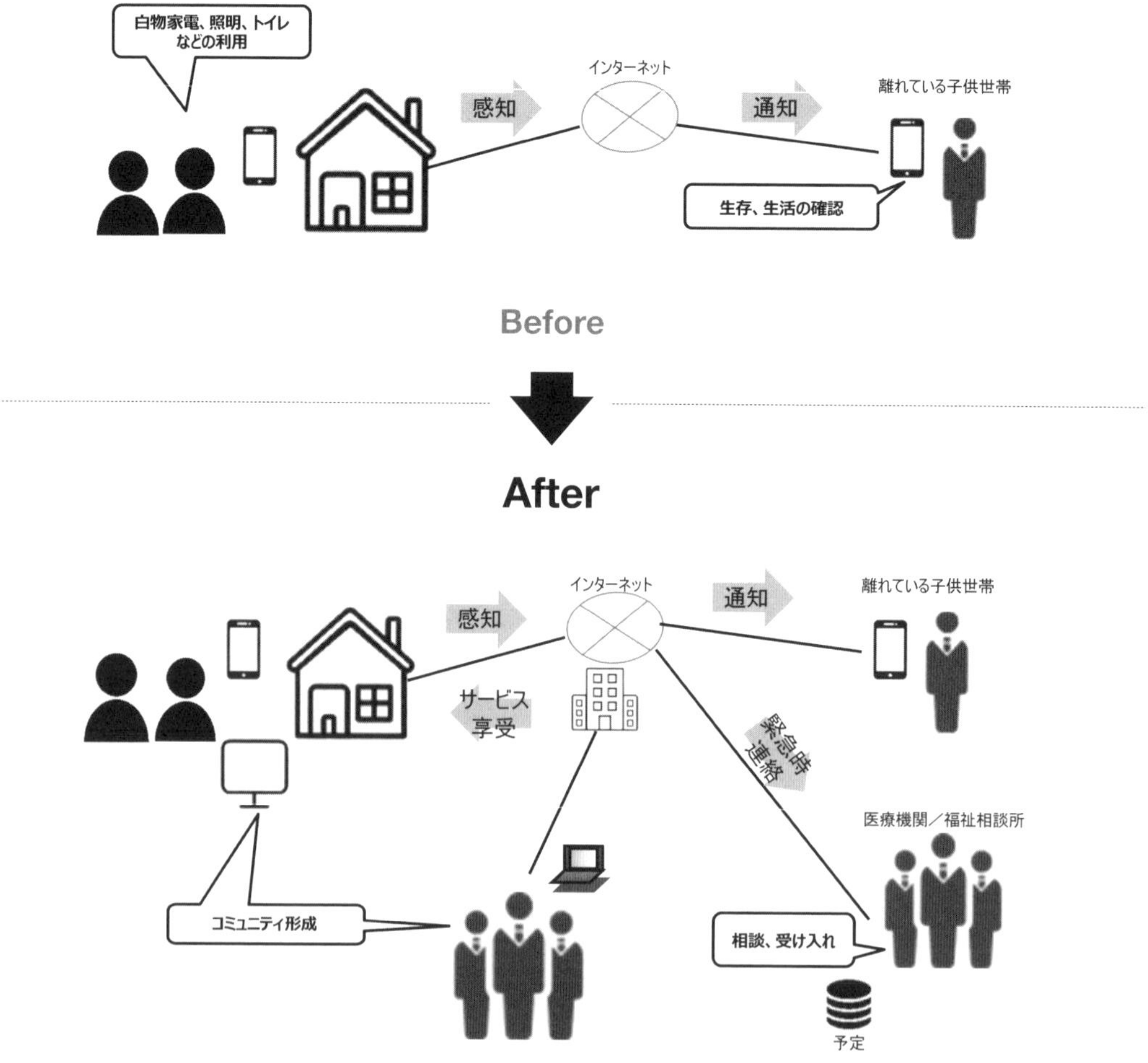

福祉・介護の分野ではＩＣＴの利用によるサービスの多様化が進んできた。例えば、高齢者の住まいの設備（湯沸かし器などの白物家電、照明、トイレ、およびＡＩスピーカーなど）の利用状況に応じて、生存や生活状況を感知し、子供など登録した相手先に通知するサービスが既に登場している。また、ＩＴリテラシーの高い健康志向な高齢者には、スマートウォッチで血圧・脈拍・歩数などを測り、それらを登録した相手先に通知するサービスもある。

今後は、ここにＡＩの活用などが加わる。例えば、福祉事業所の健康サービス（予防医療のための体操など）に自宅から参加する場合に、ＡＩによる性格・相性診断を行って、意気投合しやすい者同士をマッチングさせる形で参加者コミュニティを構成することもできる。

また、非常時に自動的につながるテレビ電話のようなライブ会話を使った医療体制のバックアップも普及する。さらに、医療機関の救急搬送患者の受け入れ可能状況の見える化も進み、たらい回しの防止や緊急救命措置の確率を上げていくとともに業務の効率化を図れる。

新・顧客戦略のポイント

〔福祉・介護〕

- ＡＩがパーソナルな性格・相性診断を行い、意気投合しやすい人をマッチング
- メディテックによるトータルサービスで遠隔の医療機関とライブで接続

〔医療機関〕

「どこでもマイ病院」を実現 マイナンバーカードと連携して販促

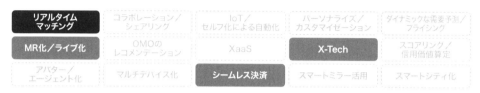

リアルタイムマッチング	コラボレーション／シェアリング	IoT／セルフ化による自動化	パーソナライズ／カスタマイゼーション	ダイナミックな需要予測／プライシング
MR化／ライブ化	OMOのレコメンデーション	XaaS	X-Tech	スコアリング／信用価値算定
アバター／エージェント化	マルチデバイス化	シームレス決済	スマートミラー活用	スマートシティ化

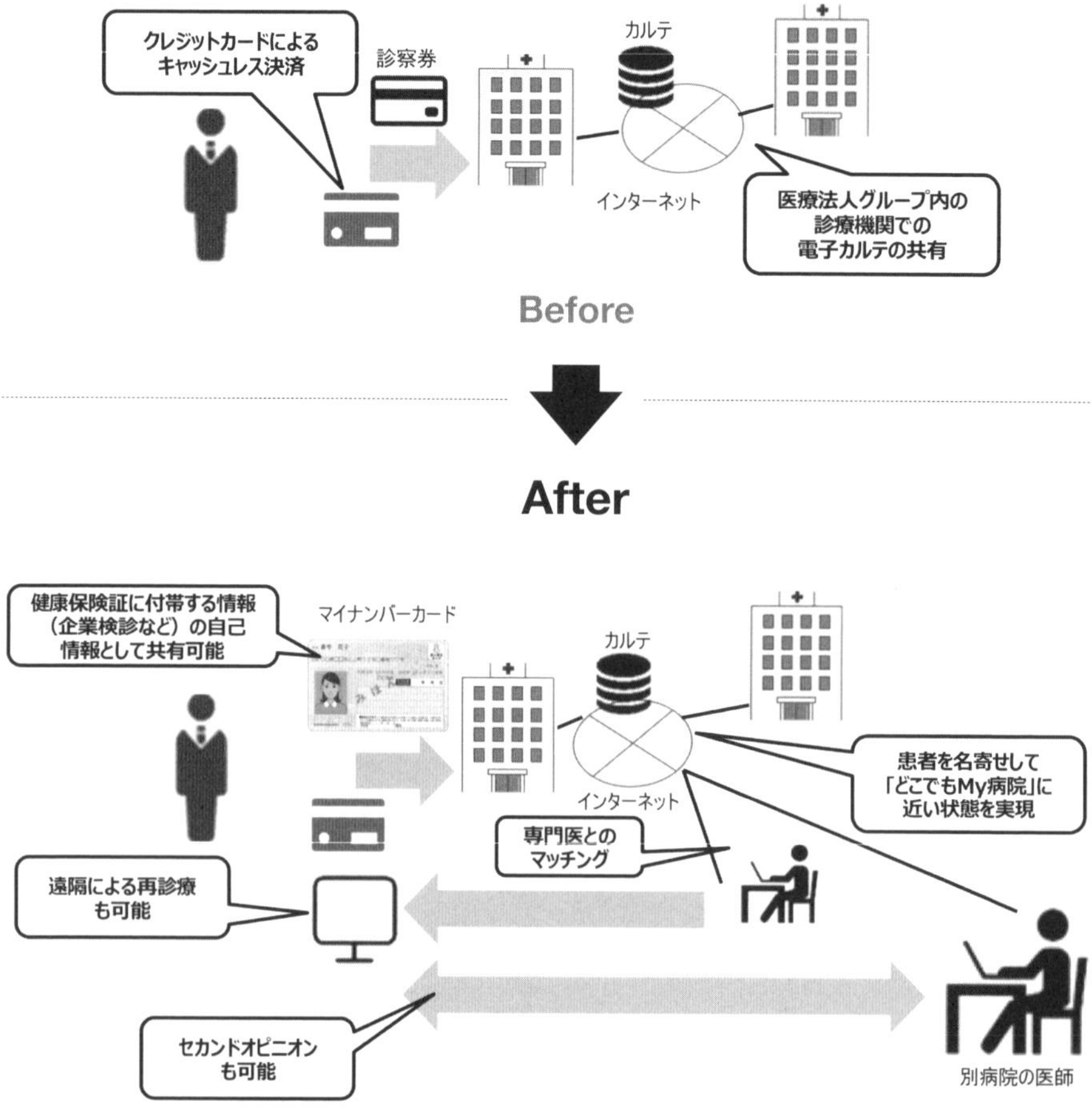
クレジットカードによるキャッシュレス決済
診察券
カルテ
インターネット
医療法人グループ内の診療機関での電子カルテの共有
Before
After
健康保険証に付帯する情報（企業検診など）の自己情報として共有可能
マイナンバーカード
カルテ
インターネット
患者を名寄せして「どこでもMy病院」に近い状態を実現
専門医とのマッチング
遠隔による再診療も可能
セカンドオピニオンも可能
別病院の医師

医療機関のICT活用によるサービス向上策として、今後注目されるポイントはいくつかある。

1つ目は、同一医療法人グループの診療機関において、患者情報を名寄せし、カルテの電子履歴を統合することである。既に一部の法人では実際されているが、これらが進むことによって、「どこでもマイ病院」に近い状態を実現できる。別の病院や別の医師が診療しても、診断結果（レントゲン診断なども含む）を共有できる。患者の負担を減らし、医師も効率的に対応できる。

なお、キー（患者ID）となるのは、診察券のみならず、健康保険証機能も備えるマイナンバーカードである。これにより、患者は、健康保険証（マイナンバーカード）に付帯する情報（医療機関での診断のみならず、企業での検診など）を自ら共有することが可能になり、病歴・習慣に応じて、専門的な医師とマッチングしやすくなる。また、受診履歴データを患者自身がクラウド上で共有できるようにすれば、別病院でのセカンドオピニオンを受ける際に再検査のコストや身体的な負担も軽減できる。

2つ目は、キャッシュレス化である。既に多くの病院では、クレジットカードによるキャッシュレス決済が可能で、高齢者の現金の持ち歩きを防ぐとともに、インバウンドの外国人などの健康保険未加入者の患者が診療を受ける場合の高額医療にも対応できるようになっている。

今後は、ほぼすべての病院でクレジットカードによるキャッシュレス決済が可能になり、インバウンド向けには、海外のQR決済（アリペイ、ウィーチャットペイなど）も決済可能になる。また、キャッシュレス決済のみならず、Tポイントのような共通ポイントや、マイナンバーカードのマイキーIDをキーにして貯まるマイナポイントや地域経済応援ポイント（マイナンバーカードにあるICチップの電子証明書を活用して手続きを行い、クレジットカードや携帯電話、電力の各事業者のポイント、航空会社のマイルなどを好きな地域の自治体で使えるポイントに移行・合算できるもの）なども利用できるようになり、医療分野においてもこういった販売促進が一般的になる。

3つ目は、5Gの活用による遠隔医療である。高速通信のライブ配信によってリアルタイムな細かいやり取りが可能になるため、遠隔地から診療や簡易手術が可能になる。これによって、病院側も効率的に対応でき、地理的に離れた患者の主治医にもなりやすくなる。これらもメディテックの1つである。

新・顧客戦略のポイント

〔医療機関〕

- 名医による遠隔による診療も可能に
- 患者の承諾をもとに名寄せして、「どこでもMy病院」に近い状態を実現

［警備（一般顧客向け）］

画像パターン分析で不審者に対応 避難誘導などのサービスも提供

リアルタイムマッチング	コラボレーション／シェアリング	**IoT／セルフ化による自動化**	**パーソナライズ／カスタマイゼーション**	ダイナミックな需要予測／プライシング
MR化／ライブ化	OMOのレコメンデーション	XaaS	X-Tech	スコアリング／信用価値算定
アバター／エージェント化	マルチデバイス化	シームレス決済	スマートミラー活用	スマートシティ化

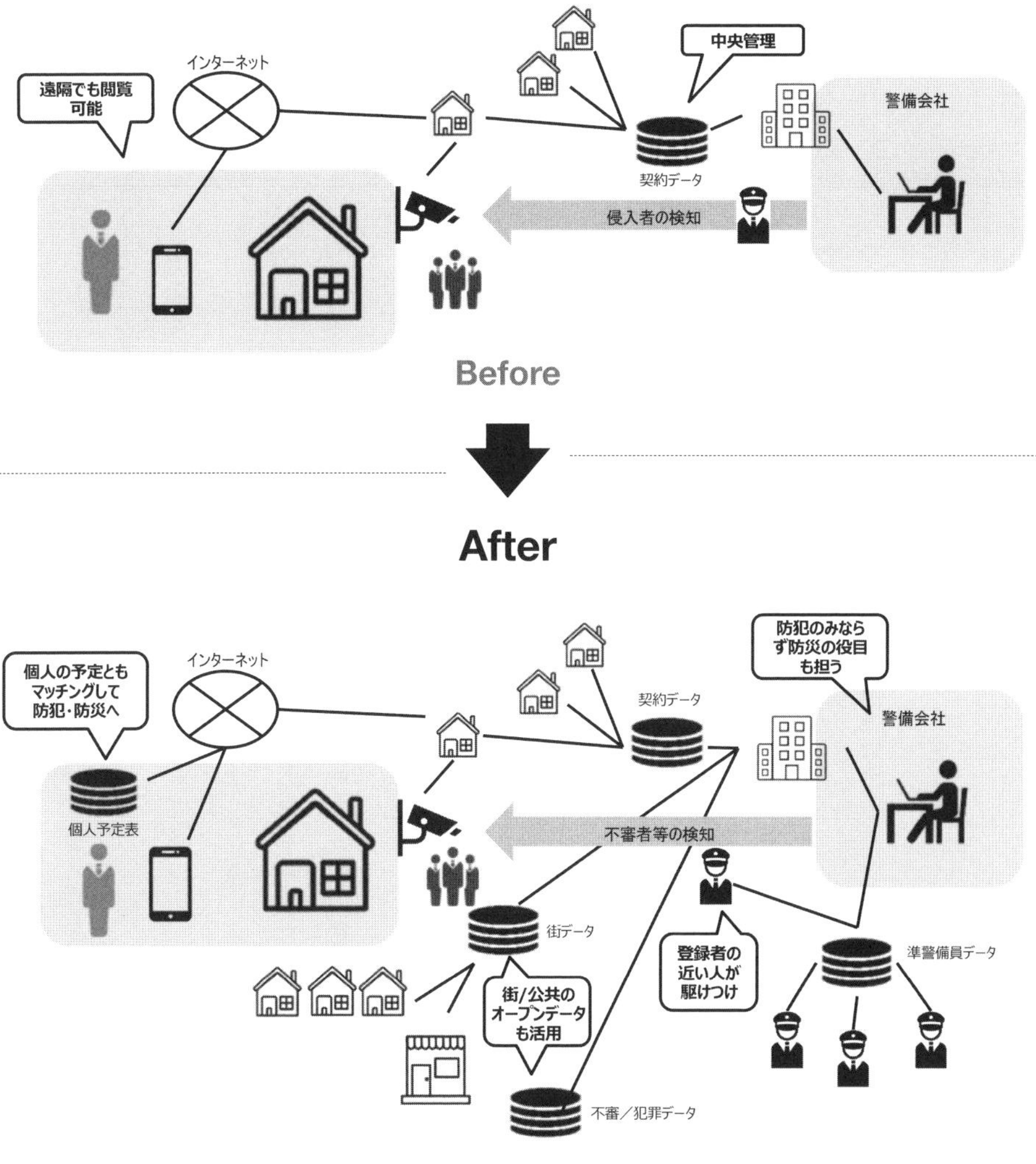

警備会社は、法人顧客の建物・施設や個人顧客の家屋に設置した、防犯センサーやカメラを活用し、侵入者を検知した際、常駐または近隣の支所で待機している警備員が直行する。状況を中央で監視・管理することにより、スケールメリットを持たせて、少人数でリアルタイムに対応している。

顧客は、外出先・旅行先などの遠隔地から自分の家の監視が可能で、ペットなどの見守りサービスを兼ねることもできる。こうしたサービスは警備事業者の販売促進にもつながっている。

今後は、警備会社はAIを活用して、防犯センサーや防犯カメラの検知情報をもとに、登録している協力施設や準警備員（テンポラリー契約）とマッチングさせて情報を伝え、対応者を直行させせやすくする。また、監視システムから得る情報を街のデータベースや犯罪者リストと照らし合わせたり、画像のパターン認識から過去の不適切な行動の事例との類似性を判断したりして、不審者などへの対応をより精密に行うことができるだろう。また、曜日時間帯別の防犯予測のシミュレーションも行うことができる。

なお、顧客が自分の予定表を登録しておくことによって、家電の利用状況などに応じて、デイリーの防犯計画が自動的に作成される。その顧客に合わせて、プライバシーを考慮し、特に必要となる時間帯に監視を行うこともできる。

また、防犯対策（防犯グッズの取り揃え含む）のみならず、常時の防災対策も行え、街データと照らし合わせることにより、震災時の避難誘導（より短くて早いルート・動線の選定）や、その防災計画を作成できる。なお、これらの設置において、むき出しの防犯・防災対策にならないよう、デザイン・装飾なども嗜好に合わせて考慮できる。

こういった街まで含めたトータルなサービス提供の観点が必要になり、警備会社におけるマーケティングもいかにそれを加味できるかが重要になる。

新・顧客戦略のポイント

［警備（一般顧客向け）］

- 在宅データや個人の予定ともマッチングして防犯・防災へ
- 街／公共のオープンデータも活用した警備起点のトータルサービス提供

［自動販売機］

生体認証の決済が可能に 健康管理と連動したサブスクも登場

リアルタイムマッチング	コラボレーション／シェアリング	IoT／セルフ化による自動化	パーソナライズ／カスタマイゼーション	ダイナミックな需要予測／プライシング
MR化／ライブ化	OMOのレコメンデーション	XaaS	X-Tech	スコアリング／信用価値算定
アバター／エージェント化	マルチデバイス化	シームレス決済	スマートミラー活用	スマートシティ化

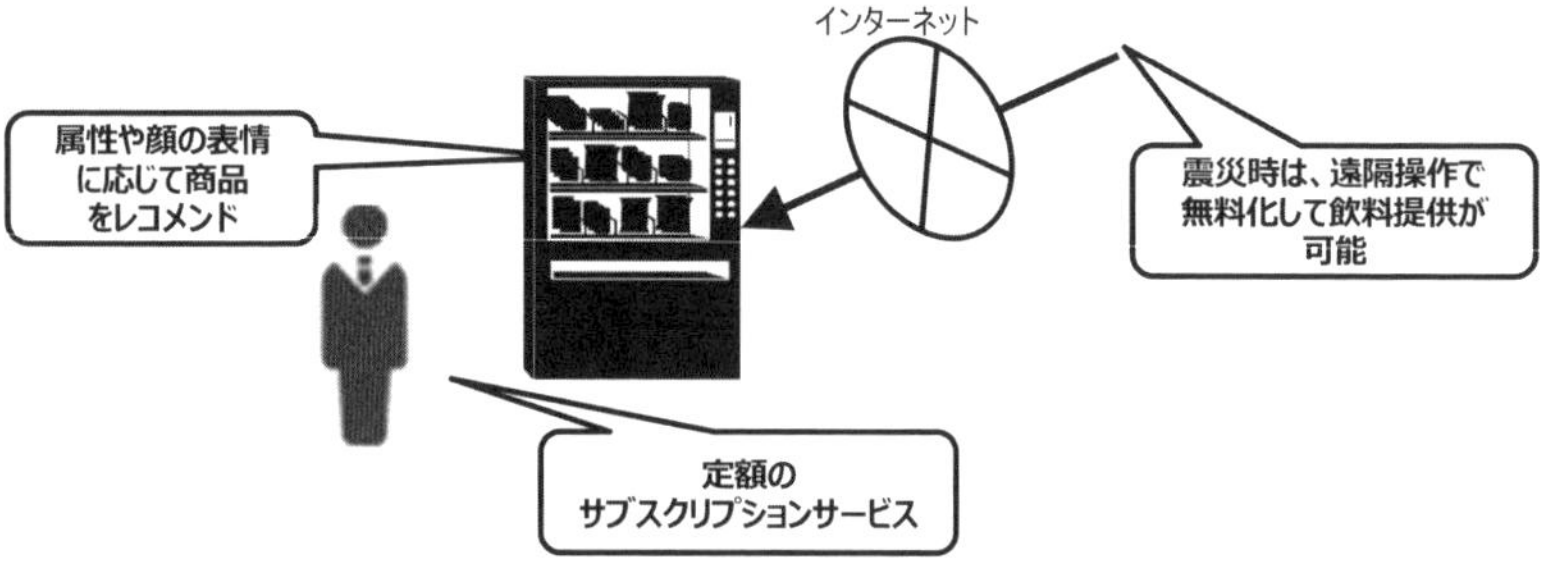

Before

After

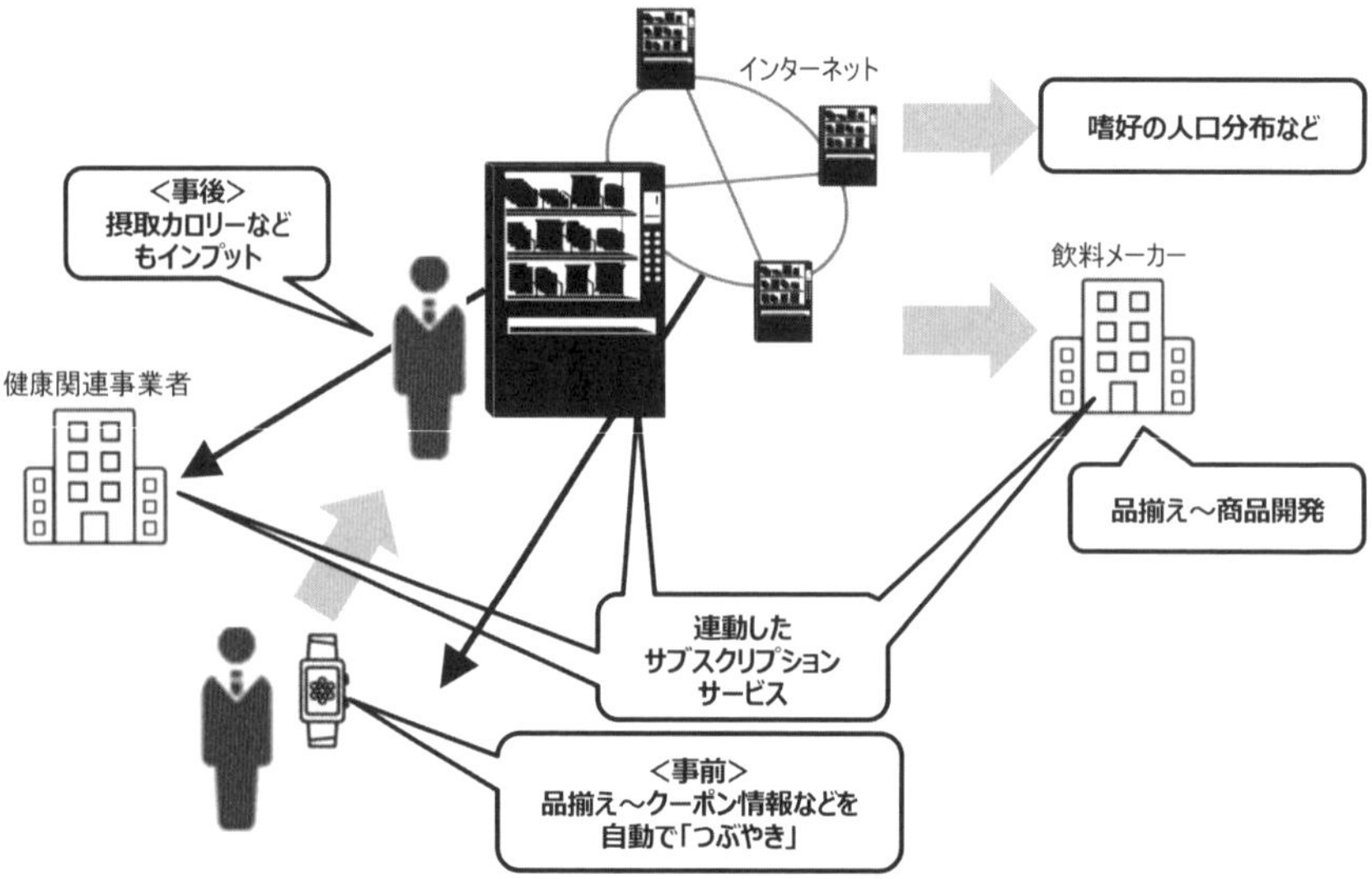

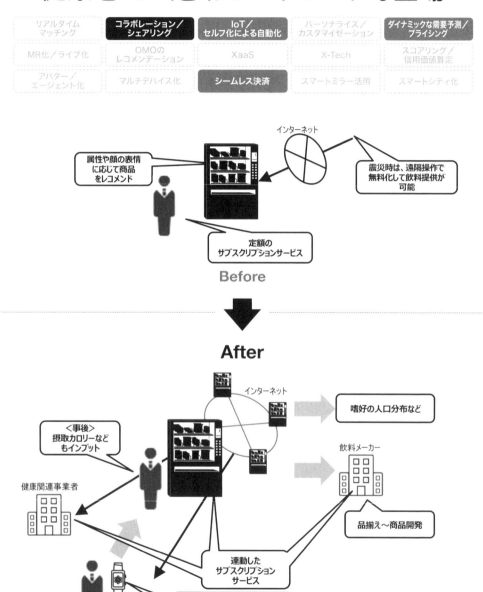

飲料などの自動販売機においては、既に電子マネーで決済ができるものが増えている。また、次世代型の自販機においては、商品を閲覧している人の属性（主に性別）や顔の表情（疲れなど）に応じて商品をレコメンドする機能を備えている。また、毎日利用できる定額料金制のサブスクリプションサービスの提供も始まっている。

電子マネーでの購入では、自分が貯めているポイント（スマホアプリのCoke ONやTポイントなど）も貯めることができる。自販機の利用者と商品を紐付けたID-POS分析は、販売事業者のみならず、メーカーにもフィードバックされ、品揃えや商品開発に生かされている。

また、震災時などに遠隔操作で商品を無料提供するようにして、自販機を被災者の支援に利用することも可能になっている。この機能は毎年のように発生する大雨被害時などにも活用されている。

今後は、ネットワーク化された自販機の利用者に対して、属性・行動に応じて、位置情報に基づくおすすめの割引クーポンの配信を行うサービスなどが登場する。自販機がネットワークにつながるIoTとして、ツイッターなどのSNSを使ったBOT（自動的・自律的に行動するソフトウェア・システム）のように、クーポン情報などを自動発信して、その時点でのレコメンド商品やその温度（冷／温）を表示し、購入を促すことができる。

支払いは、電子マネーでの決済のみならず、生体（指紋など）の認証での決済も可能になり、登録してある（紐付いた）決済手段で自動的に引き落とすことも可能になる。

また、利用者が使っている歩数計と連動して摂取カロリーなどを把握し、健康管理を連動させるサービスなども可能である。健康管理のサービス事業者と連動したサブスクリプションサービスも始まるであろう。また、他の自販機や他の店舗と連動したキャンペーン（例：スタンプラリー）なども可能になる。さらに、利用者のID情報（ポイント会員の登録情報など）が分かれば、震災時の安否確認にも利用できる。

さらに、利用者の嗜好に応じた商品開発にも生かせる。例えば、高齢化や健康ブームに伴い、70歳以上向け、高血圧者向け、花粉症向け商品などのターゲットユーザーのニーズに基づく商品開発が可能になる。また、どのエリアにどのような嗜好性があるかを統計的に把握し、需要予測を行うこともできるようになる。

新・顧客戦略のポイント

〔自動販売機〕

- 品揃えやクーポン情報などを自動で「つぶやき」
- 健康関連事業者などと連動したサブスクリプションサービスの構築

〔駐車場〕

ドライバーの行動を予測して「つぶやく」IoT化でプロモーションの基地に

リアルタイムマッチング	コラボレーション／シェアリング	IoT／セルフ化による自動化	パーソナライズ／カスタマイゼーション	ダイナミックな需要予測／プライシング
MR化／ライブ化	OMOのレコメンデーション	XaaS	X-Tech	スコアリング／信用価値算定
アバター／エージェント化	マルチデバイス化	シームレス決済	スマートミラー活用	スマートシティ化

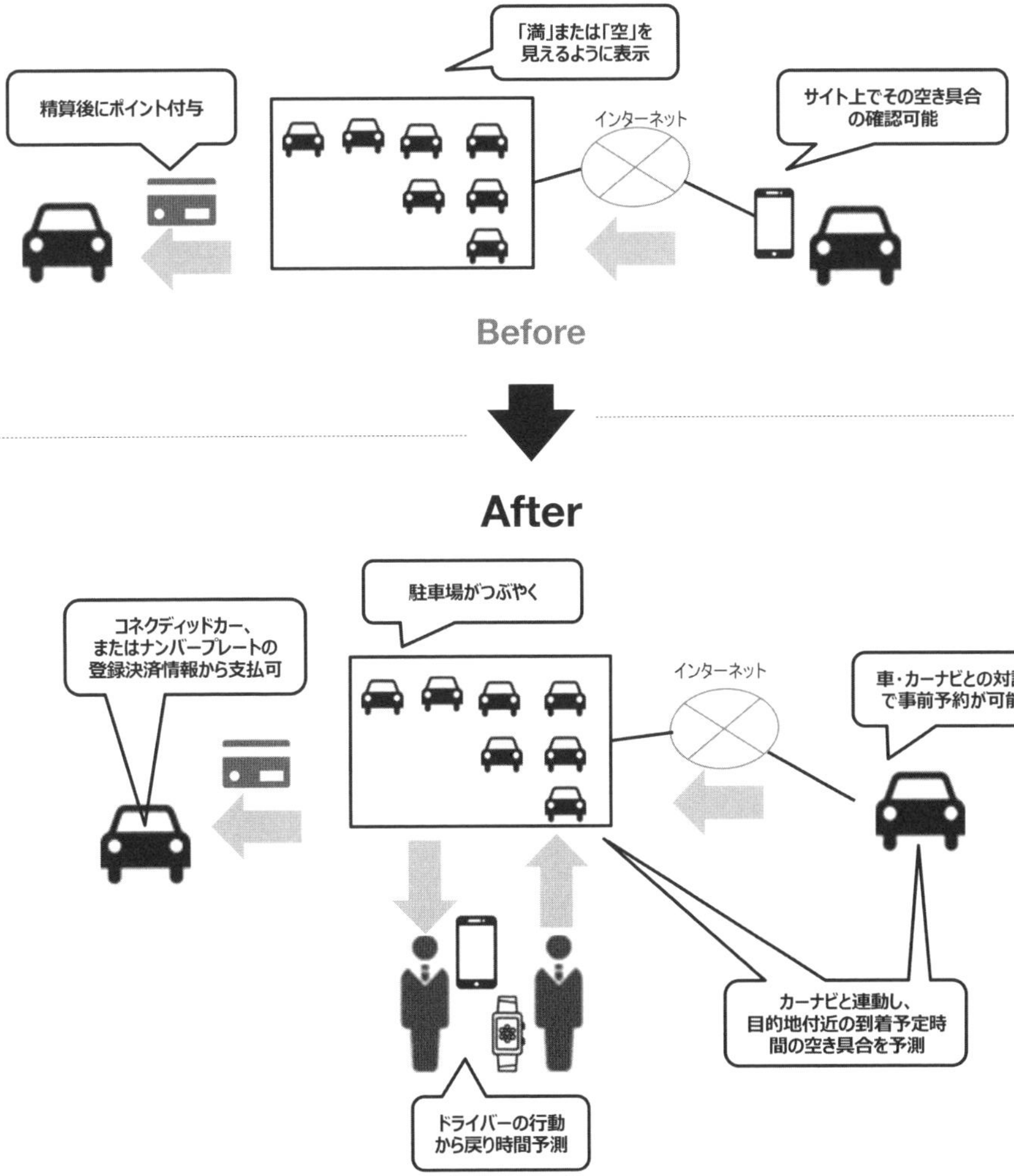

一般的なコインパーキングは道路に面したデジタル看板で「満」または「空」を表示している。また、インターネットのサイト上でも空き具合を見られるようにしている。

今後はさらに、駐車場、カーナビ（＋コネクティッドカー）と連動し、設定した目的地への到着予定時間における周辺駐車場の空き具合を予測することができる。その予測に応じて、カーナビに駐車場へのルートを表示し、スムーズに誘導する。なお、その際、駐車している車のドライバーが駐車場に戻ってくる（近づく）行動情報として、スマホの位置情報（ＧＰＳや基地局情報など）を活用し、戻り時間を予測することもできるようになるだろう。

これらの情報をもとに、駐車場自体がＩｏＴとして、ＢＯＴ（自動的・自律的に行動するソフトウェア・システム）が「Ａ駐車場はもうすぐ空くかもしれない。予約して！」などとカーナビ上でつぶやく（表示する）ことも可能になる。

それらの動的な情報・プロモーションでは、その時の駐車場の状況画像も表示される。これらに対して、利用者は、カーナビやスマートフォンでの音声会話にて、事前に予約することができ、予約フィーを予め設定した決済方法（ＥＴＣ含む）で支払うことで、駐車スペースは「予約」の状態になる。

出庫時には、自動の決済端末において、クレジットカード、電子マネー、およびＥＴＣでこれまで以上にシームレスに決済でき、自社または共通ポイントが付与される。

なお、駐車場に置かれているシェアリングカーの利用もネットを介することで解錠させ、利用することが可能になってきた。

事業者のシェアリングカーのみならず、車を保有している個人などが、駐車場を介して、一時的に車を貸し出すサービスも登場している。利用者がアプリで登録することにより、その利用者の車・バイクなどをシェアリング化することが進む。

新・顧客戦略のポイント

〔駐車場〕

- カーナビと連動し、目的地付近の到着予定時間の空き具合を予測
- ドライバーの行動から戻り時間を予測して、他サービスと連動して予約を促進

〔自動車〕

MaaS型のサービスへ進化 地方の移動手段として自動運転推進

リアルタイムマッチング	コラボレーション／シェアリング	IoT／セルフ化による自動化	パーソナライズ／カスタマイゼーション	ダイナミックな需要予測／プライシング
MR化／ライブ化	OMOのレコメンデーション	XaaS	X-Tech	スコアリング／信用価値算定
アバター／エージェント化	マルチデバイス化	シームレス決済	スマートミラー活用	スマートシティ化

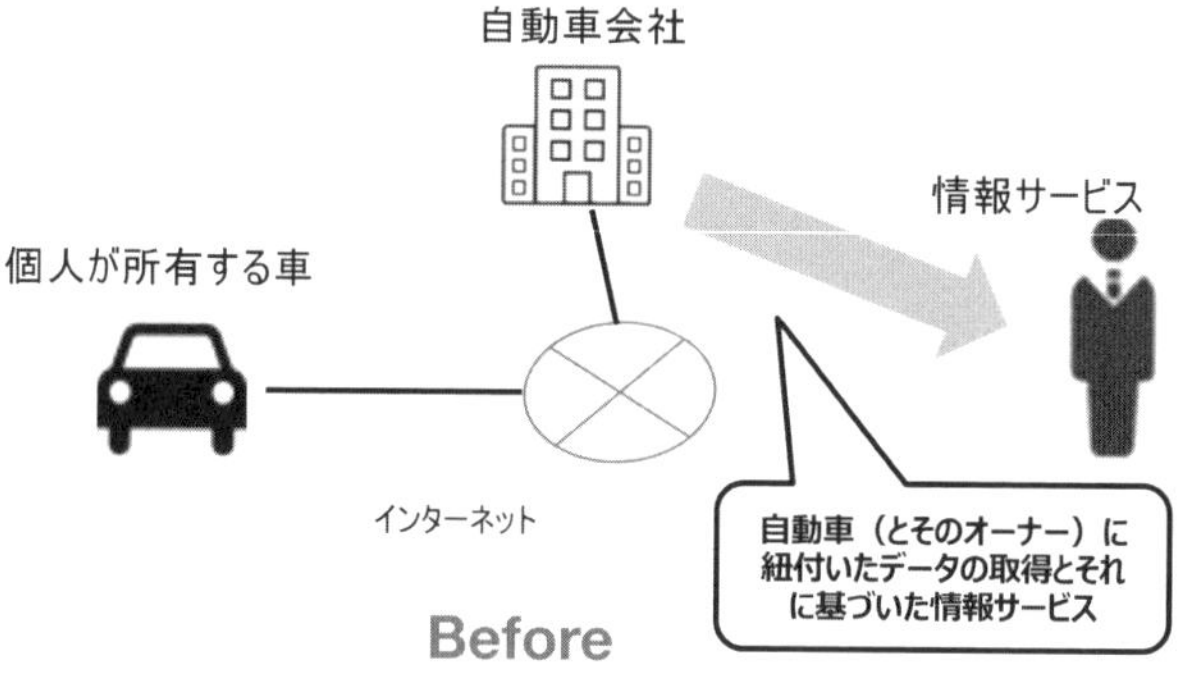
自動車会社
情報サービス
個人が所有する車
インターネット
自動車（とそのオーナー）に紐付いたデータの取得とそれに基づいた情報サービス
Before

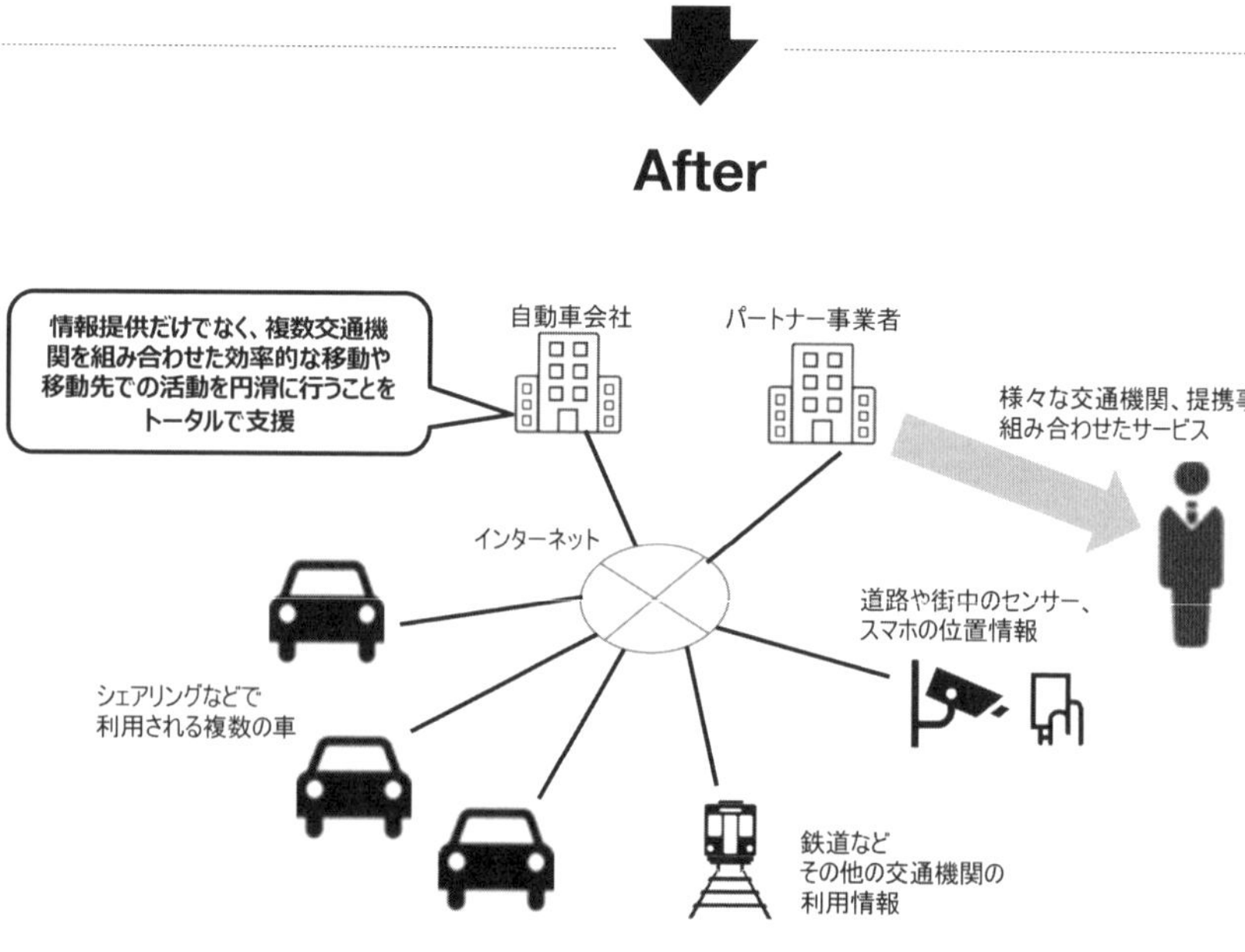
After
情報提供だけでなく、複数交通機関を組み合わせた効率的な移動や移動先での活動を円滑に行うことをトータルで支援
自動車会社
パートナー事業者
様々な交通機関、提携事業者を組み合わせたサービス
インターネット
道路や街中のセンサー、スマホの位置情報
シェアリングなどで利用される複数の車
鉄道など その他の交通機関の 利用情報

近年では、自動車に通信（コネクテッドカー）機能を持たせ、車体の状態をメーカーに送信して故障を検知したり、周辺地域の情報を自動車内で取得できたりといった、ソフトサービスの面で、自動車運転体験はより快適で便利なものへと進化してきている。また、カメラ（ドライブレコーダー、バックカメラなど）やセンサー（防犯センサーなど）のような技術進歩もあり、運転アシスト機能の強化と普及も進んできた。

また、突発的な障害の少ない高速道路などでは自動運転が可能なレベルまで進化してきた。自動運転での車庫入れも可能になった。

さらに、ソフト面では、定額サービス（サブスクリプションサービス）として、好きな車に乗れ、車体料金だけではなく、税金や保険、メンテナンスなど、カーライフに必要な要素をワンパッケージ化したサービスも始まっている。

これまでは個人や法人が所有する自動車の情報化が進行していたが、今後は、カーシェアリングやレンタカーなどの利用者が所有していない車からの情報の活用が進む。自動車以外の移動手段を組み合わせたＭａａＳ型サービスに乗り出す企業も相次いで登場するだろう。

ＭａａＳ型サービスのイメージとして、アプリ上で出発地と目的地を指定すれば、最適な移動方法をレコメンドしてくれて、また実際の手配までシステムで行うことができる。例えば、最寄り駅まではシェアリングされた自動車で向かい、駅で乗り捨てて目的地の最寄り駅まで向かい、そこからバスと接続する、といった一気通貫した移動が手軽に行える。従って、パートナーとなる事業者と連携した複合的なマーケティングが求められる。

自動車を保有しない人は、公共交通機関が発展している都市部に限らず、地方部でも増えている。高齢化により自身での運転が困難な人の移動手段を提供することに対する社会的要請は強い。オンデマンドバスや無人運転、自動運転などの実験も、各地で盛んに行われている。これらでは自動車の非所有者もターゲティングの対象となる。

また、車のみならず、周辺施設、サービス、製品も含めたパートナーの事業者も含めてワンパッケージ化した定額サービスも始まるだろう。例えば、車の動線上にあるガソリンスタンドやレストラン、リゾート施設、車の装飾品、旅先のサービスなども含めていくことになるだろう。

新・顧客戦略のポイント

［自動車］

- 様々な交通機関、提携事業者を組み合わせて移動や活動をトータルに支援
- 道路や街中のセンサー、スマホの位置情報からデータを収集・分析

〔家電製品〕

情報家電化が加速度的に進行 レンタルや残価設定ローンも一般化

リアルタイム マッチング	コラボレーション／シェアリング	**IoT／セルフ化による自動化**	**パーソナライズ／カスタマイゼーション**	ダイナミックな需要予測／プライシング
MR化／ライブ化	OMOのレコメンデーション	XaaS	**X-Tech**	スコアリング／信用価値算定
アバター／エージェント化	マルチデバイス化	シームレス決済	スマートミラー活用	スマートシティ化

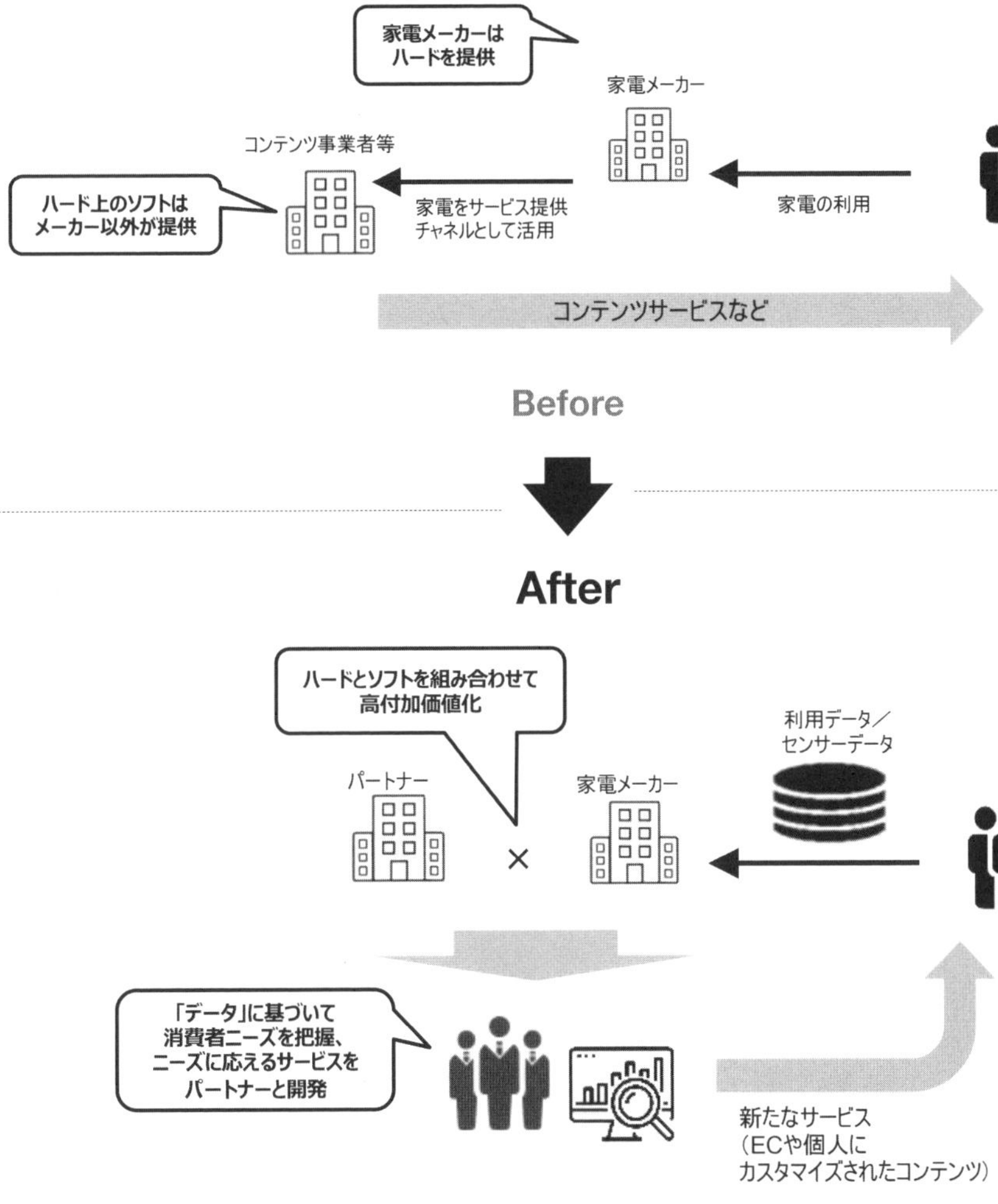
家電メーカーは
ハードを提供
家電メーカー
コンテンツ事業者等
ハード上のソフトは
メーカー以外が提供
家電をサービス提供
チャネルとして活用
家電の利用
コンテンツサービスなど
Before
After
ハードとソフトを組み合わせて
高付加価値化
利用データ／
センサーデータ
パートナー
×
家電メーカー
「データ」に基づいて
消費者ニーズを把握、
ニーズに応えるサービスを
パートナーと開発
新たなサービス
（ECや個人に
カスタマイズされたコンテンツ）

ＡＶ家電だけでなく、白物家電においても、通信機能が付与され、ＩｏＴに対応した機種が増えてきており、外出先からの遠隔操作や、スマートスピーカーによる集中管理が可能となってきている。また、ＡＶ家電を中心に、コンテンツ配信を楽しむことができる機能を付与し、ハードを一度売って終わりというビジネスモデルから、ソフトやサービスといった追加的なサービスの訴求も増えてきている。

今後は、情報家電化は加速度的に進行し、これまで以上に多様なデータに基づいた、パーソナルに高付加価値な情報やサービスを提供する家電が増えていく。

例えば、冷蔵庫の中身を分析し、特売情報と組み合わせて買うべき店舗や食材を提案する冷蔵庫や、子供の興味や学校での授業内容に合わせて見るべき番組を自動録画・編集するＴＶなどが考えられる。

また、ハードを一括販売するだけでなく、レンタルや残価設定ローン（契約時に３～５年後の残価（※残存価値による下取価格）を設定し、残価を除いた金額を分割返済するローン）のように、低額な支払いを長期にわたって支払う利用形態も増えていく。

この支払い形態は、使用期間中に価値が減る金額だけを返済するから、利用者から見ればリースに似たローンとも言え、これまでは自動車などの高額製品しか提供されていなかったが、一般的な家電にまで広がっていく。

これまでは、レンタルや残価設定ローンを提供しようとしても、商品の支払いを放棄して持ち逃げされてしまうリスクを織り込んで支払い額が高額にならざるを得なかった。しかし、家電の常時通信機能を活かせば、支払いが滞っている場合に機能を停止するといったことが可能となり、企業側のリスク低減と利用価格の低減につながり、販売促進もしやすくなる。

新・顧客戦略のポイント

〔家電製品〕

- 外出先からの遠隔操作など通信機能付き機種が増加し、支払いとも連動
- 個人の現状によりカスタマイズされたコンテンツを提供

［受注生産品（住宅や自動車など）］

VRシミュレーションで商品提案 注文した商品の完成までをライブ配信

リアルタイムマッチング	コラボレーション／シェアリング	**IoT／セルフ化による自動化**	**パーソナライズ／カスタマイゼーション**	ダイナミックな需要予測／プライシング
MR化／ライブ化	OMOのレコメンデーション	XaaS	X-Tech	スコアリング／信用価値算定
アバター／エージェント化	マルチデバイス化	シームレス決済	スマートミラー活用	スマートシティ化

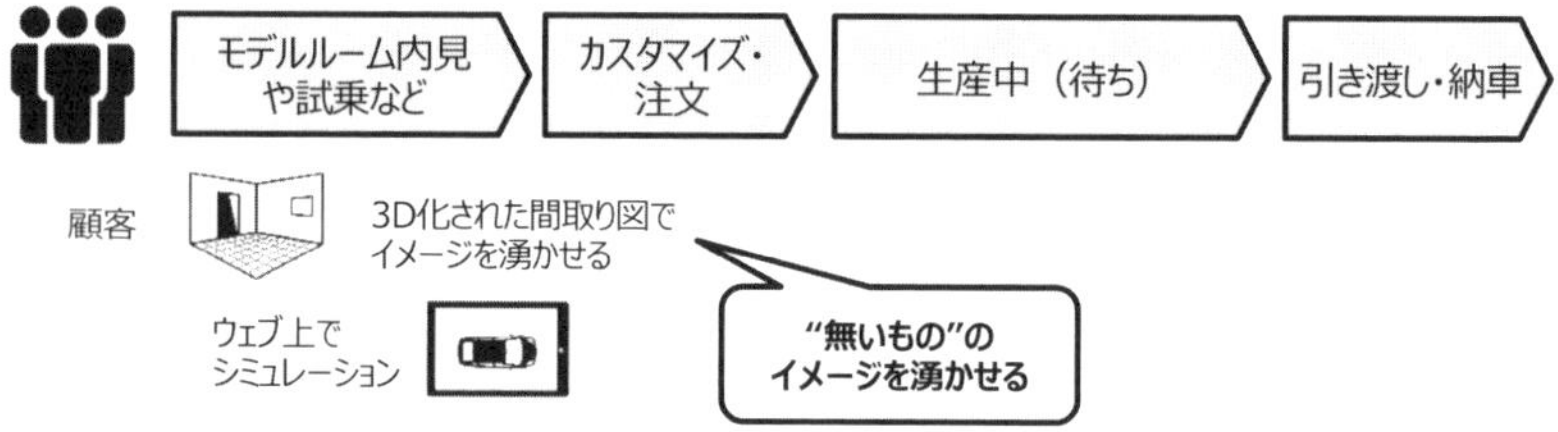

Before

After

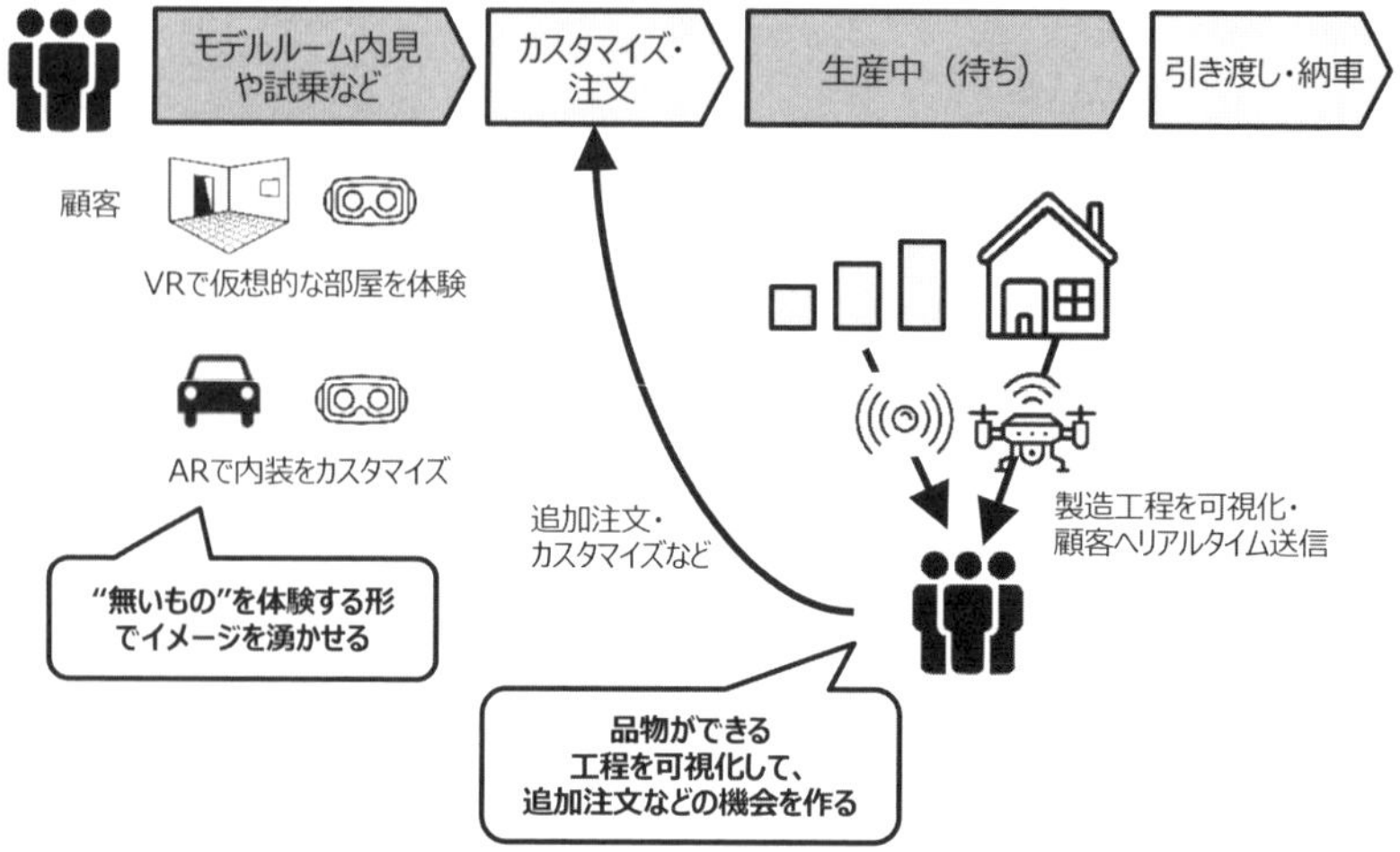

住宅や自動車など、受注してから生産する大型製品は、個別のカスタマイズを行う範囲が広いものの、モデルルームや展示車などを除き、必ずしも完成品を間近に見ることはできない。そこで例えば、間取りや内装を組み合わせた室内イメージを３ＤのＣＧで描写するアプリを利用したり、ウェブ上のシミュレーションツールを利用して完成車の外観や内観をイメージしたりするなどの方法で、顧客の商品イメージを喚起することが多い。これによって、簡単には判断しづらい高額商品の購入を促進している。

受注生産品のマーケティングの今後は、いくつかの可能性が考えられる。

１つ目は、注文前に、より詳細に顧客に商品イメージを持ってもらう方向である。例えば、間取りや内装をシミュレーションしたＡＲ空間を作り、ＶＲ／ＡＲのヘッドセットをつけた顧客に、あたかも完成した部屋の中にいるかのような体験を与える取り組みが、一部の住宅展示場で始まっている。ＶＲ上での行動範囲が限られるため、住宅内での導線が確認できなかったり、実際の完成品とＡＲでのイメージにギャップが生まれてしまったりといった限界もあるが、これらの活用が進む。

２つ目は、製品が加工され、完成していく様子を、細かくトラッキング（追跡）して顧客に提供する方向である。例えば食品は「どこで生産され」「どこで加工され」「どのように運ばれたのか」をトレースする仕組みが整っているが、住宅や自動車などでも納品されるまでの流れを詳細にトラッキングすることが可能になる。

住宅では、基礎から構造、外装や内装が組み上げられていく様子を日々トラッキングしたり、自動車ではボディのプレス加工から組み立て、検査や輸送の流れを顧客に随時報告したりすることが考えられる。

作り込みが必要な受注生産品は、物が作られている工程を見ることそのものが商品イメージを少しずつ湧かせていくエンタテインメント性を持ち、顧客体験を大きく向上させる。また、顧客が日々、完成していく商品に関心を持ち続けることで、顧客接点を維持し、場合によっては製造途中でオプションパーツを追加するといったアップセルなど、次のマーケティングチャンスを生み出すことにもつながる。

新・顧客戦略のポイント

［受注生産品（住宅や自動車など）］

- 住宅展示場などのVRで仮想的な部屋を体験し、ARで内装をカスタマイズ
- 製造工程を可視化して顧客にリアルタイム送信

［エネルギー機器］

設備の稼働状況をIoTモニタリング スマートシティのシステムを構築

リアルタイムマッチング	コラボレーション／シェアリング	IoT／セルフ化による自動化	パーソナライズ／カスタマイゼーション	ダイナミックな需要予測／プライシング
MR化／ライブ化	OMOのレコメンデーション	XaaS	X-Tech	スコアリング／信用価値算定
アバター／エージェント化	マルチデバイス化	シームレス決済	スマートミラー活用	スマートシティ化

部品レベル
- 機器の部品にセンサーなどを取り付けることで、熟練エンジニアでしか分からなかった部品の細かな変化を検知

機器レベル
- 機器の複数か所にセンサーなどを取り付けることで、機器全体の運用状態を把握し、不具合を検知する

プロセスライン
- 複数の機器を含むライン全体において、複数か所での運用状態を把握し、不具合を検知する

Before

After

工場レベル
- 工場全体の運用最適化

地域レベル（複数施設）
- 複数施設にまたがる発電機などの運用の最適化（自動連携）

製造業においては、自社製品の製造・販売のみならず、販売した製品のアフターサポート、メンテナンスを実施することも求められる。事業規模によっては年間数十万件の問い合わせや出張修理の依頼に対応する必要があり、近年の人手不足も背景に、アフターサポートにおける効率化が経営課題となっている。

この効率化にあたって、機器にセンサーなどのＩｏＴ機器を取り付けることで遠隔監視データを自動取得し、このデータや修理情報データなどのビッグデータの分析をすることで事前に故障診断を行い、故障の際に修理に必要な補修部品を選定する、といったプロセスにＡＩが活用され始めている。

常用・非常用発電機やコージェネレーションなどの発電機器、エアコンやガスヒートポンなどの空調機器においては、既にこうした取り組みは行われている。故障診断のみならず、ＩｏＴセンサーやエネルギーマネジメントシステム（ＥＭＳ）を機器に取り付けることにより、顧客の機器運用データを収集し、機器の動かし方やエネルギーの使い方をリアルタイムでモニタリングすることで、自動で最適な運用を行い、運用改善につなげている事例も見られる。顧客側においても、従来は機器をどのように動かすべきかを分析し、実際に運転を行うのに人手や工数がかかっており、現場での負担になっているという課題もあった。

今後は、ＩｏＴセンサーによるデータの収集・分析、運用改善、および法人向けマーケティングなどの対象範囲が拡大し、各需要家の施設内での個別最適ではなく、より広いエリアの中で全体最適を図っていくことが可能になる。つまり、1つの機器をどう動かすかではなく、1つの設備内のすべての機器、さらには、複数の商業施設やビルにまたがったエネルギーや機器の最適運用を行うことができるようになる。

ただし、現状は小規模な施設になればなるほど計測が十分にできていない企業も多く、課題もある。予防保全は、通常、「異常検知」「原因診断」「寿命予測」の順で解析を進めるが、各段階で目的に応じた最適な解析手法は異なる。

原因診断や寿命予測を行うためには、まず異常検知が重要であるが、これを適切に行うのが非常に難しい。例えば、大型装置や工場などの施設を対象とした場合、稼働状況をモニタリングするには必要な計測地点が多数にわたり、これらの計測データを時間的に同期して記録していく必要がある。これができないと、適切なデータや分析結果を得ることはできない。

また、計測の手法とアウトプットのデータ形式が、ウェブカメラによる映像データ、センサーによる温度などの数値データ、といったように計測地点によって異なる場合もある。そのため、これらのデータの関連性を的確に示せるようなシステムを構築する必要がある。

従って、多くのケースでは、まずは現状把握を行うために現場担当者を交えて計測を実施し、計測データとベテランのエンジニアとの保全実施タイミングの比較などの十分な解析を行う。

手動計測による保全ポイントなどの目途がついてから本格的に自動化し、原因診断や寿命予測に向けたデータの収集と改善を行っていくことになる。

導入当初は非常に手間がかかるものの、工場や商業施設などを中心にこのような取り組みが進み、最終的にはスマートシティのように、地域全体での最適化につながっていくだろう。

新・顧客戦略のポイント

〔エネルギー機器〕

- 複数施設にまたがる、発電機などの運用の最適化（ＩｏＴによる自動連携）
- スマートシティとしての地域における工場全体の運用最適化

〔電力システム〕

需給に合わせるデマンドレスポンスが広がる EVを蓄電池として利用へ

リアルタイムマッチング	コラボレーション／シェアリング	IoT／セルフ化による自動化	パーソナライズ／カスタマイゼーション	ダイナミックな需要予測／プライシング
MR化／ライブ化	OMOのレコメンデーション	XaaS	X-Tech	スコアリング／信用価値算定
アバター／エージェント化	マルチデバイス化	シームレス決済	スマートミラー活用	スマートシティ化

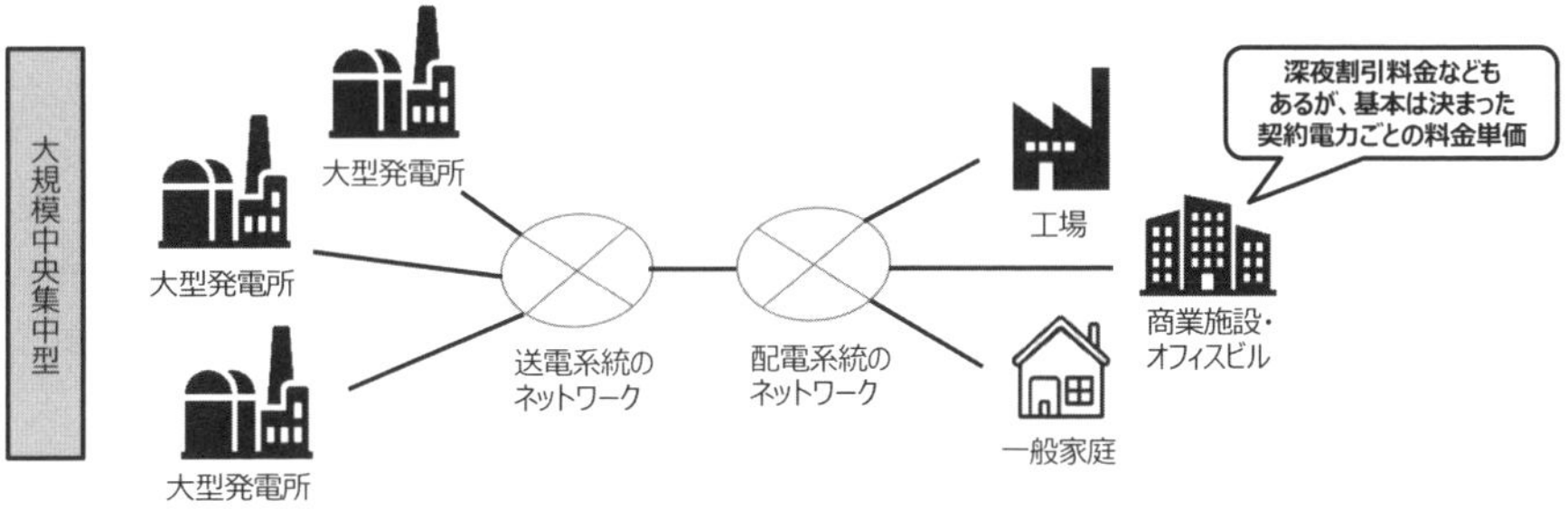

Before

After

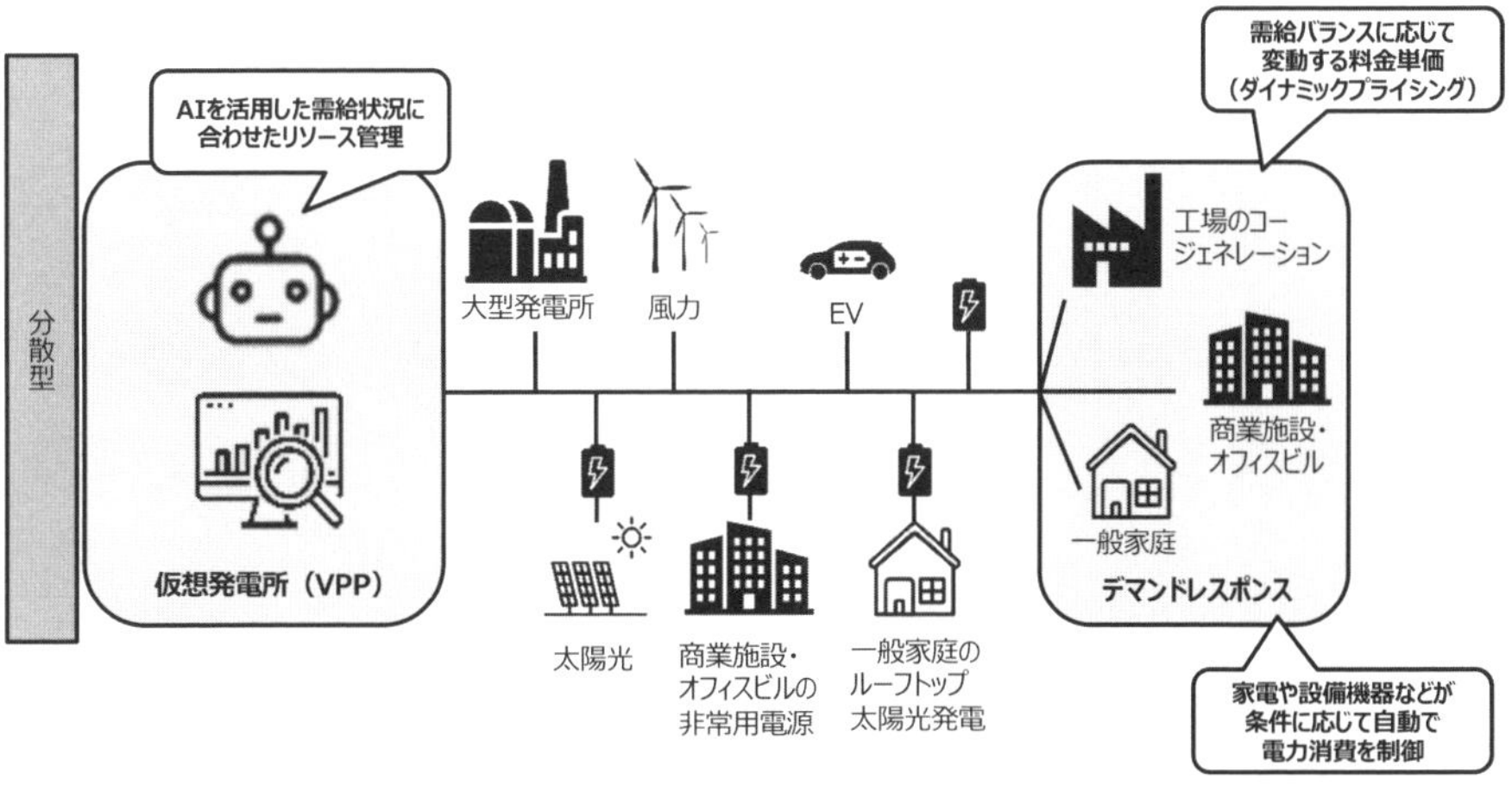

近年、電力やガスを取り巻くエネルギー供給の環境は大きく変化している。従来の電力業界では、大手電力会社が発電、送配電、小売りをすべて担い、原子力発電や火力発電といった大型電源を中心に中央集中型の運用がなされてきた。しかし、グローバルでのCO_2削減の流れに加え、東日本大震災の経験から太陽光や風力などの再生可能エネルギーに対する世の中の期待も高まる中、2012年に「固定価格買取制度（FIT）」が創設されたことで、再エネの導入量は急速に増加した。

一方、電力には「同時同量」という原則があり、需給の量を常に一致させる必要がある。電力はストックできず、需要以上に発電すると損失につながるため、的確な需要予測と、それに応じた供給をする必要がある。よって、従来は過去の実績値や気象条件、イベント情報などをもとに、高度なノウハウを持った電力会社の専門チームが電力の需要予測を行い、施設投資計画や運転計画を立ててきた。また、大型発電所が需要に合わせた柔軟な出力調整を行うことで、日々の需給調整を行ってきた。

しかし、再エネによる発電は、発電時にCO_2を排出しないクリーンなエネルギーであるというメリットがある一方で、天候によって出力が不安定であるというデメリットもある。例えば、日照量が多い日が続き、大型の太陽光発電所が同時に大量に発電して電力系統につないでしまうと、系統内の需給バランスが崩れ、最悪の場合は大規模停電を引き起こしかねない。さらには、2016年の電力自由化に伴う新電力と呼ばれる事業者の増加も重なり、効率的な供給計画の策定が難しくなっている。こうした背景もあり、より高精度な需要予測の技術が求められており、従来人手で行っていた需要予測にAIを活用して自動化し、精度の高い予測をすることが可能になってきている。

今後は、電力システムにおいては、再エネ関連技術の進展による太陽光・風力などの分散型システムのコスト低減が進むこと、AIなどの技術進展や蓄電池技術の向上により、分散型システムを支えるより高度な需給調整が可能になることから、これまでの中央集中型のシステムから分散型システムへの転換が進む。また、これまでの中央集中型のシステムでは、供給サイドが需要にマッチングさせた供給の調整を行ってきたが、需要サイドを制御して消費を抑えることで需給調整を行うデマンドレスポンス（DR）の取り組みも広く行われる。

さらに、DRのインセンティブとして、日々の需給に合わせて料金単価が変動するダイナミックプライシングの電力契約が広がる。日照量が多い時や風が強い時間帯、大規模事業者が休みの週末などに料金を下げることで、電力利用を促すだけでなく、スマート家電が自動で電力消費を調整してくれるようにもなるだろう。例えば、分散電源の発電供給量が上昇時や、電力卸取引市場のスポット価格下落時に家電が自動で動く。これにより、利用者は電気料金を節約でき、電力市場のバランスも保たれる。

また、蓄電池のコストが下がることで、分散型電源に蓄電池が併設されるようになることに加えて、ＥＶも自動車として利用しない時は、蓄電池として（緊急時のみならず）一般的に活用されるようになる。

これにより、これまで供給が需要を上回った場合は捨てることしかできなかった電力を貯めておくことができるようになり、これらの小規模分散型システムを統合・連携・制御することで複数の電源を組み合わせ、あたかも1つの大きな発電所のように集中制御する仮想発電所（ＶＰＰ／Virtual Power Plant）の普及が進む。

実際、ドイツなどでは、既にＶＰＰの取り組みが事業化されており、アグリゲーターと呼ばれる事業者が分散電源を束ねて電力取引市場に電力を販売している。日本でも、制度改革が行われ、実証実験が各地で行われていることからＶＰＰの活用は広がっていき、スマートシティの中で電力システムの契約形態も多様化されていくものと考えられる。

新・顧客戦略のポイント

〔電力システム〕

- ＡＩを活用した需給状況に合わせたリソース管理とスマート家電との調整
- 分散型システムを統合し、需給バランスに応じて変動する料金単価

〔農林水産業〕

ドローンなどを使って「無人栽培」需給バランスの最適調整が実現

リアルタイムマッチング	コラボレーション／シェアリング	IoT／セルフ化による自動化	パーソナライズ／カスタマイゼーション	ダイナミックな需要予測／プライシング
MR化／ライブ化	OMOのレコメンデーション	XaaS	X-Tech	スコアリング／信用価値算定
アバター／エージェント化	マルチデバイス化	シームレス決済	スマートミラー活用	スマートシティ化

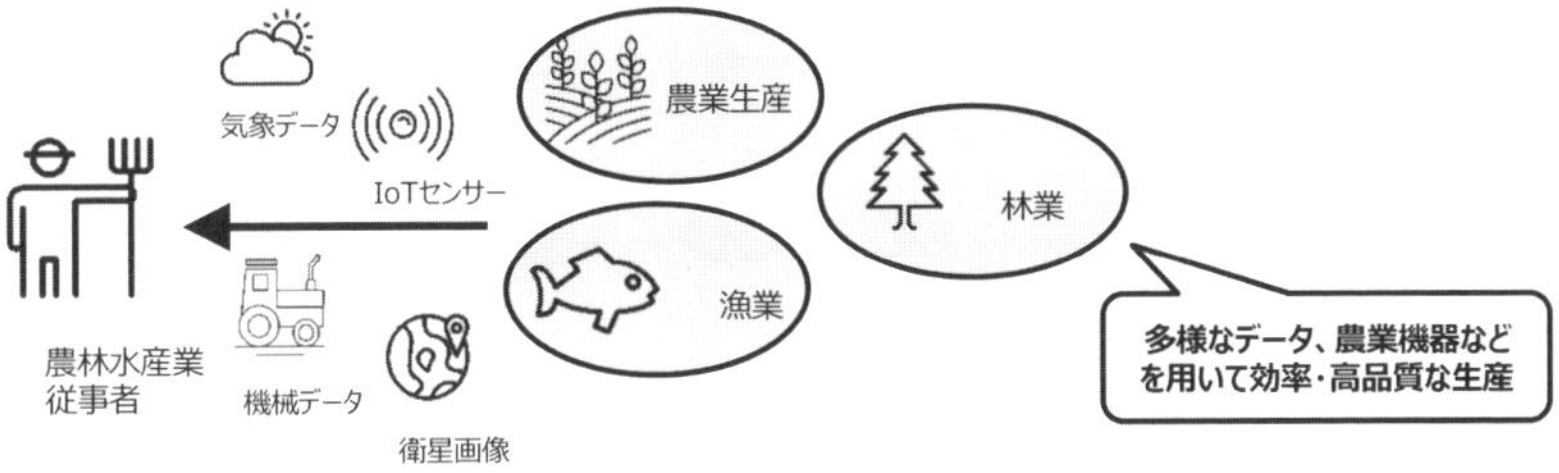

Before

After

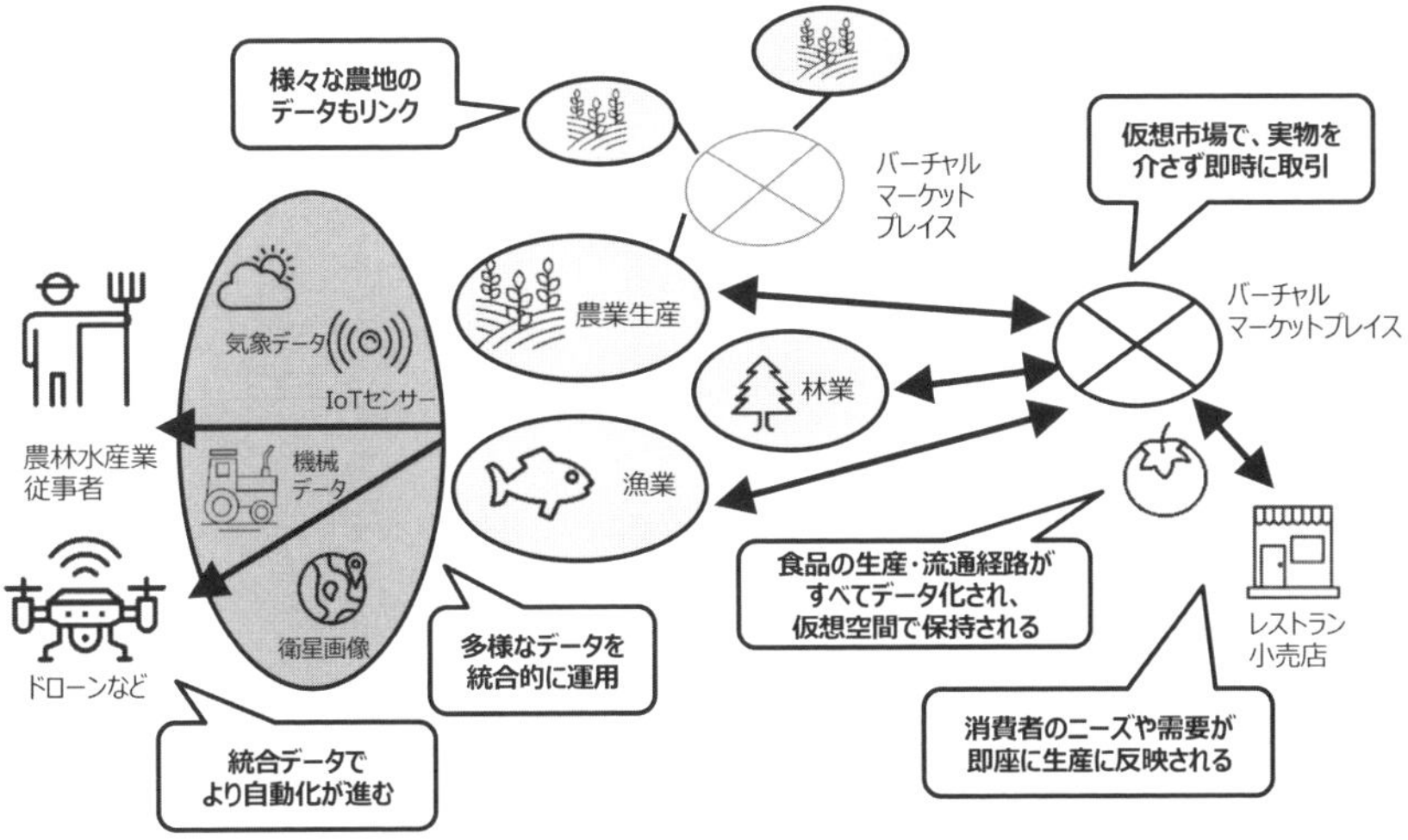

農林水産物の品質を高めるため、いわゆるアグリテックと呼ばれる領域で、種々のデータ活用が進んでいる。

例えば、人工衛星で撮影・送信される田畑の赤外線画像や、畑に設置されたＩｏＴセンサーによる気温・湿度、農作物や森林の生育状況といったデータ、農業機械の稼働データ、さらには天気予報会社の気象データなどを活用し、効率的で作物の品質を向上する取り組みが進んでいる。

また、農作物、水産物は、産地・生産者の追跡（トラッキング）情報の提示は進んできており、小売店・飲食店などでの消費者の安全安心の購買に寄与している。

今後も、農業や林業、水産業では、デジタル技術を活用した、より効率的な栽培や漁獲の追求が続く。

農業では各種データを統合し、観測・農薬散布用ドローンや農業機械の自動運行、ＩｏＴ化などが実現し、ほとんど自動に近い形での栽培が可能になる。

林業では、ＧＩＳ（地理情報システム）情報に統合する形で植林情報を管理することで、造林の識別・管理・追跡が可能になる。また、作業員の活動状況をＧＰＳで追跡することで、植林情報を常に更新するとともに、作業員の労務・安全管理が可能となる。

水産業では、天候、特に風や波、潮流や水温などの広域的な情報を組み合わせての漁を行ったり、あるいは養殖場での生育監視と給餌の最適化を通じて収量を上げたり、資源を適切に管理することが可能になる。

農林水産物の需要と供給のバランスの最適化も進むと考えられる。農林水産物は、直接契約の卸業者、あるいは飲食店などへ卸されるか、あるいは市場でセリにかけられるなどの形で取引されることが多いが、例えば収穫直後の写真や映像から収穫物の鮮度、あるいは味や品質などを推定し、デジタル空間上のバーチャルマーケットで高速に取引する実験が始まっている。この市場が普及すれば、農林水産物を市場へ運ぶ手間やリードタイムが削減され、より鮮度の高い供給が可能になる。

また、農作物の生育状況や近海の状況などを常に追跡することで、収穫前の時点での収量を予測し、飲食店や小売店での需要予測とマッチングして価格を最適化したり、物流を最適化したりといった取り組みも可能になる。

さらに、価格や収穫の絶対量などの課題はあるが、通常の農林水産物をベースロード電源のように考え、高度に管理された植物工場や養殖場で供給量をピーク電源のように考えて地域全体で需給バランスを整える仕組みができる。

最終消費者へのマーケティングの観点では、農林水産物のトレーサビリティと、安全安心の担保も引き続き大きなテーマとなる。牛の個体識別番号による牛肉の管理などと同様に、栽培・収穫から物流、加工から最終消費まで食品の流通経路を一貫してトレースすることで、安全安心を担保して付加価値を高める取り組みはさらに精度を上げていく。

新・顧客戦略のポイント

〔農林水産業〕

- ドローンや農機などを活用した自動化が進展
- 食品の生産・流通経路がデータ化され、安全安心を価値化して仮想空間で取引

［損害保険］

顧客のリスクに応じてパーソナライズ 月会費型のビジネスモデルも広まる

リアルタイムマッチング	コラボレーション／シェアリング	**IoT／セルフ化による自動化**	**パーソナライズ／カスタマイゼーション**	ダイナミックな需要予測／プライシング
MR化／ライブ化	OMOのレコメンデーション	XaaS	X-Tech	**スコアリング／信用価値算定**
アバター／エージェント化	マルチデバイス化	シームレス決済	スマートミラー活用	スマートシティ化

商品企画 → 営業・マーケ(保険商品の選定) → 引き受け審査 → 見積もり・契約 → 顧客対応(コールセンター) → 保険金支払い

- 商品企画：多様なニーズに応えた複雑な商品設計ではあるが、定型商品
- 営業・マーケ(保険商品の選定)：多種多様な商品の中から、ロボアドがおすすめの保険を選定
- 引き受け審査：専門家が、顧客の信用調査やリスク算定を実施
- 見積もり・契約：車検証画像などを基に作成された補償内容は、代理店システムに送信され、見積書作成から契約までをシームレスに
- 顧客対応(コールセンター)：顧客からの問い合わせにまずAIが対応し、AIが回答できないものは人間が対応する
- 保険金支払い：
  - AIが過去の支払い結果などを記憶・学習し、過去事例から類似事例を見つけ出す
  - 人間が最終審査のチェックを行う

Before

↓

After

商品企画 → 営業・マーケ(保険商品の選定) → 引き受け審査 → 見積もり・契約 → 顧客対応(コールセンター) → 保険金支払い

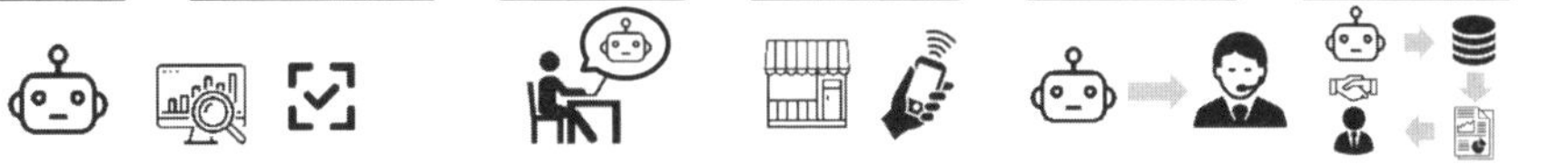

- 商品企画・営業・マーケ(保険商品の選定)：
  - ロボアドバイザーによる、オーダーメイド化
  - 既存商品を当てはめるのではなく、顧客の状況に合った商品を個別に設計・販売
  - リスクの変化に応じて補償を自動更新
- 引き受け審査：顧客の情報や外部環境などからAIがリスク算定を支援
- 見積もり・契約：従来の代理店での契約手続きは、インターネットへのシフトが進む
- 顧客対応(コールセンター)：AIの回答精度は向上。ただし、人による対応は残る
- 保険金支払い：月額会費型で自動的に支払うモデルも拡充

損害保険業界における主な業務プロセスは、大まかに、商品企画→営業→引き受け審査→契約→顧客対応→保険金支払いとなるが、いずれのプロセスにおいてもＡＩやＲＰＡなどが活用され始めている。とりわけ、契約後の顧客対応や保険金支払いのプロセス、それらにかかる事務作業の自動化の分野において、ＡＩの導入が進んでいる。

顧客向けには、コールセンターでの対応や全国の営業拠点で受ける代理店からの問い合わせ業務でＡＩが使われている。問い合わせの音声データをテキストに変換し、ＡＩがそのデータを読み取って、スタッフに回答候補を提示する。これまでは質問を受けてからスタッフが手動でＱ＆Ａを確認していたが、ＡＩの導入で、より迅速かつ高精度での顧客対応が可能になり、顧客を待たせる時間を短縮できるようになった。

社内向けには、大量に発生するデータ入力などの定型作業において、ＲＰＡの自動化技術の導入が進む。損保事業では、通常時はもちろん、特に大規模災害が起こった際には、被害を受けた顧客からの保険金請求により、契約情報の確認や帳票印刷などの大量の事務作業が発生する。このような事務作業をＲＰＡが担うことで、担当者は顧客の被害状況の確認に注力することが可能になっている。

今後は、営業時や保険引き受け業務においても、ＡＩの導入が進む。これまでは保険代理店による営業が一般的であったが、既に１００％インターネットで受け付けるネット保険が出てきており、インターネット上での申し込み時において、いくつかの質問に答えるとおすすめの保険商品を自動的に選んでくれるロボットアドバイザー（ロボアド）の活用も始まっている。

しかし、これまでの多くの保険会社では、保険種目ごとに補償がパッケージ化された商品を販売し、引き受け手続も種目ごとに実施していることに変わりはなかった。そこで、AＩによって顧客のリスク管理を行い、顧客ごとのリスクに応じてパーソナライズした保険商品を提供するサービスが広がる。

例えば、マルタに拠点を置くスタートアップのＳｈｅｒｐａは、個人顧客にアカウントを発行し、一度の引き受け手続きで、そのアカウントにおける多種目のリスクを包括的に補償する保険を提供しようとしている。同社は、AＩを使用して顧客データを分析し、顧客のリスクやニーズに応じて、自動車、住宅、医療、生命、ペットなどの様々な保険種目の補償をカスタマイズし、顧客ごとにオーダーメイドされた保険を設計する。さらに、顧客のライフスタイルや家族構成、職業などに加えて、スマートウォッチによる健康状態の把握、自動車のような機器などのＩｏＴ監視によって、リスク変化に応じた補償内容や保険料を自動で再算定（スコアリング化）し、顧客に通知する仕組みを構築する。

そうなった時のビジネスモデルは、従来の保険代理店のようにコミッションを受け取るのではなく、顧客に対して、リスクの変化とその補償にかかる保険料の増減の情報を提供することで、月額会費を徴収するようになる。

また、アクチュアリーなどの専門的な知識を要する引き受け審査にＡＩを活用することで、より迅速なマーケティング、提案ができるようになる。例えば、損保ジャパン日本興亜は、取引信用保険の引き受け審査業務にＡＩを活用し始めている。

取引信用保険とは、取引先の倒産などによって、契約者（被保険者）が、取引先から売掛金を回収できなくなった場合、契約者が被る損害を補償する保険である。この引き受け審査業務において、ＡＩが契約者（被保険者）の取引先企業の財務情報や外部環境などの周辺情報をインプットとして、取引先企業の信用力を分析する。また。この分析結果から、保険金額・保険料率などの保険引き受け条件を決定する業務を担当者が行うことで、人とＡＩが協働する。これらの展開が、日本においてさらに広まっていく。

新・顧客戦略のポイント

〔損害保険〕

- ロボットアドバイザーによる、オーダーメイド化
- 顧客の情報や外部環境などからＡＩがリスク算定を支援

［生命保険］

個人のライフログをもとに保険を設計
生命保険会社が情報のハブに

リアルタイムマッチング	**コラボレーション／シェアリング**	**IoT／セルフ化による自動化**	**パーソナライズ／カスタマイゼーション**	ダイナミックな需要予測／プライシング
MR化／ライブ化	OMOのレコメンデーション	XaaS	X-Tech	**スコアリング／信用価値算定**
アバター／エージェント化	マルチデバイス化	シームレス決済	スマートミラー活用	スマートシティ化

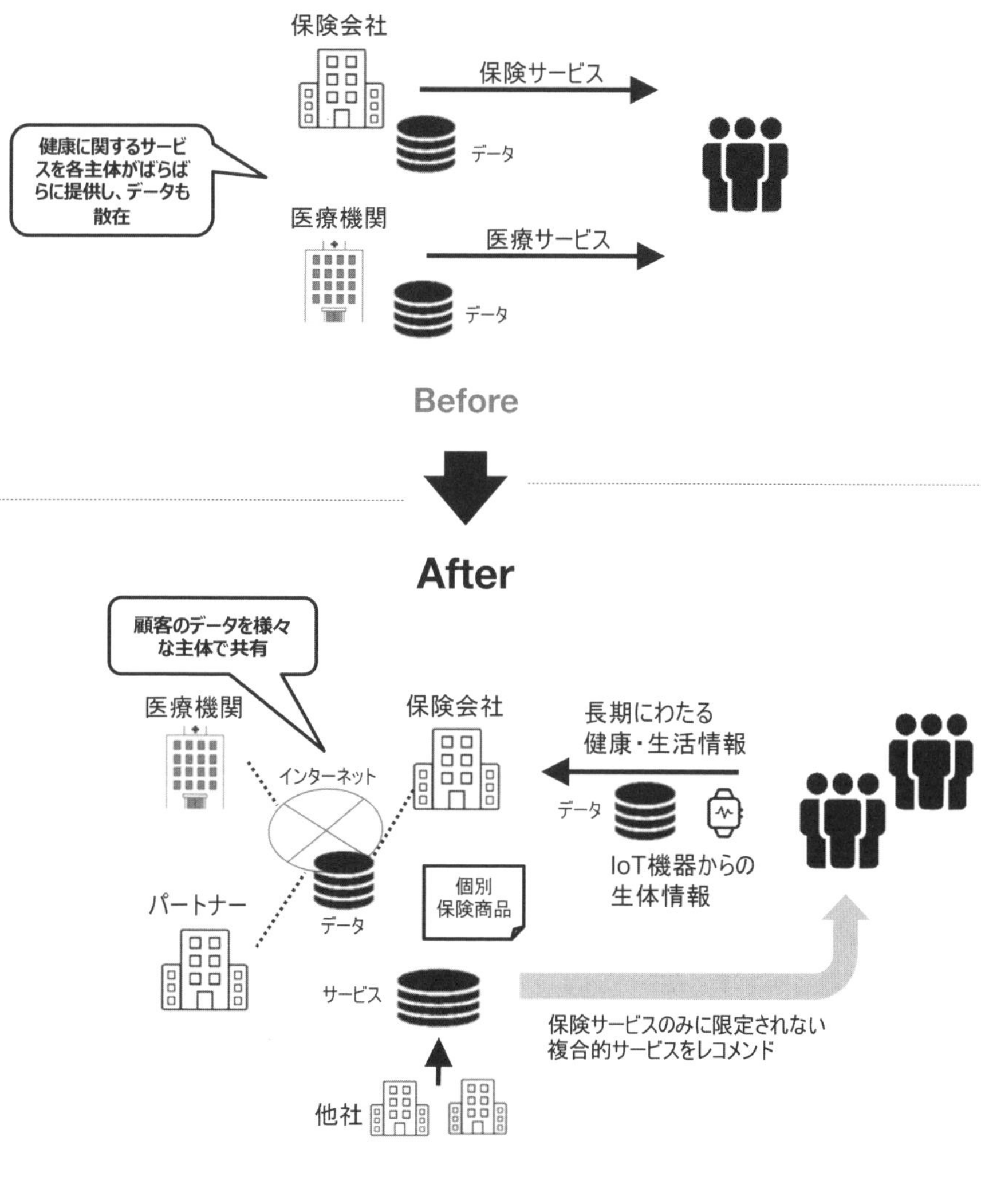

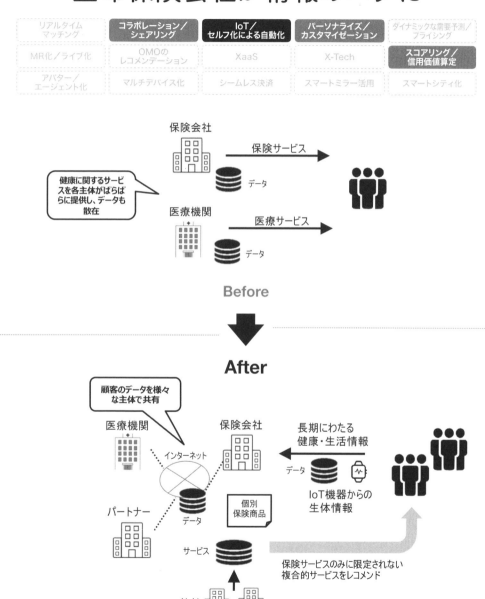

生命保険業界における主な業務プロセスは、営業→引き受け審査→契約→顧客対応→保険金支払いとなり、損害保険と同じく、ＡＩやＲＰＡなどが活用され始めている。

生命保険はニーズに合わせた商品の多様化が進んでいる。しかし、保険料の算定は依然として統計的な分析に基づいて行われており、個人ではなく集団に対する分析として行われている。また、健康情報管理と紐付けた保険サービスが出現しており、契約者の運動内容に応じてポイントがつく保険サービスなどが現れている。ただし、各国の規制により、個人の健康状況のデータに応じて保険料を自由に設定できない状況である。

今後は、これまでの集団に対する保険料の算定（スコアリング化）のみならず、個人のこれまで生きていたライフログをもとにパーソナライズした保険商品に対する需要が高まる。

また、生命保険会社は、個別の顧客と長期的な関係の中で蓄積されたデータ（手動または自動での取得データ）を、保険料の設定に限らず他の事業者と共同で活用し、いざという時に頼りになるだけでなく、非常時以外にも価値を提供していく存在となる。

例えば、生命保険・医療保険の加入者に対しては、健康な生活が送れるようにスポーツジムや健康診断サービスの提案を行ったり、学資保険の加入者には、そのライフサポートとしてのフィナンシャルプランや、提携した子育て支援サービスや学習サービスを紹介したりすることなどである。

こうしたサービスの提案が最適なものとなるためには、契約者が将来直面するであろう課題やサービスニーズを事前に予測しなければならない。そのためには、結婚や出産、子供の独立など多様なライフステージやライフスタイルの情報、医療情報を含む健康情報を集約・分析していくことが必要であり、生命保険会社はそうした情報のハブとして有力な存在になるであろう。

新・顧客戦略のポイント

［生命保険］

- IoT機器からの生体情報など健康・生活情報を分析し、個別保険商品の企画
- 保険のみに限定されない複合的サービスをレコメンド

［金融（個人向け融資）］

「個人情報」が「信用情報」に進化 強制的な返済条件付き融資が普及

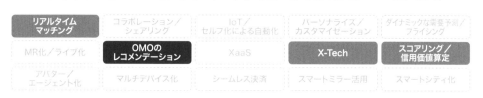

リアルタイムマッチング	コラボレーション／シェアリング	IoT／セルフ化による自動化	パーソナライズ／カスタマイゼーション	ダイナミックな需要予測／プライシング
MR化／ライブ化	OMOのレコメンデーション	XaaS	X-Tech	スコアリング／信用価値算定
アバター／エージェント化	マルチデバイス化	シームレス決済	スマートミラー活用	スマートシティ化

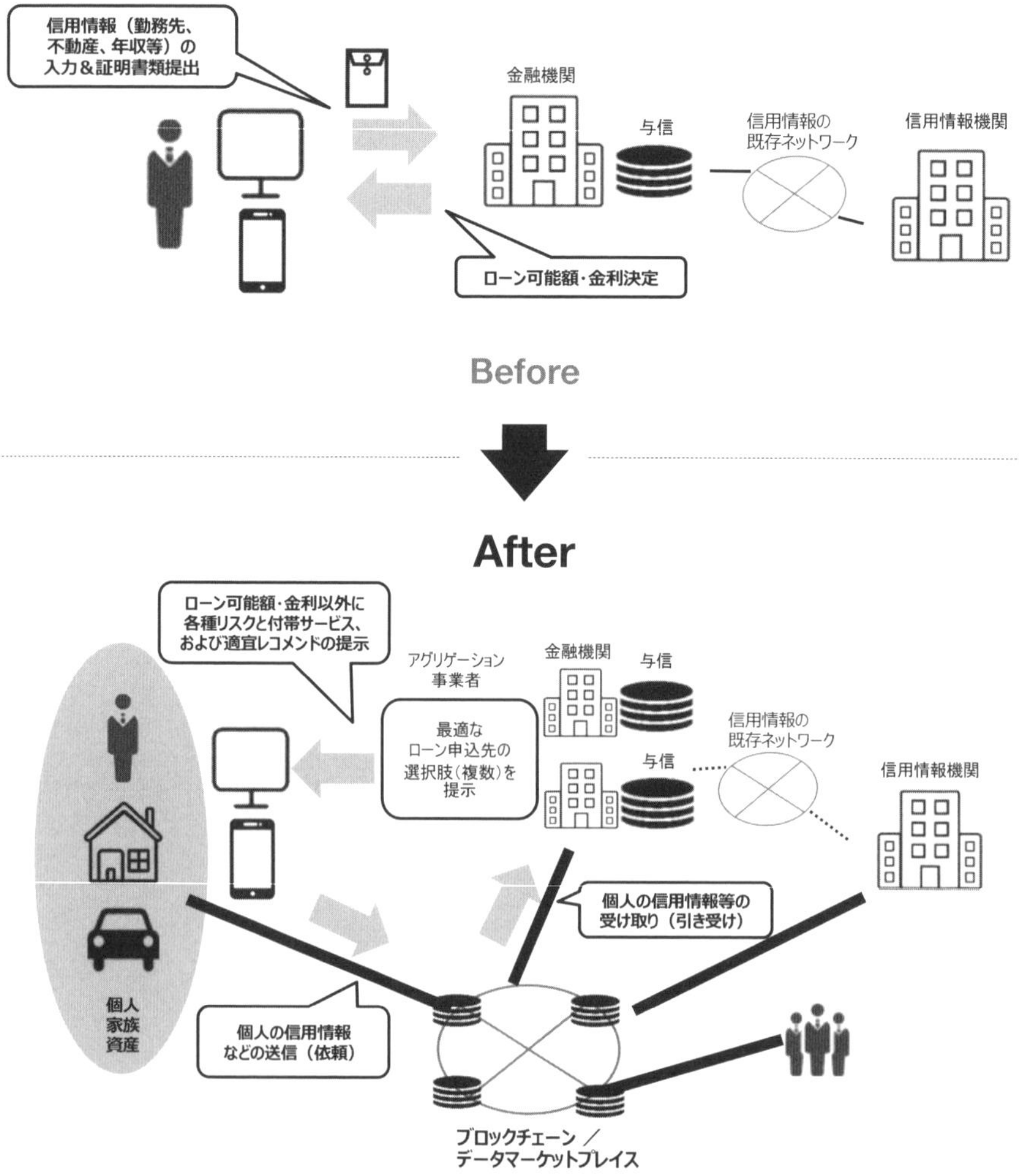

個人が金融機関からお金を借りる場合は、自分自身（個人）の信用情報（勤務先、不動産、年収など）に応じて、ローンの可能額（与信枠）、およびその金利が決定される。なお、その際、インターネットの比較サイトで住宅ローンなどの金利比較ができ、各種の民間信用情報機関に登録された情報をもとに、ローンの可能額も予め推測ができる。

今後は、個人のBtoC（ECなどの支払い）、CtoC（オークションなどの対応）の取引、SNSのつながりなどを評価した情報が、分散型の評価情報のネットワークシステム（例：ブロックチェーン）上に乗ることで、信用情報（信用スコアリング）に進化していくことになる。従来の信用情報（勤務先、不動産、年収など）にネットワーク上の情報を加味することで、より細かい融資が可能になる。

また、強制的な返済条件を金利に反映する形式の融資も増えていくだろう。これはローンを使って自動車や家電製品などを購入する際に、それらの購入対象が常時ネットワーク化されている場合に、「返済しないと使えなくする」というような融資方法である。

一方、比較サイトなどが進化した金融機関の情報を束ねたアグリゲーション（プラットフォーム）事業者が、条件に応じた金融機関の候補を顧客に的確に伝えることができるようになる。その際、個人のリスク許容度、資金の用途、付帯サービス（保険など）などを踏まえて、最適なローン申込先、ローン可能額、返済期間までの金利（変動の場合の予測含む）の選択肢を提示する。

また、借りた後のシミュレーションも可能である。例えば、何年後かのマクロ経済の変化パターンに応じた借り換えによる金利削減額、登録された自宅の資産価値（目減り含む）の査定などをもとに、その後のベネフィットやリスク（コスト）を提示できる。

さらに、返済時には、収入、家族構成、余暇で使う金額などの変動によって、繰り上げ返済や新たな付帯サービスを適宜レコメンドし、より個人に寄り添ったサービスを提供することができるだろう。

新・顧客戦略のポイント

〔金融（個人向け融資）〕

- 分散型評価情報をもとに信用スコアリングの活用が進む
- アグリゲーション事業者が最適なローン申込先の選択肢を提示

[金融（法人向け融資）]

AIが信用力を算定 小規模資金調達が容易に

リアルタイムマッチング	**コラボレーション／シェアリング**	**IoT／セルフ化による自動化**	パーソナライズ／カスタマイゼーション	ダイナミックな需要予測／プライシング
MR化／ライブ化	OMOのレコメンデーション	XaaS	X-Tech	**スコアリング／信用価値算定**
アバター／エージェント化	マルチデバイス化	シームレス決済	スマートミラー活用	スマートシティ化

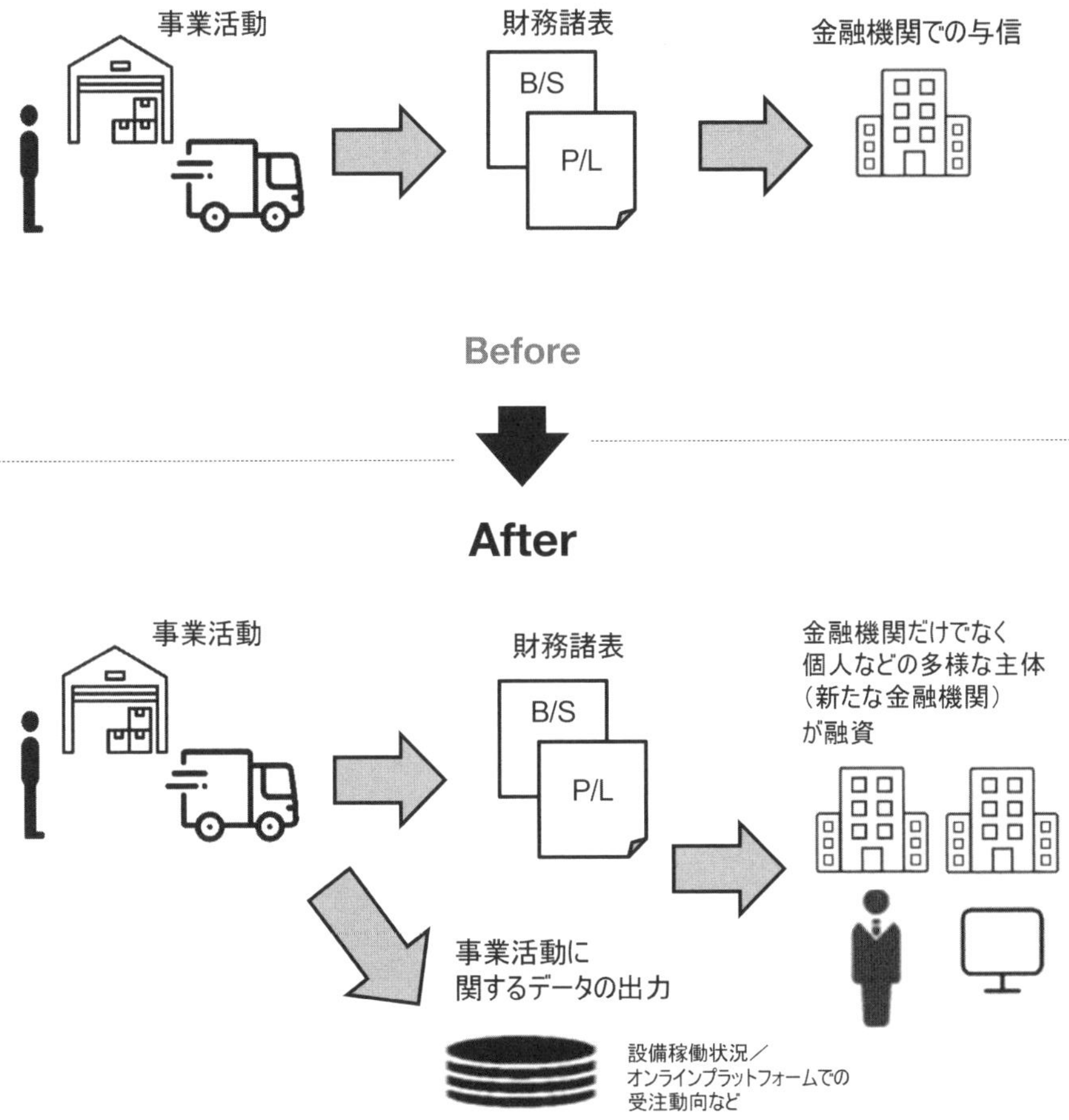

法人向けの融資では、企業の信用情報（帝国データバンク、東京商工リサーチなど）のほか、各企業の作成する財務諸表や経営者に関する情報（基本的に静的情報、一部は動的情報）などをもとに、総合的に判断して融資を行っている。また、担保の取得や個人保証（連帯保証）により、資金回収の可能性を担保しているケースも未だ多い。

今後は、これまで使われているデータに加えて、オンラインプラットフォーム上での商品の販売状況や、工場やＩｏＴで管理されている各設備の稼働状況などを分析することで、財務諸表などに反映される前のリアルタイムな事業状況が見えるようになる。

また、個別企業の事業状況だけでなく、キャッシュレス決済データによって把握される消費者の行動の変化や、公共機関によって設置されたセンサーなどで把握される移動動態といった、周辺データも加味して分析することで、各企業の事業の将来像、ひいては信用力をＡＩが算定（スコアリング化）することができるようになる。

企業の信用力の判定をＡＩが自動化することで、その客観性が高まると同時に、与信にかかるコストの低減が見込まれるため、企業単位ではなくプロジェクト単位での小規模での融資もより容易になる。

また、クラウドファンディングのような、既存の金融機関に頼らないファイナンスも拡大する。その際のコラボレーションの主体は、資金に余裕のある個人、個人事業主、中小企業なども含まれる。これらがバーチャルカンパニー（仮想企業、ウェブ上で実現される企業活動）化することで、あたかも新たな金融機関のように振る舞う可能性がある。従って、マーケティング、セールスも個別企業が行うのではなく、それらの属する要素（個人、個人事業主、中小企業など）が連携しながら行っていくことになる。

新・顧客戦略のポイント

〔金融（法人向け融資）〕

- 設備稼働状況／オンラインプラットフォームでの受注動向などが審査材料に
- 金融機関だけでなく個人などの多様な主体が融資

〔資産運用〕

メルカリ効果で投資対象が拡大 プラットフォーム企業もサービス提供

リアルタイムマッチング	コラボレーション／シェアリング	IoT／セルフ化による自動化	パーソナライズ／カスタマイゼーション	ダイナミックな需要予測／プライシング
MR化／ライブ化	OMOのレコメンデーション	XaaS	X-Tech	スコアリング／信用価値算定
アバター／エージェント化	マルチデバイス化	シームレス決済	スマートミラー活用	スマートシティ化

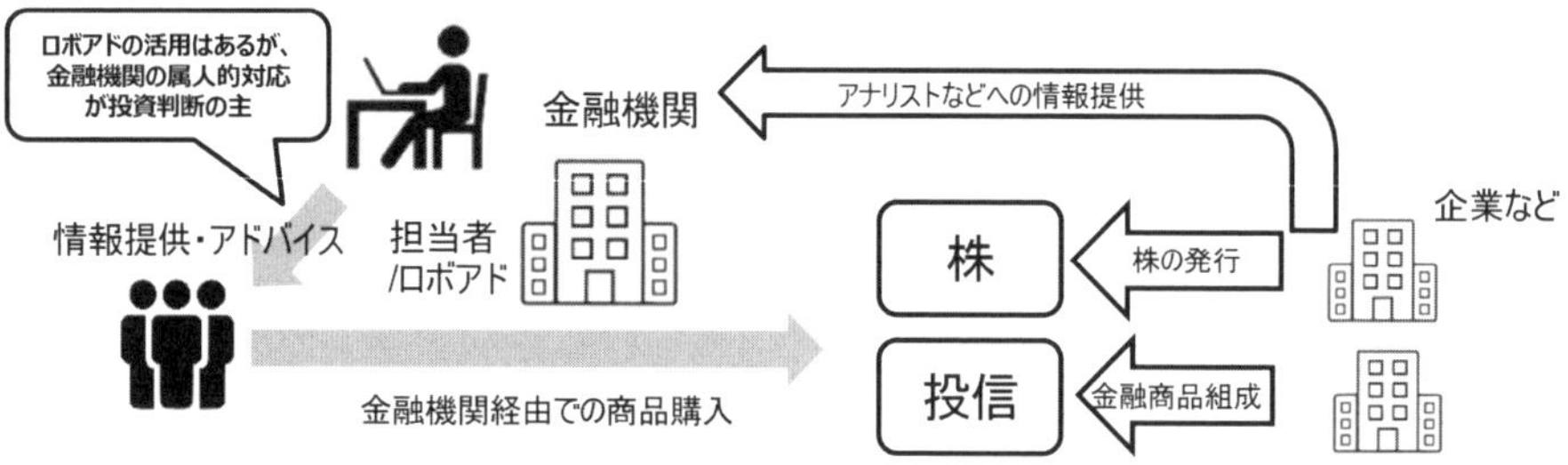

Before

After

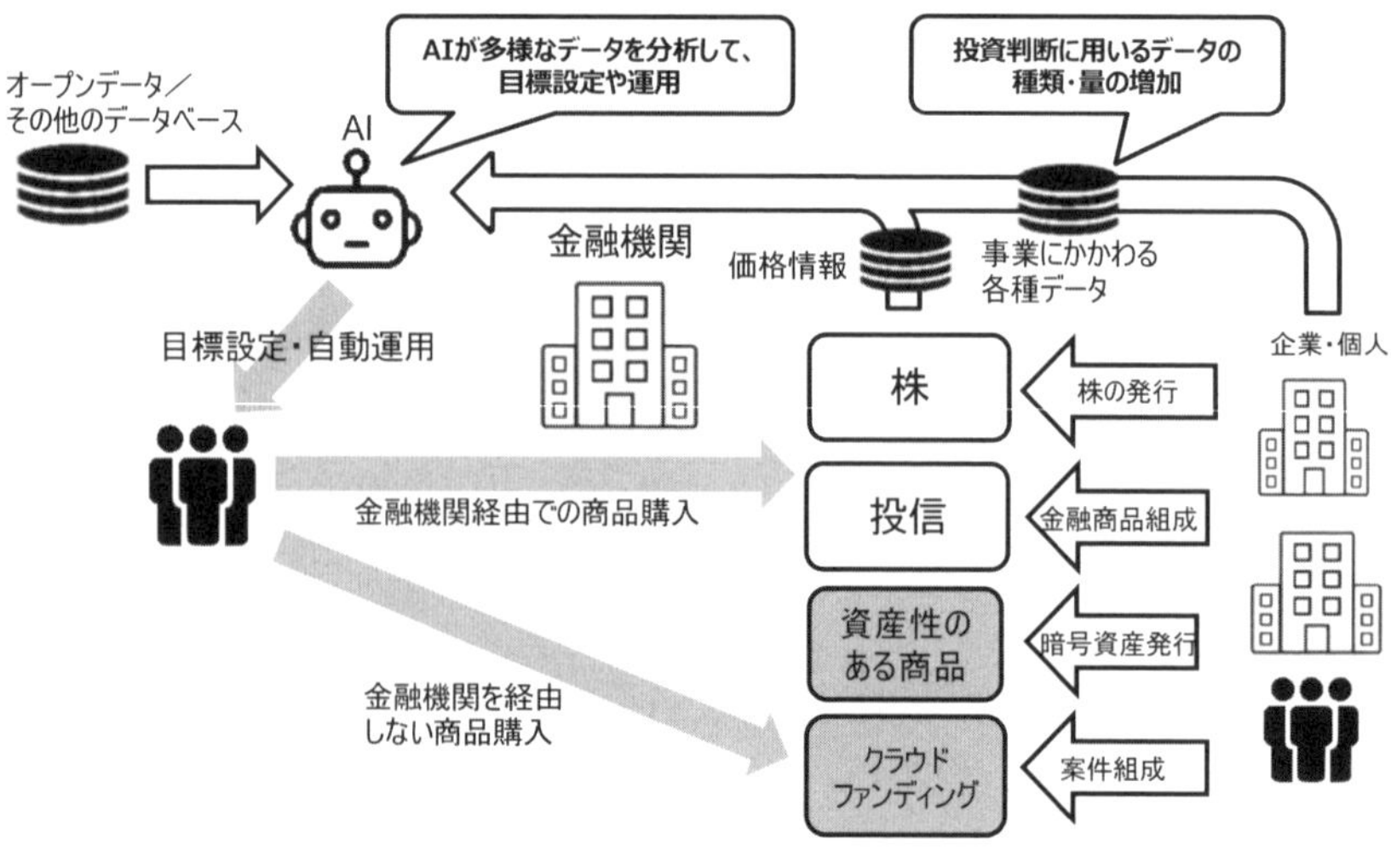

個人投資家は、企業の発表するＩＲ情報のほか、報道やアナリストなどの分析、ＳＮＳなどによる情報などを収集して、投資先を判断し、リスク許容額に応じて投資し、資産を運用する。また、金融機関によっては投資一任勘定型のサービスを提供しており、投資方針を専門家と相談した上で、その方針に基づいた運用を任せることもできる。

その際、ロボットアドバイザー（ロボアド）が個々の投資家に合った投資信託や資産運用のプランを提案したり、自動資産運用したりするサービスも現れてきた。

今後は、「資産」として評価されるものが大きく広がり、株や投資信託のみならず、様々なものが投資対象の資産として組み込まれていく。メルカリなどでの中古品の売買やシェアリングサービスの普及に伴い、個人が保有している車や衣料品、家電などについて、中古品として売却またはシェアリングのために貸し出した場合の価値が算定（スコアリング）できるようになり、資産性を判定することができるようになるからだ。

また、既に一部で投資オプション的な扱いをされている仮想通貨（暗号資産）への投資がより一般的になる。さらにクラウドファンディングなども新たな投資オプションとして拡大する。

このように、様々な資産への投資が行われるようになると、その適切な管理は属人的な対応では困難になっていく。そのため、投資を行う者のライフプランや銀行の入出金データ、およびその他の外部・オープンデータなどと連携することによって、ＡＩが人生における資金需要のタイミングなどを推定するようになる。目標収益率や投資結果の目標値を適切にレコメンドしてくれるほか、実際の投資も自動化する動きが加速する。なお、一般の固定資産に比べて、金融商品は、常に価格が変動するため、ＡＩによるリアルタイムに近いレコメンドがより有益となる。

また、資産の種類が多様化することに伴い、その販売や運用を手がける事業者も多様化し、銀行や証券会社だけでなく、通信会社や小売事業者、その他のプラットフォーマーといった多様な事業者が、消費者向けに投資・運用サービスを提供するようになる。従って、これらの本業サービスと連携したマーケティング、セールスを行っていくことになる。

新・顧客戦略のポイント

〔資産運用〕

- ロボットアドバイザーが個々の投資家に合った運用プランを提案
- メルカリ取引価格などをもとに投資対象となる資産が拡大

［不動産仲介］

ライフスタイルに応じて物件提案 スマートシティの運用を担う存在に

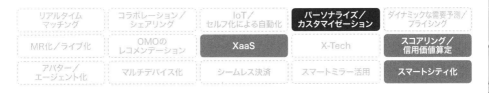

リアルタイムマッチング	コラボレーション／シェアリング	IoT／セルフ化による自動化	パーソナライズ／カスタマイゼーション	ダイナミックな需要予測／プライシング
MR化／ライブ化	OMOのレコメンデーション	XaaS	X-Tech	スコアリング／信用価値算定
アバター／エージェント化	マルチデバイス化	シームレス決済	スマートミラー活用	スマートシティ化

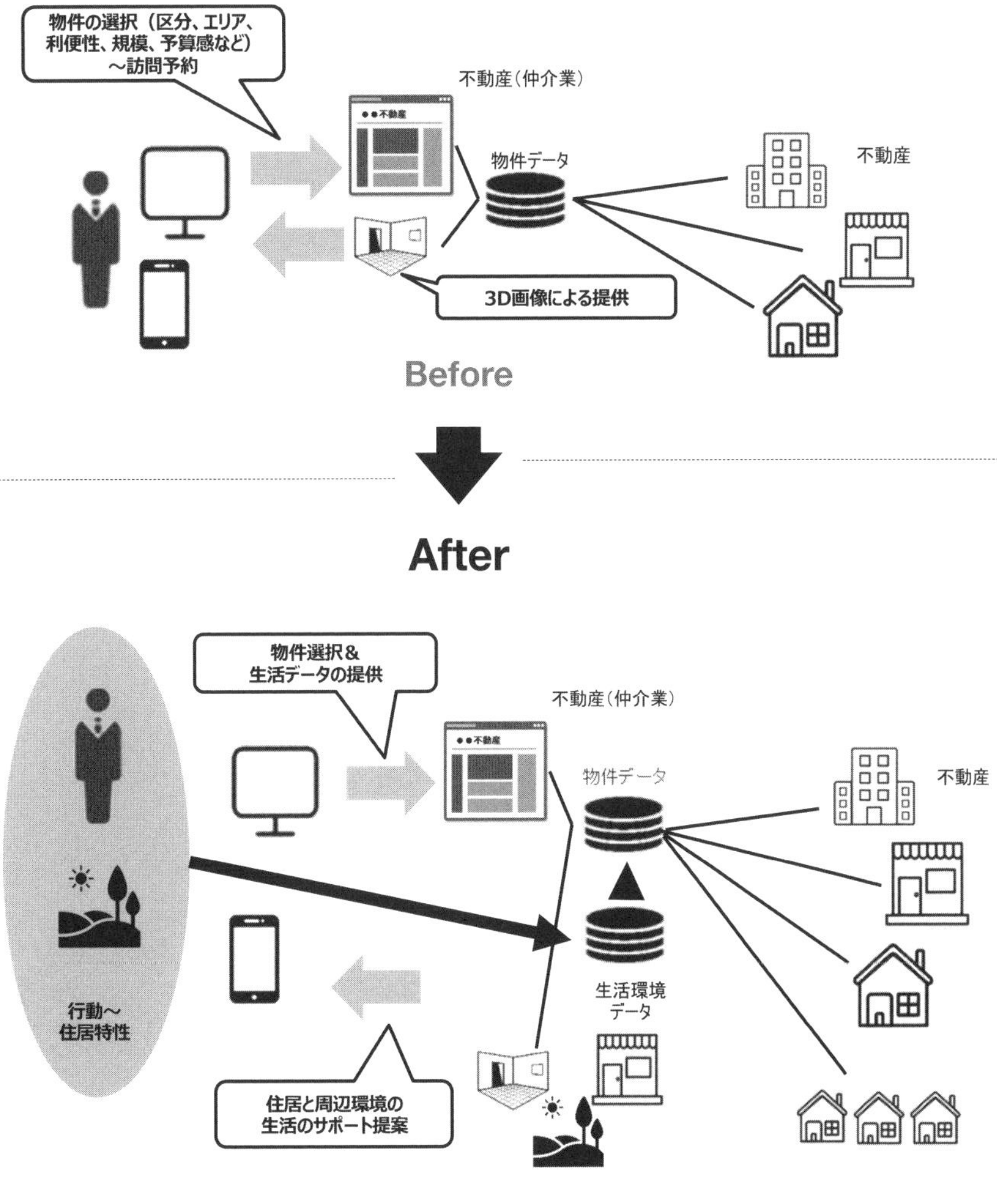

住宅の物件を探す人は、物件の区分（新規または中古、戸建（建売／注文）またはマンション）、所有権（所有地／貸借権／借地権）、エリア（駅・沿線、住所）、利便性（駅からの距離）、規模・階数、予算感などに応じて、不動産情報をチェックしていく。最近は、ネット上で部屋の3D画像を閲覧して、訪問の予約を取ることができるようになってきた。その際には、仲介不動産を通して、住宅ローン（個人向け融資）、損害保険、インフラ、家具・インテリア、引越手続きなどの見積りをすることもできる。

今後は、区分やエリア、予算感などはもちろんのこと、行動特性に応じて、適した物件がレコメンドされる。持ち家の場合は、まずは自分の資産（金融、不動産など）に応じてローンの与信枠（スコアリング）を把握し、購入可能な物件を予測することで、効率的に対応できる。

また、購入後の自宅の資産価値の目減り度合いや、その後の売却予測なども把握し、家計簿（収入／支出）の情報を加えることで、資産形成のシミュレーションも可能になり、人生設計との連動もより密接になる。賃貸の場合は、その後の転居計画もシミュレーションし、どこで購入に転じるかなども設計していくことができる。

例えば、デュアラーと呼ばれる、都心と田舎の2つの生活（デュアルライフ）を楽しむ人にとっては、住居は1拠点だけではない。その場合には、デュアラーの特性や、対象者およびその家族の転居履歴などに応じた提案（片方は賃貸＋片方は購入など）が可能になる。

ここに周辺のテナント・店舗や公共施設などの情報を加えることで、その人の生活をサポートすることにつながる。これらを実現するには、他の事業者、社会基盤（インフラ）も含めた連携や複合的なマーケティングが求められていく。

つまり、不動産仲介事業者は、都市の発展形であるスマートシティ／コミュニティが進んでいくと、ユーザー側のライフスタイルやライフステージ、事業者・インフラ側の管理・運用を最適につなぐ存在になっていくものと考えられる。

新・顧客戦略のポイント

〔不動産仲介〕

- 不動産物件のレコメンドが人生設計などとより密接に連動
- スマートシティを見据えたREaaS型のサービス提供者が主役に

［経営コンサルティング］

属人的な知識と経験をデータで補う 多様なリアルタイム調査をもとに助言

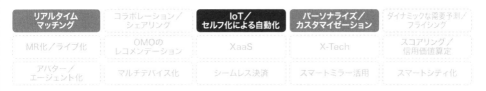

リアルタイムマッチング	コラボレーション／シェアリング	IoT／セルフ化による自動化	パーソナライズ／カスタマイゼーション	ダイナミックな需要予測／プライシング
MR化／ライブ化	OMOのレコメンデーション	XaaS	X-Tech	スコアリング／信用価値算定
アバター／エージェント化	マルチデバイス化	シームレス決済	スマートミラー活用	スマートシティ化

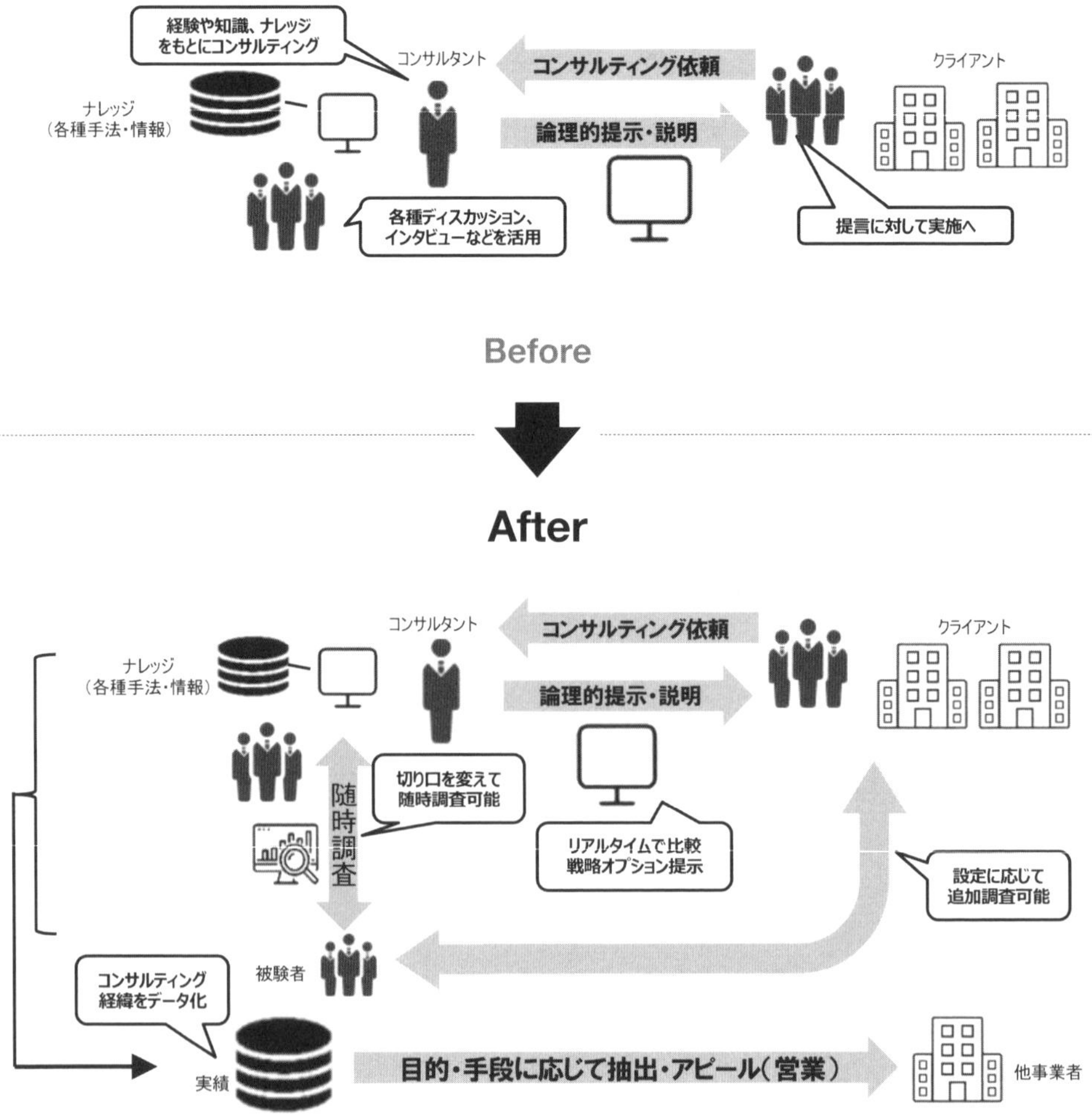

経営コンサルタントは、クライアント事業者の課題（戦略、施策、人・組織など）の認識に基づき、戦略オプションを提示する。その際にはコンサルタントの経験や知識、コンサルティング会社のナレッジ（各種手法・情報）を活用する。

戦略オプション提示のために調査が必要な場合、まずは調査仮説を導出・構築する。その仮説から実査（ウェブアンケート、グループインタビュー、定性調査など）を行い、その結果をまとめる。結果に応じて、クライアント事業者の課題の解決策（提言）を、論理的に整理して、ペーパー（説明資料、報告書）に落とし込む。その提言を提示・説明し、それらに基づいてクライアントは新たな方針で業務を行う。

今後は、そうした旧来型の属人的な手法はもちろんのこと、コンサルティングプロジェクトの経緯を追跡し、その実績をデータベース化し、プロジェクト後のクライアント事業者の戦略の実施結果をデータベース化し、活用していく。

蓄積・分析されたデータは、コンサルティングのスキルを伝達する際にも生かすことができる。また、クライアントが識別できないように、情報を隠すための抽象化を行った上で、サイト上にも情報を掲載して情報発信することなどで、営業活動にも使える。

また、プロジェクトの経緯とクライアントの実施結果がパターン化されることにより、関連する成功事例（または失敗事例）がデータベース化されて紐付けされる。これにより、その後のプロジェクトにおいて、戦略オプション別に、次の予測も定量的に提示できるようになる。

さらに、戦略オプションから具体的な施策を導出する際には、デプスインタビュー（対象者とモデレーターが1対1でより深くインタビューする定性調査手法）やエスノグラフィー（人々の活動現場を観察し、明確には認識・言語化されていないニーズを洞察・発見する定性調査手法）などの定性調査から、オープンデータ（行政の統計、匿名加工されたPOSデータ、SNSアンケートなど）のような定量調査を疑似的に行い、よりリアルタイムに近い情報収集が可能になり、「気付き」を与える。また、クライアント事業者が自ら追加調査を設定・実施することもできるので、より深掘りした調査が可能になる。

これらの結果全体もデータベース化され、次のコンサルティングプロジェクト、セールス、マーケティングに生かされる。

新・顧客戦略のポイント

〔経営コンサルティング〕

- コンサルタントの属人的ナレッジに加え、各種実績データをスキル化して活用
- デプスインタビューなどからリアルタイムに近い情報収集とデザインシンキングへ

［セミナー・講演］

受講者の興味をAIが予測 講師発掘などのマッチングも精緻化

リアルタイムマッチング	コラボレーション／シェアリング	IoT／セルフ化による自動化	パーソナライズ／カスタマイゼーション	ダイナミックな需要予測／プライシング
MR化／ライブ化	OMOのレコメンデーション	XaaS	X-Tech	スコアリング／信用価値算定
アバター／エージェント化	マルチデバイス化	シームレス決済	スマートミラー活用	スマートシティ化

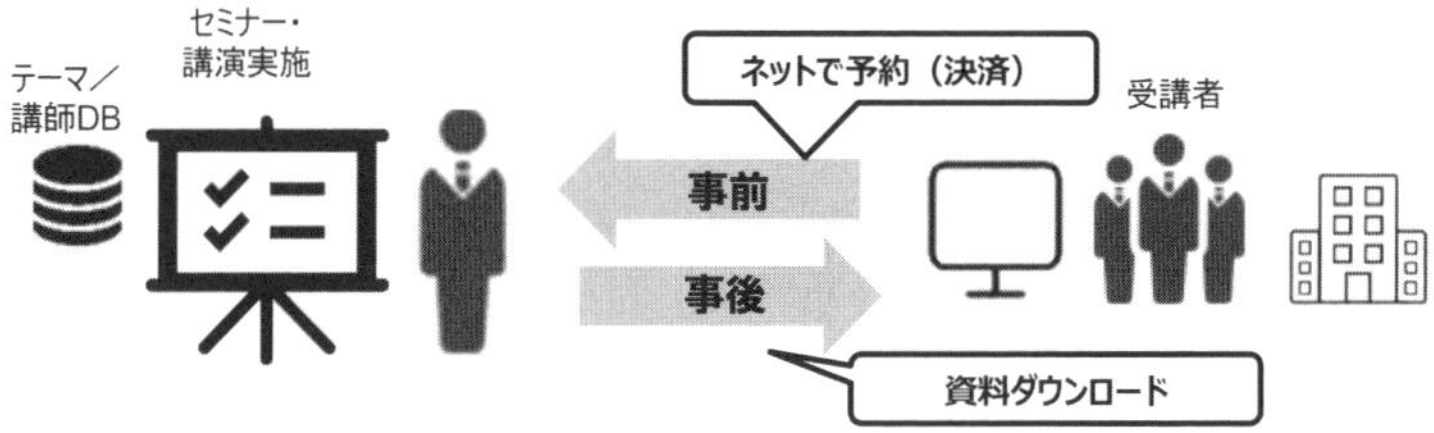

Before

After

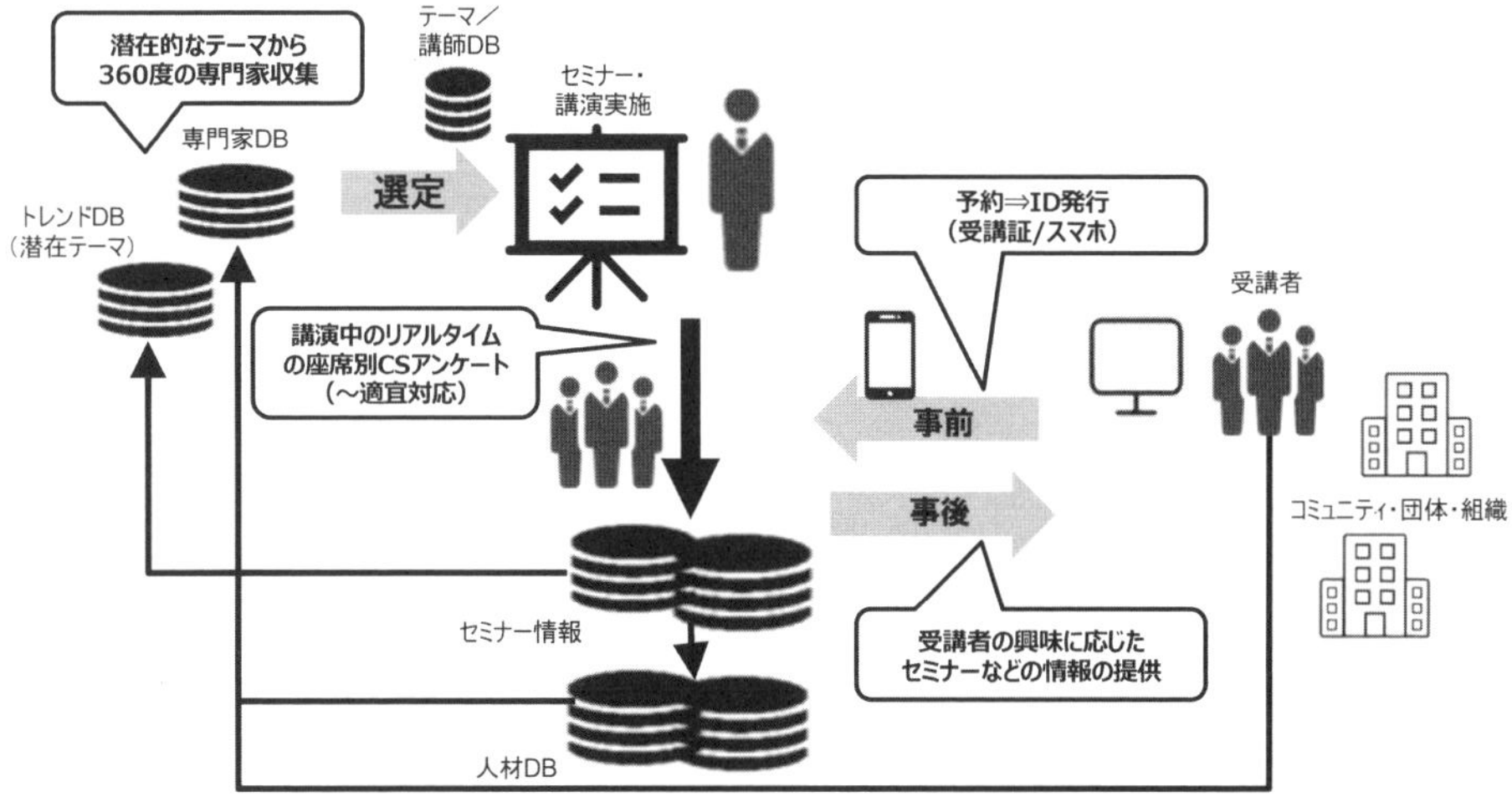

セミナー会社は、セミナー・講演の講師や内容を売り物にし、過去の受講者や告知サイトの訪問者などに向けてプロモーションを行っている。セミナー・講演情報はインターネット上に散在し、受講希望者はサイトから予約を行うことができる。

また、当日および後日にインターネットでの配信も行える。セミナーの終了後には、受講者はセミナー・講演資料をダウンロードすることもできるようになっている。

今後は、受講証はスマホ上で発行されるID（QRコード）になり、セルフ受付によるペーパーレス化が進展する。これにより受付での待ち時間を減らすことができ、セミナー会社側も自動的に集計管理し、分析することができる。

受講中は、ビーコンなどによる位置情報の追跡により、IDと座席をリンクさせることができる。セミナー講師は受講者に対して、スマートフォン上でリアルタイムなCSアンケートを行うことができ、タブレットで属性などとともに反応を確認できる。講師は、CSアンケートの状況に応じて、レクチャー内容を適宜変えることもできる。

セミナー終了後、セミナー会社は、受講者の受講歴や座席別のCS結果によって、受講者の特性を調べ、興味がありそうなセミナーなどの情報を提供していくことができる。また、受講者側は、自分の知りたい情報を得ることで、単発のセミナーに終わらない知見とつながりを得ることができ、他社と連携したマイページでも確認できる。

こうしたセミナー会社のプロモーションは、今後ＡＩの活用によって、さらに精緻化するだろう。講師・内容の告知や関係者へのターゲッティングのみならず、各種データから受講の予測ができ、興味のありそうなテーマのコミュニティ・団体・組織への訴求がしやすくなる。また、期待されているテーマの講師を集める際には、埋もれた専門家の情報も適宜生成される専門家データベース（受講者なども含む）から収集し、選定することになる。

さらには、専門分野や相性の合う講師と受講者、受講者同士などのマッチングの場を提供したり、それらの場をＡＲ化したりするなど、新しいサービスの提供にもつながる。

新・顧客戦略のポイント

〔セミナー・講演〕

- 講演中に受講者へリアルタイムアンケートで内容を調整
- 「受けそうな内容」をＡＩが予測してマッチングし、新たなサービス提供へ

［公共サービス（社会保障、税務）］

同意を得た個人に紐付くデータも活用 社会的コストを下げて「安全・安心」に

リアルタイムマッチング	**コラボレーション／シェアリング**	**IoT／セルフ化による自動化**	パーソナライズ／カスタマイゼーション	ダイナミックな需要予測／プライシング
MR化／ライブ化	OMOのレコメンデーション	XaaS	**X-Tech**	スコアリング／信用価値算定
アバター／エージェント化	マルチデバイス化	シームレス決済	スマートミラー活用	スマートシティ化

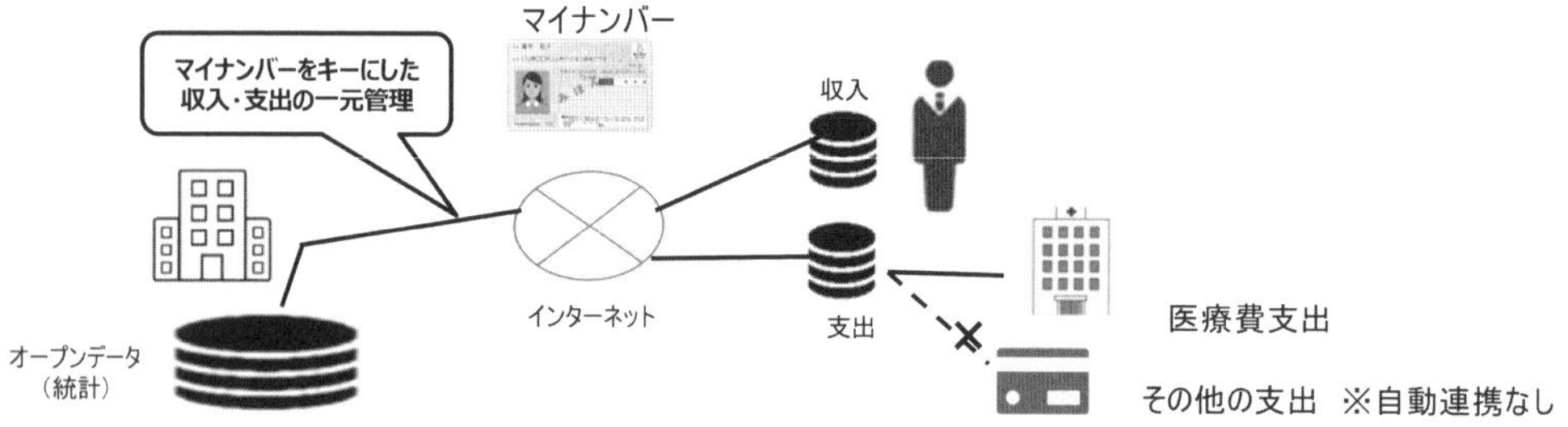

Before

After

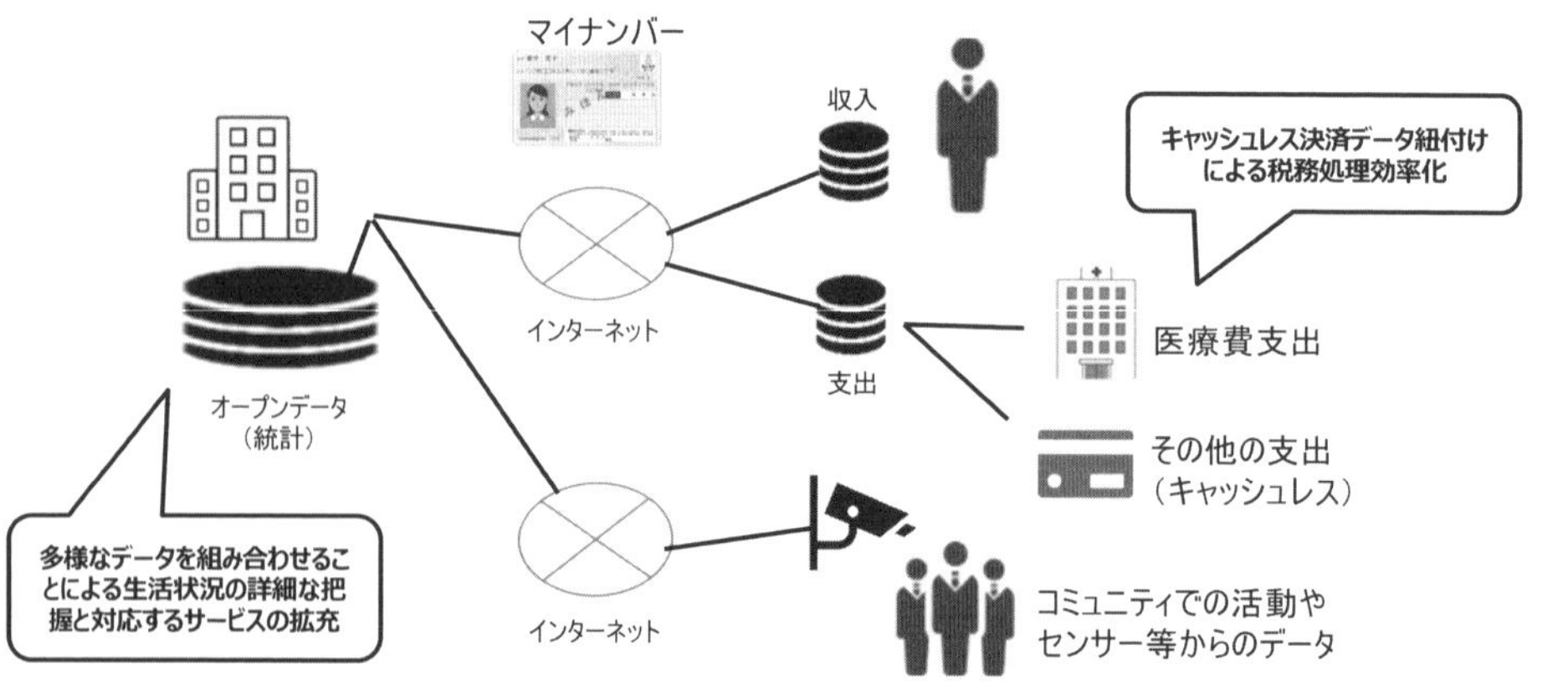

社会保障、税金、災害対策の分野では、マイナンバーに紐付けた行政のデータ管理が開始されており、手続きの簡便化および効率化が図られている。2021年3月からは、マイナンバーカードを健康保険証として利用できるようになり、医療費控除の申請を自動化できるようになる見込みである。このように個人向けの行政サービスについては、マイナンバーカードの活用を軸にデータ活用が進む。

加えて、インフラなどに設置されたセンサーなどから、老朽化の兆候を把握するなど、個人と紐付かないデータをマクロ的な行政運営に活用する動きも広がっている。

また、これらも含めて、観光、文化財、医療、子育て、介護だけでなく、緊急、消防、公衆などの関連データを集計してオープン化し、住民・民間事業者などに提供している。

今後は、徴税や社会保障関連サービスの効率化に向けて、データ管理・活用を図る動きは継続的に拡大していく。

その中でも、キャッシュレス決済の情報を個人と紐付けて行政と連携することは、様々な行政サービスの拡充に効果が大きいと考えられる。

韓国においては、消費者のキャッシュレス決済時には、現金利用時に比べて減税となる施策が既に実施されている。これは、決済データがカード会社から行政に連携されることで、店舗の売上を正確に把握して脱税を防ぐため、というのが主目的である。

一方、日本においては、健康増進や防災につながる消費を行った際に、一定の減税を行うことなど、社会的に望ましい決済、ひいては消費行動を促すための活用が期待される。また、決済や預貯金の引き出し内容から詐欺に巻き込まれていることを検知するといった活用も、その担い手が行政になるかはともかく、有効であると考えられる。行政が情報提供しているオープンデータとして、これらの統計データも加えられていくであろう。

また、決済データに限らず、家庭のセンサーやスマートフォン利用状況などの個人に紐付くミクロなデータを、同意を得たうえで公共にも共有することで、サービスの品質を高めることも可能である。家庭に設置されたカメラデータを活用して高齢者の健康状態を自動的に把握したり、運転データによる認知証を自動的に診断したりするなど、1人ひとりの生活者が置かれた状態を自動的に把握することが可能だ。必要に応じて行政の担当者に自動的にアラートを出す仕組み（ガブテック）は、見回りなどにかかる社会的コストを低減させ、今後もさらに進む高齢化社会における安全安心に寄与すると考えられる。

一方で、こうした個人に紐付いたデータの取扱には、相当の投資や技術・ノウハウが必要となり、かつデータも民間事業者に蓄積されている内容も多いため、行政と民間事業者などの共同でのデータ利活用（コラボレーション）基盤の運用が必要になる可能性が高い。その際には、中立性や公正性を担保するルール作りや、社会的な認知を継続的に図っていくことが必要になる。従って、公共サービスとしてのデータベースマーケティングは進むが、中立性や公正性の調整が難しくなり、この調整の最適解を見つけるためにもＡＩが活用されていくであろう。

新・顧客戦略のポイント

〔公共サービス（社会保障、税務）〕

- 多様なデータによる生活状況の把握と対応するサービスの拡充
- キャッシュレス決済データの紐付けによる税務処理や社会保障業務の効率化

PART

4

機能別ソリューション

〔商品企画・開発〕

優秀な開発担当者の不足をAIが補う 3Dプリンターで商品化のスピードアップ

リアルタイムマッチング	コラボレーション／シェアリング	IoT／セルフ化による自動化	パーソナライズ／カスタマイゼーション	ダイナミックな需要予測／プライシング
MR化／ライブ化	OMOのレコメンデーション	XaaS	X-Tech	スコアリング／信用価値算定
アバター／エージェント化	マルチデバイス化	シームレス決済	スマートミラー活用	スマートシティ化

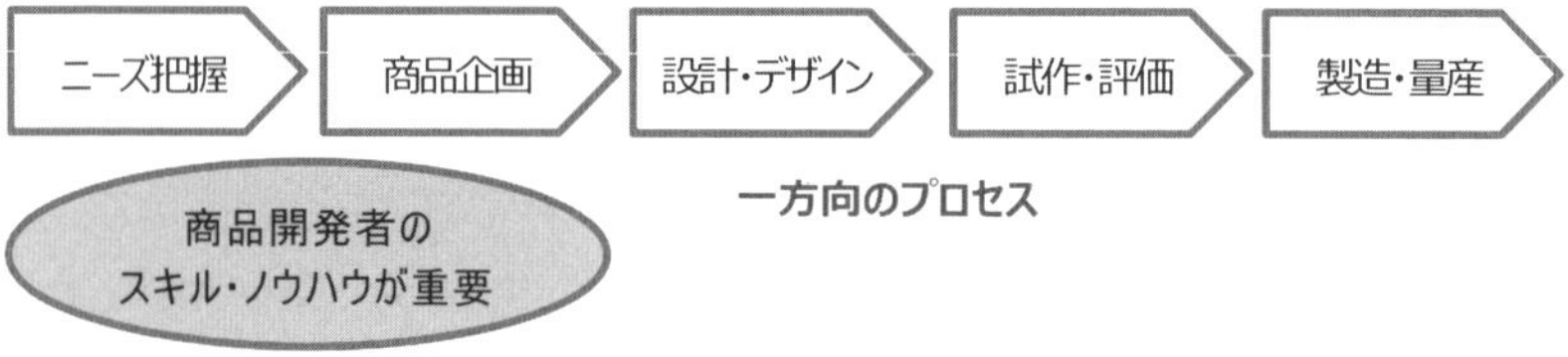

Before

After

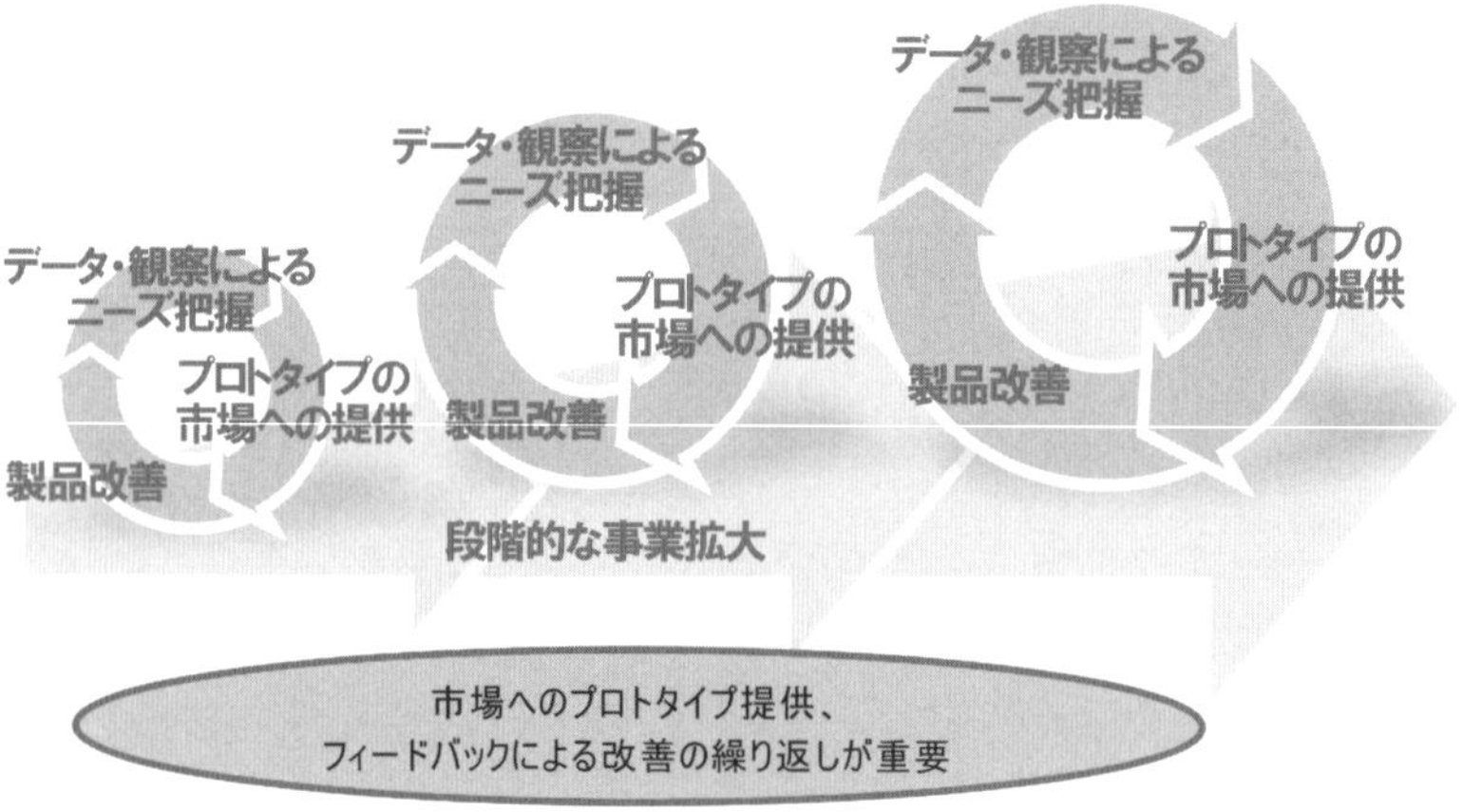

これまでの商品開発では、市場調査、試作品開発、アンケートやインタビューといった定性調査と、過去の売上などの定量情報をもとに、開発担当者が製品・商品を企画・開発してきた。ただ、市場調査では、消費者自身が認識している考えやニーズしか把握できないという限界がある。そのため、「目利き」の能力がある開発担当者の役割はまだまだ大きい。

優秀な開発担当者の数は限られている。今後はAIを用いることで、これまでは調査スキルやノウハウを持った人材にしかできなかった「目利き」に基づいた商品開発に、どのような人材でも広く対応できるようになっていく。例えば、購買データなどの様々なマーケティングデータをAIによって自動分析し、定量的な分析を分かりやすく提示することに加え、利用者へのインタビュー結果のテキストマイニング、店頭観察時の表情分析を行うことで、クラスタに合った潜在的な顧客ニーズの仮説候補をAIが提示し、商品開発担当者に気づきを与える支援を行える。

また、デザイン思考の発想支援も広まっていく。例えば、エスノグラフィー（人々の活動現場を観察し、明確には認識・言語化されていないニーズを洞察・発見する定性調査手法）などによって開発者が構築した仮説から、3Dプリンターによるプロトタイプを作成する。

さらに、VR／ARを用いた商品イメージを消費者に提示することで、仮説に基づいた商品案について、消費者からのリアルタイムに近いフィードバック（反応）を受けて改善を行う。

これらを迅速に繰り返すことで、商品の完成度を上げるための工程をスピードアップできるようになっていく。

さらに、これらの過程や結果のデータが貯まっていくことにより、企画・開発および改善の過程がスパイラルに進化して、マーケティング含む一連の過程において、人が考える部分以外の自動化が進み、消費者にヒットする成功確率がより高くなっていく。

新・顧客戦略のポイント

［商品企画・開発］

- 潜在的な顧客ニーズの仮説候補をＡＩが提示して気づきを支援
- ＶＲ／ＡＲで商品を提示し、リアルタイムに近いフィードバックを収集して改善

［物流］

AIで分析して「ヒヤリハット」の事故防止 人手不足対策の自動運転化も進む

リアルタイムマッチング	コラボレーション／シェアリング	**IoT／セルフ化による自動化**	**パーソナライズ／カスタマイゼーション**	ダイナミックな需要予測／プライシング
MR化／ライブ化	OMOのレコメンデーション	**XaaS**	X-Tech	**スコアリング／信用価値算定**
アバター／エージェント化	マルチデバイス化	シームレス決済	スマートミラー活用	スマートシティ化

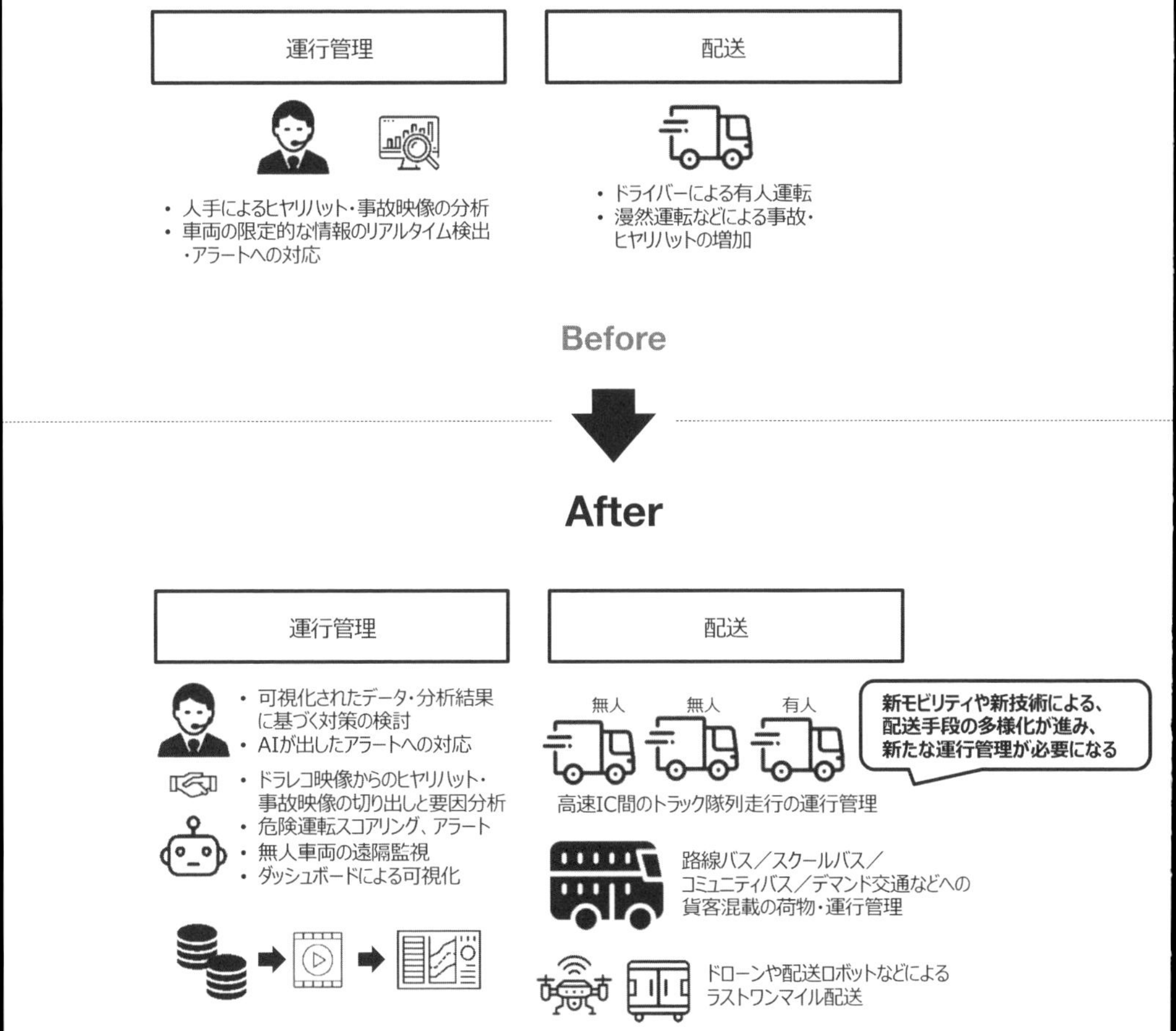
運行管理
配送
・人手によるヒヤリハット・事故映像の分析
・車両の限定的な情報のリアルタイム検出・アラートへの対応
・ドライバーによる有人運転
・漫然運転などによる事故・ヒヤリハットの増加
Before
After
運行管理
配送
・可視化されたデータ・分析結果に基づく対策の検討
・AIが出したアラートへの対応
・ドラレコ映像からのヒヤリハット・事故映像の切り出しと要因分析
・危険運転スコアリング、アラート
・無人車両の遠隔監視
・ダッシュボードによる可視化
無人
無人
有人
新モビリティや新技術による、配送手段の多様化が進み、新たな運行管理が必要になる
高速IC間のトラック隊列走行の運行管理
路線バス／スクールバス／コミュニティバス／デマンド交通などへの貨客混載の荷物・運行管理
ドローンや配送ロボットなどによるラストワンマイル配送

近年、トラックやバスなどの自動運転化を試みる実証実験が各地で行われている。しかし、レベル5の完全無人化を実現する自動運転技術が普及するまでには、まだ時間を要すると想定され、当面の間はドライバーや保安員などの人手が必要になると言われている。

これらの技術が普及するまでは、従来通り人手をかけて業務を行う必要があるため、人的ミスによる事故率の減少、事故確率の低減、安全意識の向上などを目的に事故が起きる前のヒヤリハットを検知・情報収集し、原因特定と対策を打つことが必要になる。その情報収集は現在、ドライブレコーダーの動画確認やドライバーへの聴取など、人手により行われている。

物流業界では、人手不足を背景にドライバー1人ひとりの負担が増え、健康状態に起因する事故発生件数が上昇傾向にあった。安全走行に向けた解決の方向性としては、実際に起きた事故や、事故は起こらなかったものの起きる可能性があったヒヤリハットの原因を分析し、対策を講じるほか、今後は、隊列走行などによる自動運転化による人手不足対策も行っていくことになる。

例えば、日立物流では、AIを活用することによってヒヤリハットを自動で検知し、対策を行う。具体的には、ドライブレコーダーの動画からヒヤリハット場面をAIが自動的に切り出して危険運転挙動のスコアリングを行い、ドライバーのリアルタイムな健康状態やバイタルデータと紐付けることにより、ヒヤリハットの要因分類や運行管理者への通知などを自動化している。

また、石油大手のロイヤル・ダッチ・シェルは、法人向けフリートマネジメントサービス（企業が事業に用いる車両、航空機、船舶の集まり全般を管理するサービス）の「Shell Fitcar」により、車両のOBDポート（車載式故障診断装置を接続するポート）へのデバイス装着により、車両位置、走行距離、運転時間、運転の仕方、燃料残量・燃費効率、車両内部の部品の状態などをリアルタイムにダッシュボード形式で可視化するサービスを提供している。

これにより、ドライバーのパーソナルな日報業務の軽減に加え、車両に不具合が発生する前の整備のアラート出しや、ドライバーの運転傾向の分析から運転アドバイスを行うことも可能になる。

これらが進化すると、AIやIoTデバイスによるフリート管理の高度化が進めば、車両やドライバーの状況のリアルタイム確認、ヒヤリハットの情報収集はAIにほぼ任せ、運行管理者はその対策の実行に専念するといった役割分担がされるようになるであろう。

さらに、既存のドライバーによる運行は、高速道路におけるトラック隊列走行が実用化され、1人のドライバーが無人システムを積んだ複数台のトラックを誘導することで、より多くの荷物が運べるようになり、中長期的には、完全自動運転化による人手不足の解消が目指される。

また、国土交通省の規制緩和の動きを背景に、従来の路線バスや、自動運転バス、デマンド交通などの新たなモビリティサービスに荷物の配送機能を融合した貨客混載型のサービスを実施（ＭａａＳで対応）することも可能になる。また、配送ロボットと連携し、ラストワンマイルの配送も効率化が進む。

このように、バリューチェーン上の業務プロセスがリアルタイムで効率的に管理されるようになることで、余計な手間が削減されるとともに、自動運転などの新技術によって、物流の形態は今までとは異なっていくだろう。

新・顧客戦略のポイント

〔物流〕

- 新モビリティや新技術による、配送手段の多様化が進展
- ドローンや配送ロボットなどを使ったラストワンマイル配送へ

〔販売企画・検証〕

顧客・棚割り・商品のIDを紐付け プロモーションを最適化

リアルタイムマッチング	コラボレーション／シェアリング	IoT／セルフ化による自動化	パーソナライズ／カスタマイゼーション	ダイナミックな需要予測／プライシング
MR化／ライブ化	OMOのレコメンデーション	XaaS	X-Tech	スコアリング／信用価値算定
アバター／エージェント化	マルチデバイス化	シームレス決済	スマートミラー活用	スマートシティ化

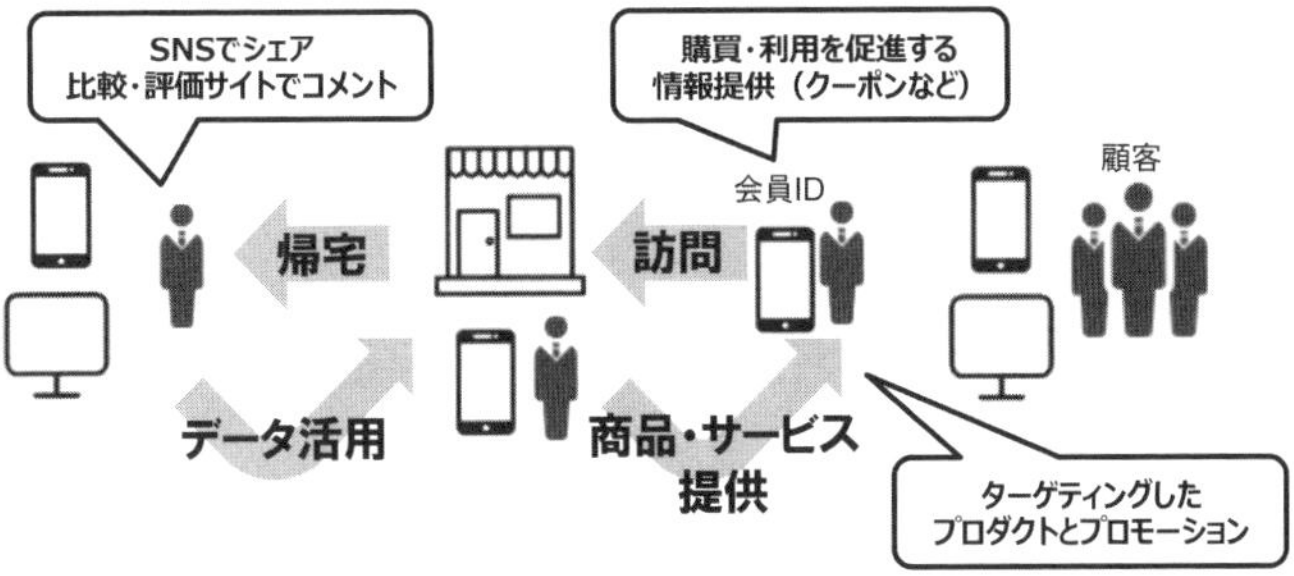

Before

After

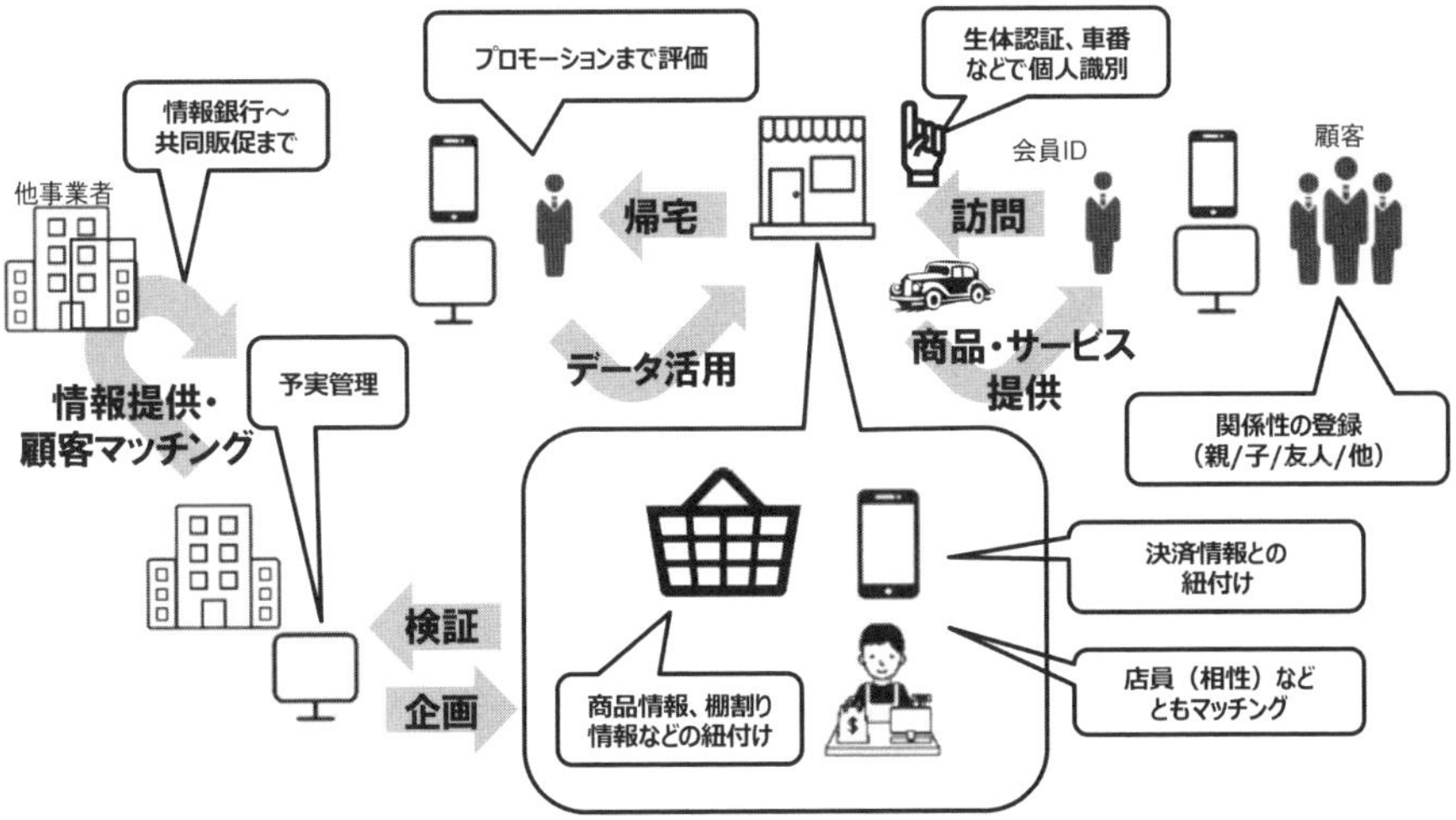

顧客ＩＤをマーケティングに活用することは、今やあらゆるビジネスにとって常識である。個人の属性情報のみならず、消費行動の情報などを採取し、ＳＮＳ上の情報なども踏まえて、顧客セグメント別のターゲットに見合う商品・サービスを開発し、適切なチャネル（店舗など）・価格で提供していく。それが販売企画の基本である。

今後は、顧客ＩＤと紐付けられる識別情報はさらに広がっていく。キャッシュレスで決済した場合の情報、顔や指紋などの生体認証情報、移動時の情報（車のナンバープレート、座席番号）、家族・友人・同伴者に関する情報、店舗に設置されたカメラで識別される移動場所（店外看板～店内まで）、商品・サービス購入時の閲覧商品（店内什器、商品棚割りなど）、購入商品に紐付く嗜好（商品ＤＮＡ）なども個人の顧客ＩＤと紐付けられる。つまり、顧客ＩＤ、棚割りＩＤ、商品ＩＤを紐付けることで、販売企画を自動的に最適化していくことができる。

さらには、例えば、プロモーション施策とプロモーション費用の予算・実績などまで紐付けて、リアルタイムに近い状態（実際はデイリー程度）で分析・検証し、翌日には商品・サービスの需要から販売企画に反映させることができる、これらの一連の流れを各々のＩＤでトレースし、「どの施策がどういう結果になったか」の事例を作り上げていくことで、次の販売企画に活用することができる。

また、購入経路～購入時の決済情報を紐付けることにより、決済に至らなかった「Voice of

No Customer（買わない人の声）」の分析・評価も可能になる。

これらの検証結果をもとに、カスタマーエクスペリエンス（顧客体験）に合った個人向け訴求ツール、店員（従業員ID）との相性などとマッチングさせる。また、事業者は「属性〜行動〜関係性」の情報をもとに販売企画のPDCAを回し、販売企画の検証（評価・改善）まで実施することができる。

さらには、顧客の同意を得て情報の共有ができれば、それらの検証情報を活用したい別事業者への提供も行える。各々の事業者が連携することにより「情報銀行」を実現することにもつながる。顧客から行動履歴（購買情報など）を託され、顧客にメリットのある他事業者とマッチングすることによって、共同の販売企画も行える。

新・顧客戦略のポイント

〔販売企画・検証〕

- 顧客IDと紐付けられる識別情報が広がり、プロモーションを最適化
- 「Voice of No Customer（買わない人の声）」の分析・評価も可能に

〔広告制作〕

広告コピーをAIが作成 ユーザー別に最適の訴求案を提示

リアルタイムマッチング	コラボレーション／シェアリング	IoT／セルフ化による自動化	パーソナライズ／カスタマイゼーション	ダイナミックな需要予測／プライシング
MR化／ライブ化	OMOのレコメンデーション	XaaS	X-Tech	スコアリング／信用価値算定
アバター／エージェント化	マルチデバイス化	シームレス決済	スマートミラー活用	スマートシティ化

ターゲット調査・ペルソナ設定
広告クリエイティブ制作・編集
出稿
効果分析
広告改善
常に新しい広告を打ち続けなければ、高い広告効果が得られなくなってきているが、工数がかかる！
●ターゲティング広告の進化
●SNSなどの広告展開先の多様化
●広告消費の短命化

Before

After

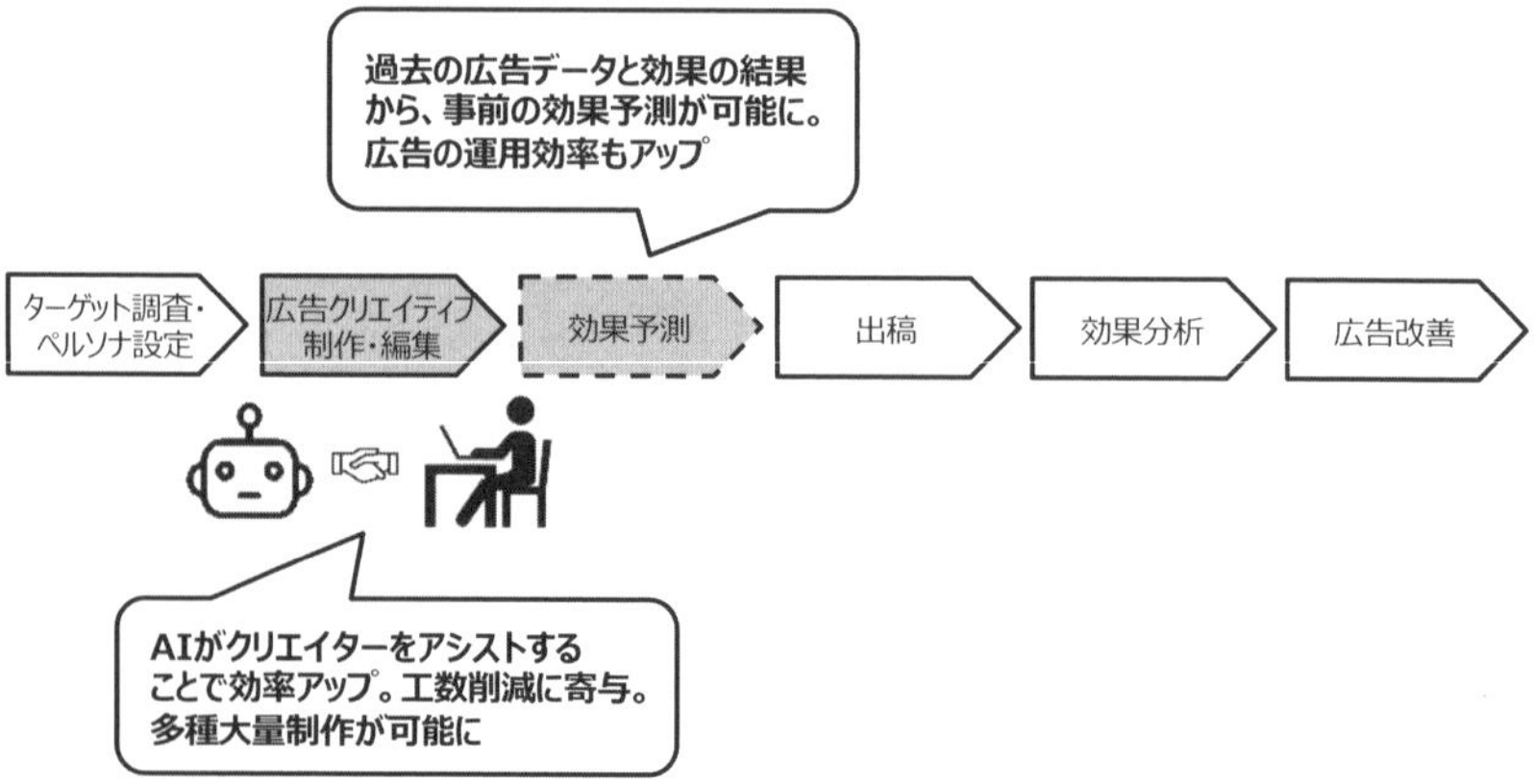

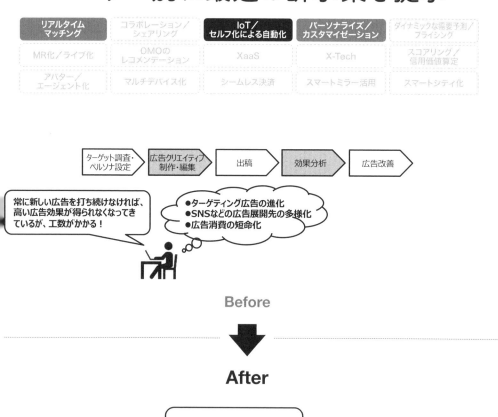

過去の広告データと効果の結果から、事前の効果予測が可能に。広告の運用効率もアップ
ターゲット調査・ペルソナ設定
広告クリエイティブ制作・編集
効果予測
出稿
効果分析
広告改善
AIがクリエイターをアシストすることで効率アップ。工数削減に寄与。多種大量制作が可能に

広告業界においてもAIが浸透し始めている。特にウェブ広告との親和性は高く、日本国内においても次々とAIによる広告自動化サービスがローンチされている。例えば、従来のウェブ広告においては、広告主が設定したターゲットのペルソナ像をもとに、広告代理店がバナー画像やテキスト、動画広告などの多様な広告表現を活用した広告クリエイティブを作成していた。出稿後は、ABテストなどの効果測定結果からCTR（クリック率）やCVR（コンバージョン率、商品購入・資料請求／会員登録などのアクションにつながった割合）の改善をしていく、といったプロセスが一般的である。

ウェブ広告は、属性や検索履歴などによるターゲティング広告が自動化に近い状態で既に用いられている。一方で、用いられる広告の種類は限定的であり、広告の効果測定は広告を打った後の事後測定に限られている。

また、クリエイティブ画像やコピーなどのテキストは、クリエイターによる手作業で制作されているため、修正や差し替えにも相当な工数がかかっている。

今後は、人が行うクリエイティブ作業をAIツールがアシストし、マッチングさせることで広告クリエイティブの制作・編集にかかっていた工数が大幅に削減され、多種大量制作が当たり前になる。つまり、個別のユーザーに対して、1つひとつ異なる広告表現を作成することがより手軽になり、広告の見せ方も個別にカスタマイズすることが可能になる。例えば、広告画像については、白黒やイラスト調への変換などの画風編集、広告画像内の人物の姿勢を検出し、姿勢の似ている別の人物画像を検索して自動で差し替えるといった、画像内の部分的な差し替え、レイヤーごとに新しいデザイン要素が追加された際の最適配置の予測・提案など、AIアシスト機能の活用により、広告制作がより効率的に行われるようになる。

また、広告画像や動画と合わせて用いられるテキスト文案についても、AIが画像や動画から広告の意図を読み取り、ターゲットに訴求する適切なコピー案を提案することが可能になる。具体的には、ECサイトの商品タイトルから検索キーワードとなるタグの自動生成を行い、ウェブページを対象とした検索連動型広告のタイトル記述の自動生成を行うことができる。こうしたAIアシストにより、より効率的な制作体制の構築や、新たな表現手段による高い広告効果が実現される。

さらに、広告の効果測定についても、広告配信前に各クリエイティブのCTRなどの主要指標を動的に予測して広告品質を評価し、適切な入稿対象の選択をすることで、広告運用実績の改善も可能になる。

なお、将来的には、広告そのものをAIが制作するといったことも考えられる。例えば、広告におけるAI活用の事例として、2018年下期に米バーガーキングが実施した実験プロジェクト「Agency of Robot（AOR）」を紹介しておく。このプロジェクトは、従来の

「Agency of Record（広告主の指名代理店）」から「Agency of Robots（ロボット代理店）」への移行を意味し、数千ものファストフードのCM動画や広告のレポートをAIに読み込ませCM映像に合うスクリプトを作らせている。出来上がったCM動画は、AIが制作して公開された世界初のCMとなったが、その悲惨な仕上がりには、人とAIが協調する必要性を改めて感じさせられるものであった。しかし、近い将来には、AIがアシストできる範囲や精度は向上し、よりスムーズな仕上がりに近づいていくと考えられる。

新・顧客戦略のポイント

〔広告制作〕

- AIがクリエイターをアシストし、効率アップと多種大量制作が可能に
- 広告そのものをAIが制作することも増加し、精度も徐々に向上

〔販売促進〕

リアルとデジタルの境界が消失 あらゆる顧客接点がプロモーションの場に

リアルタイムマッチング	コラボレーション／シェアリング	IoT／セルフ化による自動化	パーソナライズ／カスタマイゼーション	ダイナミックな需要予測／プライシング
MR化／ライブ化	OMOのレコメンデーション	XaaS	X-Tech	スコアリング／信用価値算定
アバター／エージェント化	マルチデバイス化	シームレス決済	スマートミラー活用	スマートシティ化

ウェブを通じたプロモーション / 購買行動
リアル接点でのプロモーション / 購買行動
ウェブ/リアルでそれぞれ
データ取得・販促を実施

Before

After

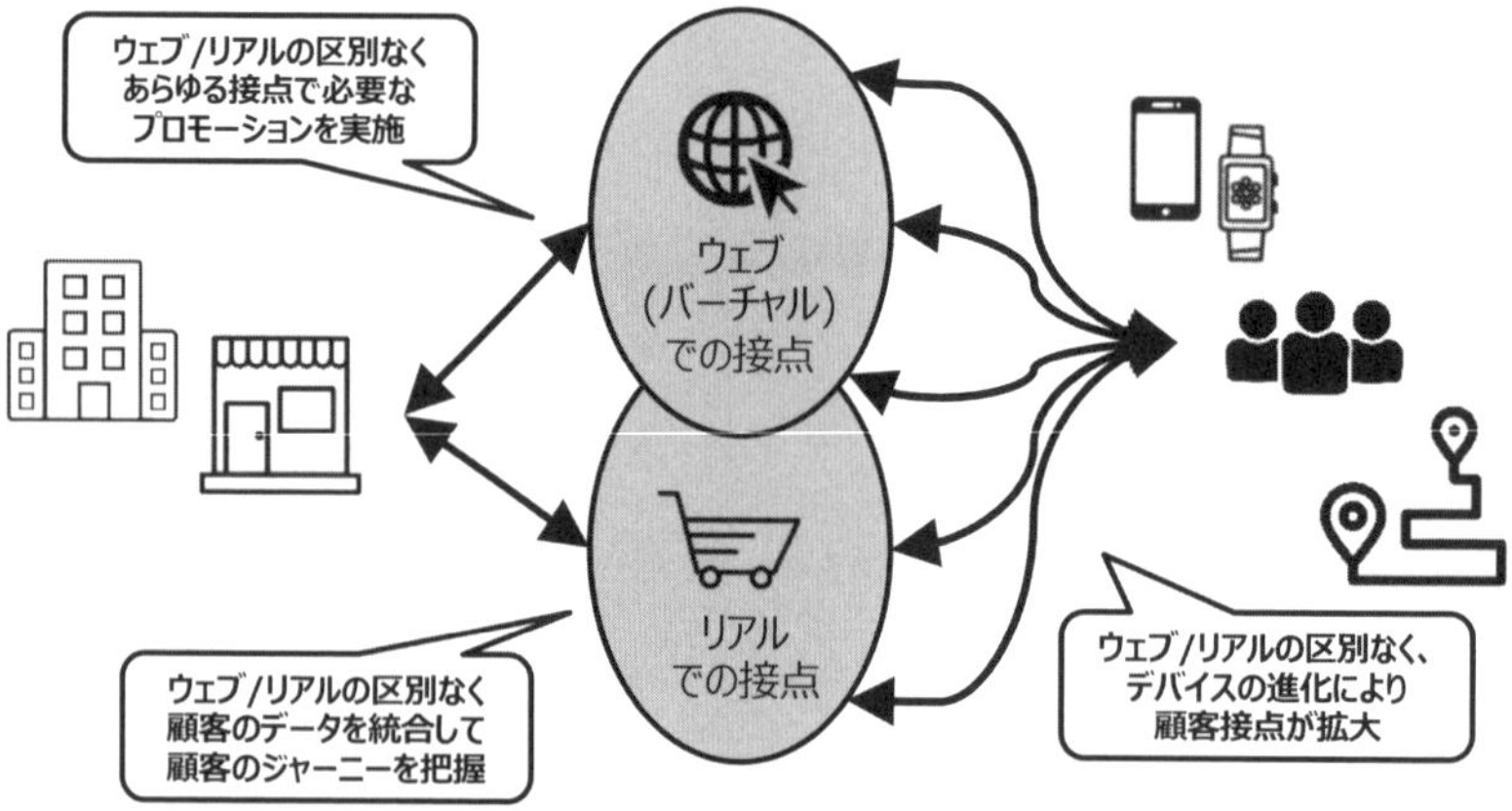
ウェブ/リアルの区別なく
あらゆる接点で必要な
プロモーションを実施
ウェブ
(バーチャル)
での接点
リアル
での接点
ウェブ/リアルの区別なく
顧客のデータを統合して
顧客のジャーニーを把握
ウェブ/リアルの区別なく、
デバイスの進化により
顧客接点が拡大

商品の販売促進は、顧客をより個別具体的に識別する流れが続いてきた。顧客の区別を行わないマスプロモーションに始まり、性別や年代などのデモグラフィックデータ、行動学的属性、心理的属性で顧客をセグメントして捉えるようになり、さらに個々の顧客をIDで識別あるいは推定するOne to Oneでのプロモーションが行われるようになった。

加えてGAFA（グーグル、アマゾン、フェイスブック、アップル）やBATH（百度、アリババ、テンセント、ファーウェイ）のようなビッグテックや、データプラットフォーマーとも呼べる企業を中心に、個人の属性情報や、種々の行動履歴（検索履歴や購入履歴、投稿履歴や移動履歴など）といったオンライン上で取得できるデータを活用して、One to Oneのターゲティング広告や商品のレコメンドなど、主にオンライン上のプロモーションが個別に最適化される形で行われるようになった。

スマートフォンやタブレットなどのデジタルデバイスは、既に生活のあらゆるシーンに溶け込んでいる。今後は、消費者がほとんど常時インターネットに接続している5G通信の世界では、O2Oから進化したOMOの概念で説明されるように、リアルとデジタルの境界線の意味が限りなく消失し、あらゆる顧客接点がプロモーションや商品・サービス販売の場になる。

プラットフォーマーは、個々人の様々な情報を統合し、顧客のLTV（ライフタイムバリュー）を最大化するべく、様々なシーンで適切にプロモーションを打つことが可能になる。例えば、商品やサービスの購入に迷っている段階では、リアル店舗に訪れた際にすかさずクーポンを配信したり、ECサイトでレコメンドを出したりすることができる。購買のもう少し前の段階で商品認知を高めたい場合には、友人の口コミやニュース、あるいはリアル店舗での商品説明などで目につくようにプロモーションすることが可能になる。

これにより、取得できる情報の幅も広がり、例えば5Gによる大容量・低レイテンシ(応答が早いこと)の通信を活用して、ウェアラブル端末のバイタル情報(体温変化や心拍数など)やスマートフォンで収集できる環境情報(周囲の雑音や移動情報など)から消費者が置かれた状況や心理状態を推定し、適切なプロモーションを出し分ける、といった取り組みも可能となる。

いずれにしろ、プロモーションの高度化のため、顧客をより深く理解するべく、顧客接点を増やして、取得できる情報の質・量ともに向上させ、統合していく取り組みが必須となる。これらの統合された情報を活用し、個人の状況(気分の良し悪しなど)に合ったタイミングで、個人に合ったコンテンツ(知りたい情報、気分転換できる情報など)を提供していくことが重要である。

個人の身につけるデバイス(スマホ、タブレット、ウェアラブルメガネなど)や、目に付くコミュニケーションツール(電子掲示板、デジタルサイネージ、トレインチャンネルなど)、つまり個人に合った顧客接点（リアル、バーチャル両方の接点）において提供していくことで、顧客側の満足度が上がる販売促進が可能になっていく。

新・顧客戦略のポイント

〔販売促進〕

- ウェブ／リアルの区別なく、あらゆる接点で必要なプロモーションを実施
- ウェブ／リアルの区別なく、顧客のデータを統合して顧客のジャーニーを把握

［ポイント・クーポン・決済］

最適の支払い手段を自動選択 SNS上の仮想通貨での決済も可能に

リアルタイムマッチング	コラボレーション／シェアリング	IoT／セルフ化による自動化	パーソナライズ／カスタマイゼーション	ダイナミックな需要予測／プライシング
MR化／ライブ化	OMOのレコメンデーション	XaaS	X-Tech	スコアリング／信用価値算定
アバター／エージェント化	マルチデバイス化	シームレス決済	スマートミラー活用	スマートシティ化

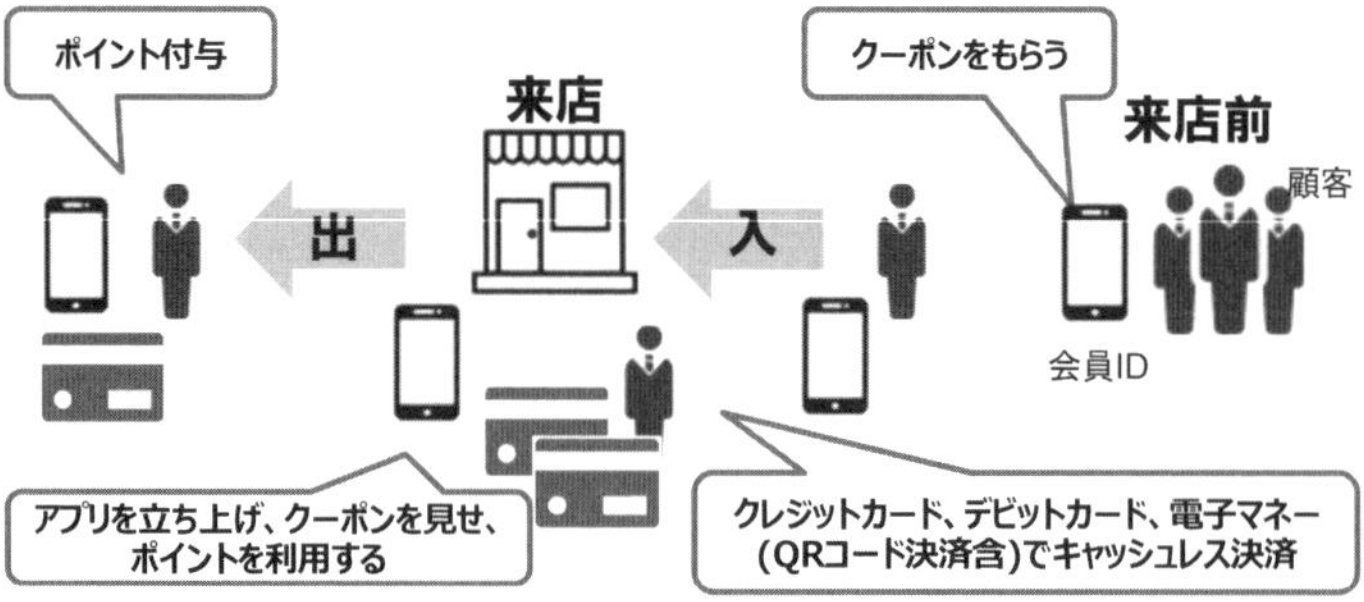

Before

After

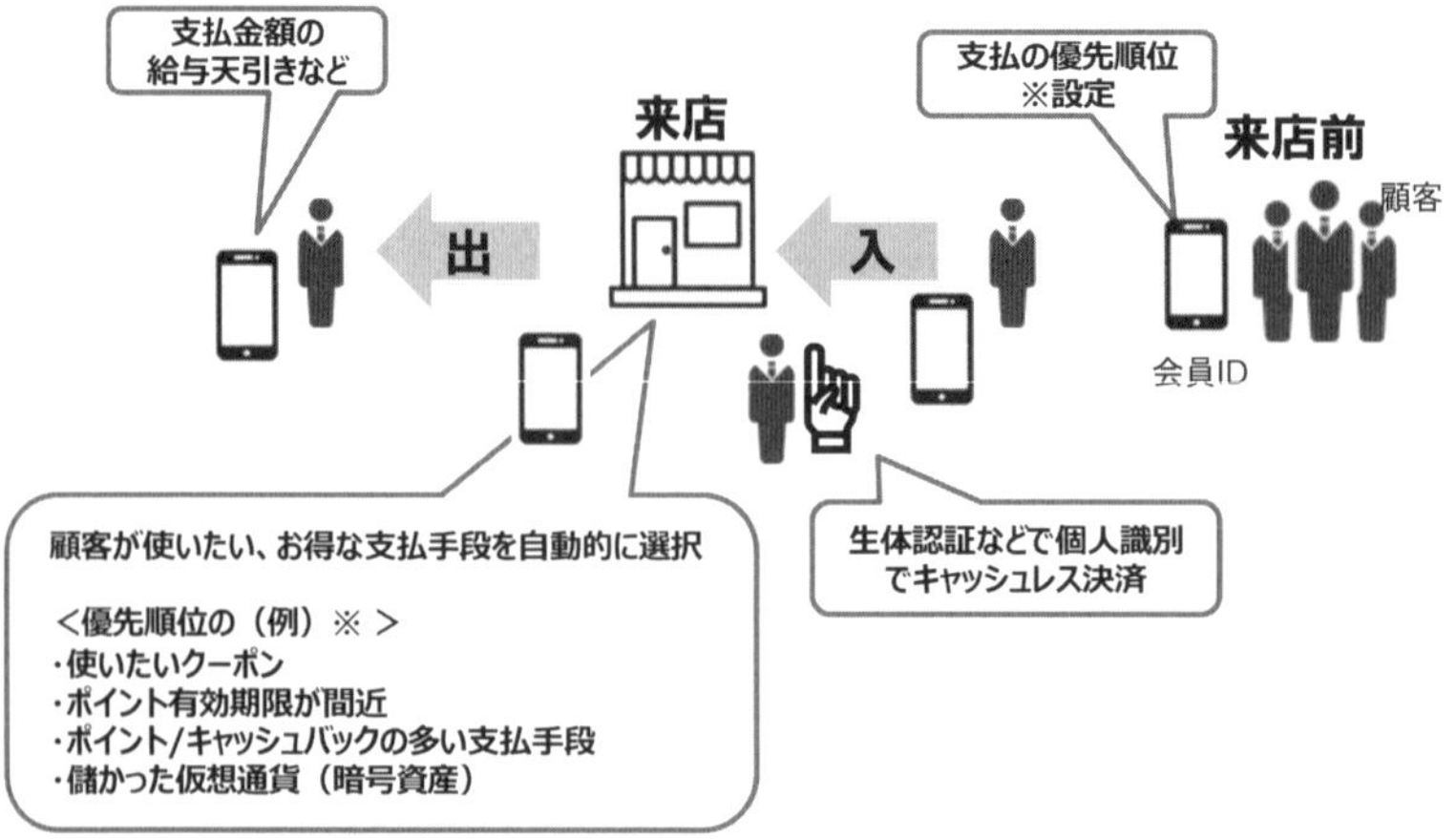

日本においても、政府のキャッシュレスポイント還元、マイナポイント導入などにより、キャッシュレス化が進展してきた。クレジットカード、デビットカード、電子マネーの非接触ＩＣカード、およびＱＲコード（バーコード）による支払いが一般化している。また、決済時のインセンティブとして、ポイントカードやアプリの提示、クレジットカードなどの決済時に付与されるポイント、事前に取得していたクーポンの割引特典などがある。アプリを立ち上げて提示したり、かざしたり、読み込んでもらうことで手間をかけながらポイントやクーポンを利用できる。

今後は、キャッシュレス決済の手段として、カードや非接触ＩＣ、アプリ上のＱＲコードのみならず、顔や指紋などの生体認証も広がり、キャッシュレス化がより進展する。

また、ユーザーにとって最適な決済手段（スマホに搭載されたおサイフケータイやＱＲコード決済アプリ）を自動的に選択する機能も登場するだろう。

例えば、ＱＲコードに紐付くクレジットカードで支払いを行おうとした際、ポイントが貯まっていたり、有効期限が迫っていれば、先にそのポイントで決済できる上に、リアルタイムで手間なく必要な選択をしてくれる。使いたいクーポンが自動的に取得されて支払いに使われたり、最もポイントが貯まる決済手段を自動的に選択してくれたりするような機能も可能である。

リアルやネット上のキャンペーン情報から、その期間にポイントや残高還元の多い決済手段を自動的に選択して、その都度決済に利用することもできる。還元日時や還元額は、個人の短長期の志向や資金の緊急度合いに応じて、各々顧客が適宜設定できる。決済のみならず、プラットフォーム化された様々なビジネス・サービスの起点となる「スーパーアプリ」化が促進されるはずだ。

さらに、仮想通貨（暗号資産）も決済手段になり得る。仮想通貨は価格変動が激しく、決済に利用されにくいと言われてきたが、価格を安定させるステーブルコインという仮想通貨が開発されている。例えば、ドルと適宜交換して価格変動を小さくするものから、ＡＩの計算に基づいてステーブルコイン側の数量を適宜調整し、ドルとの価格の差分を上下数％以内に抑える手法なども開発されている。ＳＮＳ上での仮想通貨（例：フェイスブックのリブラ）でもステーブルコインが使われるため、これらも決済手段の選択肢に加わっていくだろう。

新・顧客戦略のポイント

〔ポイント・クーポン・決済〕

- 顔や指紋などの生体認証なども広がり、キャッシュレス化がより進展
- 顧客にとっての一番お得な支払い手段や特典を自動的に選択し、スーパーアプリ化

［コールセンター］

フォロー体制が高度化
要望とリソースを最適マッチング

リアルタイムマッチング	コラボレーション／シェアリング	IoT／セルフ化による自動化	パーソナライズ／カスタマイゼーション	ダイナミックな需要予測／プライシング
MR化／ライブ化	OMOのレコメンデーション	XaaS	X-Tech	スコアリング／信用価値算定
アバター／エージェント化	マルチデバイス化	シームレス決済	スマートミラー活用	スマートシティ化

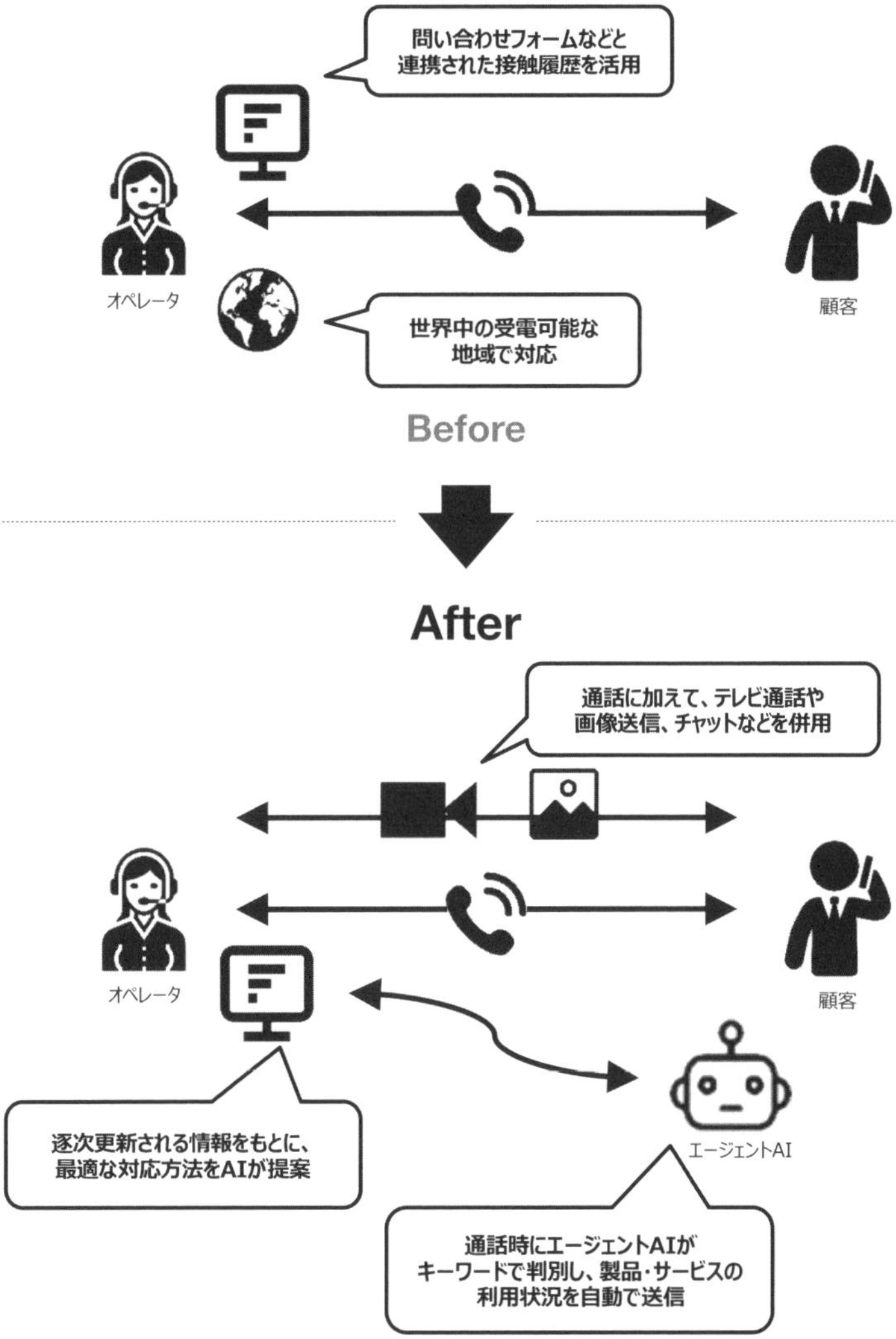
問い合わせフォームなどと連携された接触履歴を活用
オペレータ
顧客
世界中の受電可能な地域で対応
Before
After
通話に加えて、テレビ通話や画像送信、チャットなどを併用
オペレータ
顧客
逐次更新される情報をもとに、最適な対応方法をAIが提案
エージェントAI
通話時にエージェントAIがキーワードで判別し、製品・サービスの利用状況を自動で送信

コールセンターは、顧客と直接会話ができる数少ない接点として重要視されてきた。近年ではオペレーションは高度化され、コールセンターを国内各地のみならず時差のある世界中に分散させ、24時間いつでも、いずれかのコールセンターで対応ができるようになった。また、自動音声応答（IVR）によって、定式化された対応の自動化の取り組みも一般化されてきた。

さらに、顧客の対応情報の管理も進んでおり、過去のコール履歴の記録・連携はもちろん、音声認識で架電者の感情を常に分析し、個人に対して快・不快な応対を随時見極めるといった技術活用も進んでいる。これらの直接会話によって生成された情報はマーケティングに活用される。

今後は、AIや5Gによって、顧客の要望に沿ったフォローの体制を整えるため、人的リソースが最適かつ自動的にマッチングされる。そして、その接点の1つがコールセンターとなる。この貴重な顧客接点であるコールセンターの活用は、いくつかの方向性が考えられる。

1つは、音声による会話に加え、同時に取得できる情報を増やすというアプローチである。既に金融機関などではビデオチャットが活用されているが、ちょっとした相談やクレームでは、遠隔とはいえ対面で会話をするのは少し抵抗感があるという顧客には、他の方法が望ましい。

例えば、スマートフォンで会話しながら写真を撮って送信することは可能である。相談の対象が製品であれば、製品をインターネットに接続し、製品の診断情報をコールと同時に送信するといったことも可能である。もちろん、ＦＡＱ（よくある質問とその回答とを集めたもの）の中から最適なものを顧客に提示することもできる。

また、顧客対応の高度化も進む。コールセンターではインバウンド（受電）の際に自動音声応答装置が一般的に用いられるが、質問に答えつつボタンをプッシュする操作は時間もかかるし煩わしい。そこで、顧客が要件を述べると、音声認識とキーワード抽出を行い、適切な担当者へつないだり、製品の購入履歴やウェブの閲覧情報などと組み合わせて顧客の架電目的を推定し、適切な担当者につないでしまう、といった取り組みが行われる。

なお、コールセンターの適切な担当者には、専門的に働いている人はもちろん、産休や育休中だが一時的に働きたい人、ダブルワークやトリプルワークで働きたい人などの活用も可能だ。それらの人材をすべて活用し、電話を掛けてきた顧客の属性や応対履歴に応じて、対応するスキルのある担当者をマッチングしてリアルタイムに自動的につなぐことができる。

また、コールの情報を適切な担当者に連携したり、顧客単位で情報を統合したりする取り組みも重要となってくる。

一般的に、コールセンターへ架電する消費者は、クレームも含めて製品やサービスに物申したい、あるいは相談や購入をしたい、熱心なユーザーである。従って、彼らの意見を購入相談やアフターサービスのみに使うのではなく、製品の企画・設計に反映したり、よりきめ細やかなメンテナンスへ活用するなど、顧客と接点を持つ前、あるいは持った後へ活用していく取り組みは顧客に価値ある活動となる。

新・顧客戦略のポイント

〔コールセンター〕

- 通話時にAIがキーワードで判別し、製品・サービスの利用状況を自動送信
- 逐次更新される情報をもとに、最適な対応方法をAIが提案

［カスタマーサポート］

対応の自動化が進んで適切デバイスへ 顧客からの情報を画像・音声・動画で収集・活用

リアルタイムマッチング	コラボレーション／シェアリング	IoT／セルフ化による自動化	パーソナライズ／カスタマイゼーション	ダイナミックな需要予測／プライシング
MR化／ライブ化	OMOのレコメンデーション	XaaS	X-Tech	スコアリング／信用価値算定
アバター／エージェント化	マルチデバイス化	シームレス決済	スマートミラー活用	スマートシティ化

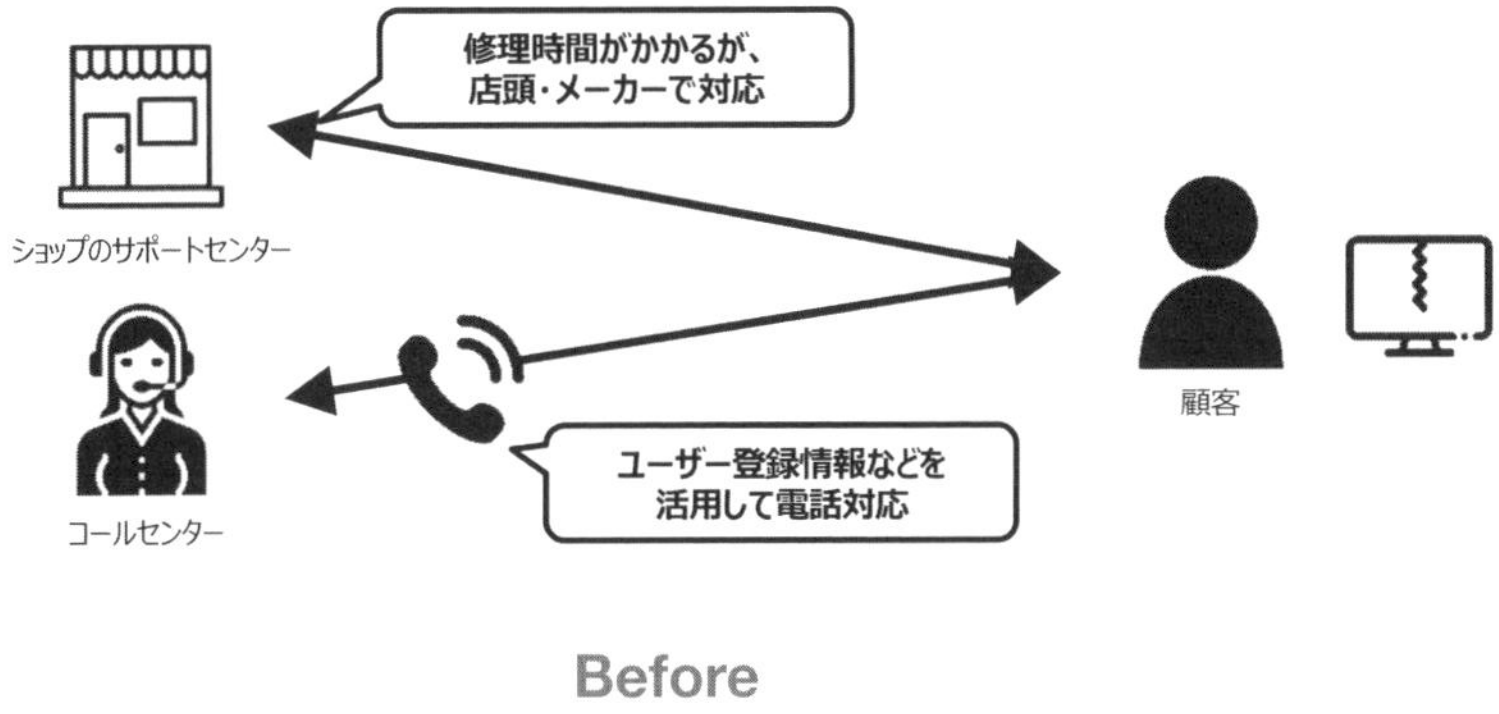

修理時間がかかるが、店頭・メーカーで対応
ショップのサポートセンター
顧客
コールセンター
ユーザー登録情報などを活用して電話対応
Before

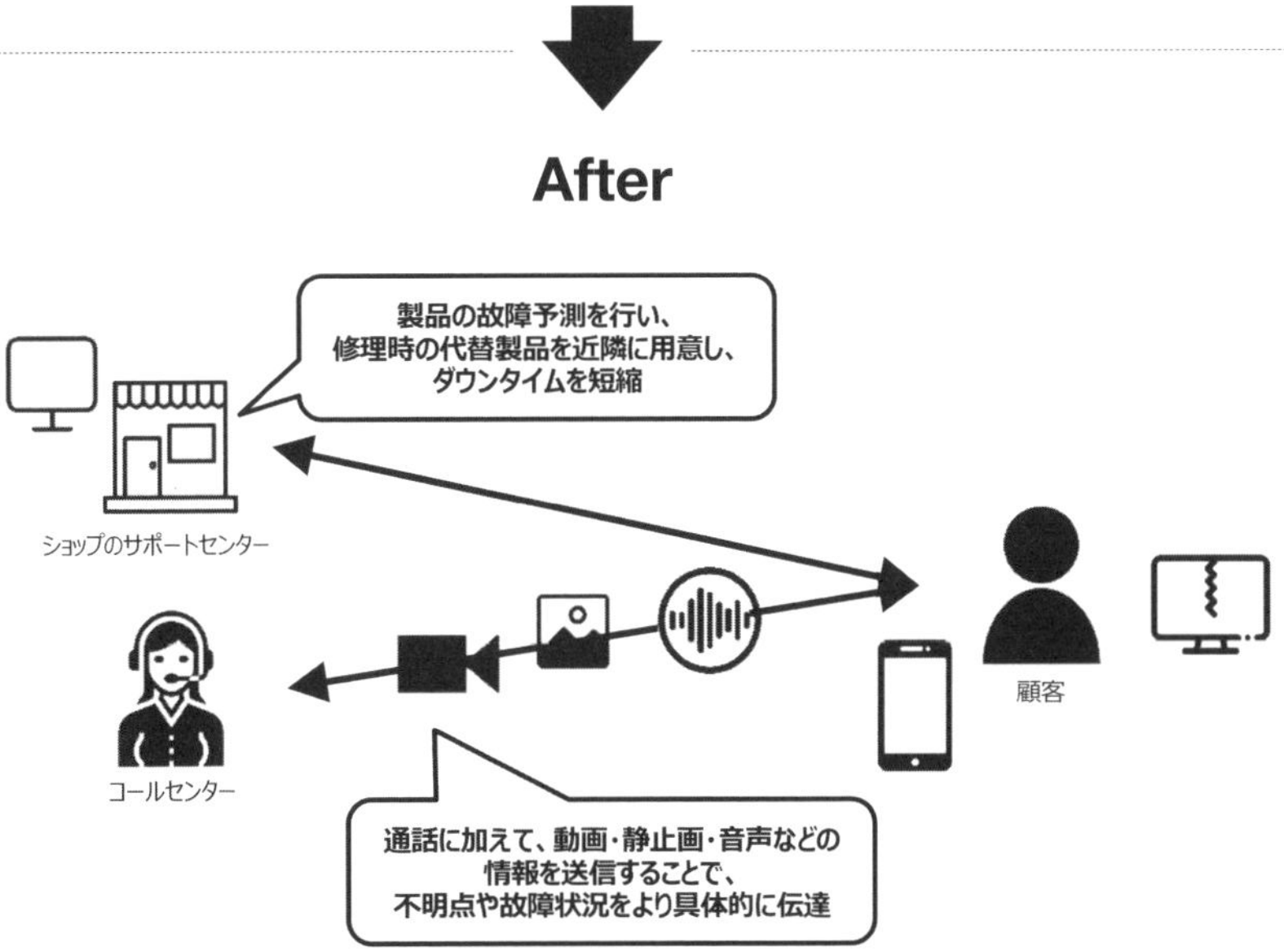

After
製品の故障予測を行い、修理時の代替製品を近隣に用意し、ダウンタイムを短縮
ショップのサポートセンター
顧客
コールセンター
通話に加えて、動画・静止画・音声などの情報を送信することで、不明点や故障状況をより具体的に伝達

製品のカスタマーサポートは、主に利用方法や故障・修理といった連絡の窓口であり、店頭への持ち込みやメーカーへの郵送、電話での相談が一般的であった。近年は、ウェブの問い合わせ窓口で相談事項をフォームに入力して、確認した上で送信することができる。また、FAQのみならず、ウェブ上のチャットでもサポートできるようになるなど、問い合わせ方法が多様化し、顧客にとっての利便性が向上している。

今後は、AIや5Gによって、顧客の問い合わせを、顧客の持つ適切なデバイス（スマホ、PCなど）に対して、自動的にウェブ上にある回答やリアルで回答できるサポートチャネルを自動的にマッチングし、対応することができる。コールセンターへの問い合わせ同様、カスタマーサポートへの問い合わせや連絡は、顧客の何らかのニーズの現れであり、適切な対応をすることで顧客のロイヤルティを高めたり、買い替え需要を喚起したりするなど、マーケティング上で重要な接点となる。顧客の満足度を高めるためには、適切な回答をなるべく早く顧客に返すことが重要であるため、カスタマーサポートの自動化、半自動化が進んでいく。

適切なFAQを十分に整備しておけば、顧客の質問の大半はFAQの参照で解決するとも言われており、FAQの可視性（イメージ・ムービー化）や検索性の向上が一層重視されてきている。また、半自動化ではチャットボットの活用が進んでおり、自動のQAエンジンや背後で対応しているオペレータとチャットで対話することで、即時性のある対応が可能になる。

また、特に故障やトラブル対応の際に、多様な情報を顧客に送信してもらう取り組みが広がる。これまでのカスタマーサポートはコールセンターへの架電を除けば、概ねフォームへの入力やメールなど、テキストでの連絡が中心であったが、文字だけでは状況や要望が伝わりづらい。そこで、IoTで製品から直接情報を取得するほか、LINEなどのメッセージアプリを活用し、画像、音声、動画などの形で顧客の製品状況を収集する対応が増える。

また、過去の使用履歴や利用状況を把握するため、ツイッターやインスタグラムなどに投稿した写真などの活用も考えられる。メーカーにとっては、製品の故障状況がより適切に分かるとともに、利用状況も把握でき、思わぬ製品の活用方法を次の企画に活用したり、望ましくない利用方法が判明すれば禁止する文言を説明書に含める、といった対応も可能になる。

また、カスタマーサポートへの問い合わせが製品全体にどのように反映・活用されているのかを顧客にフィードバックすることで、顧客のロイヤルティをさらに高めることも可能になる。

新・顧客戦略のポイント

［カスタマーサポート］

- 製品の故障予測を行い、修理時の代替製品を近隣に用意し、ダウンタイムを短縮
- 動画・静止画・音声などの送信によって、不明点や故障状況をより具体的に伝達

［ユーザー検証（アンケート）］

行動観察などのデータ収集が重要に 直感的な感想なども広く収集

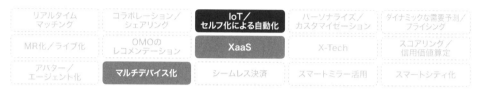

リアルタイムマッチング	コラボレーション／シェアリング	IoT／セルフ化による自動化	パーソナライズ／カスタマイゼーション	ダイナミックな需要予測／プライシング
MR化／ライブ化	OMOのレコメンデーション	XaaS	X-Tech	スコアリング／信用価値算定
アバター／エージェント化	マルチデバイス化	シームレス決済	スマートミラー活用	スマートシティ化

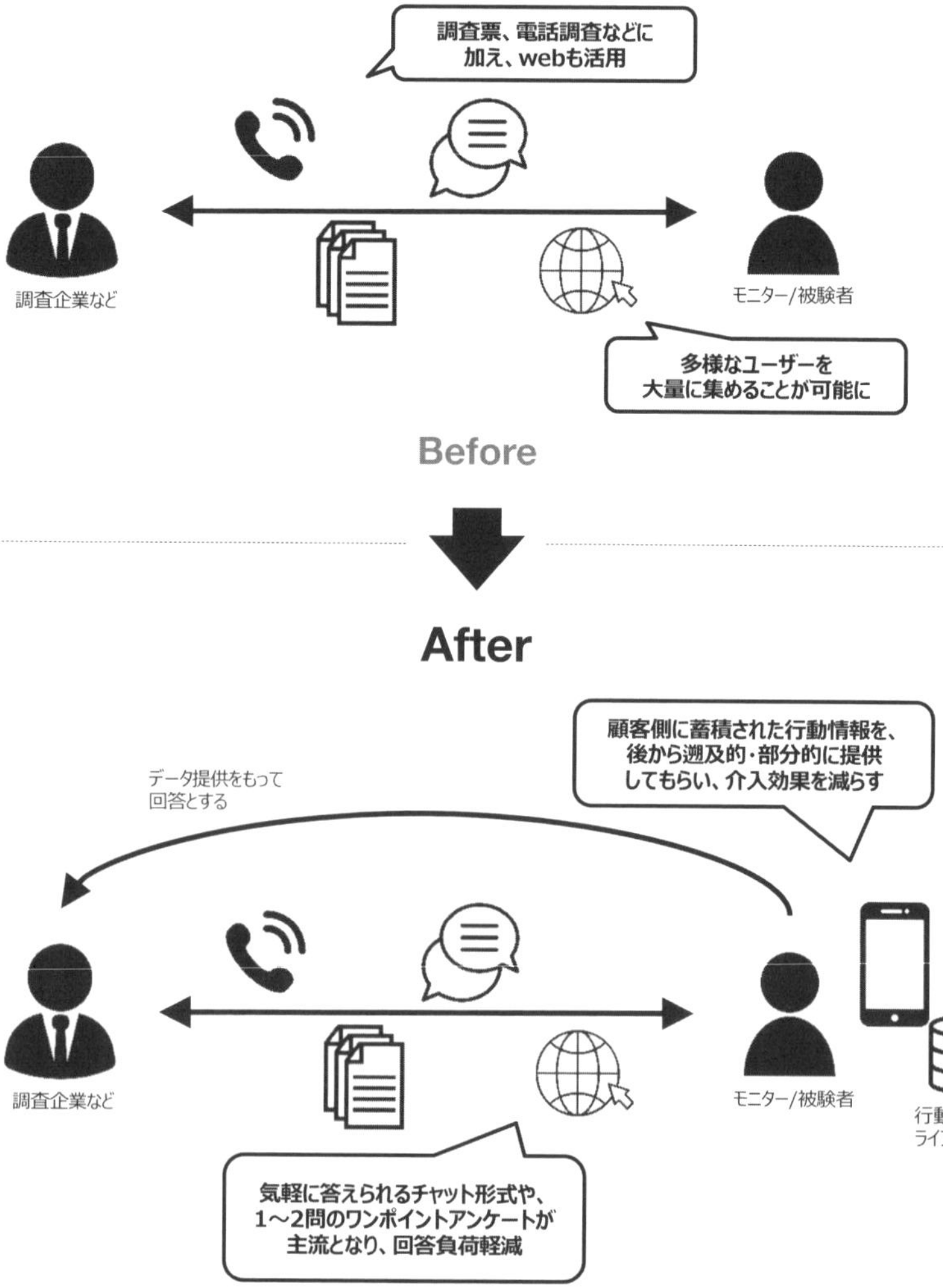
調査票、電話調査などに加え、webも活用
調査企業など
モニター/被験者
多様なユーザーを大量に集めることが可能に
Before
After
データ提供をもって回答とする
顧客側に蓄積された行動情報を、後から遡及的・部分的に提供してもらい、介入効果を減らす
調査企業など
モニター/被験者
行動履歴/ライフログ
気軽に答えられるチャット形式や、1～2問のワンポイントアンケートが主流となり、回答負荷軽減

ユーザーの情報をアウトバウンド（事業者側からのアプローチ）で取得する方法として、アンケートは古くから多用されてきている。紙の調査票を用いるものから、ウェブを活用したアンケート調査、またツイッターやフェイスブックを活用して、ユーザーが直接ユーザーへ問いかける、CtoCとも呼べるアンケートも気軽に行えるようになり、ユーザーフレンドリーなインターフェースも提供され、自ら質問の設計フォームも作れるようになった。

また、これらのアンケートのサンプル（回答者）から、マーケティングの初期仮説を作る際に用いるグループインタビューなどにおいても、リアルな被験者を呼ぶこともできる。

しかし、アンケートには種々の限界がある。例えば、事業者が顧客にアンケートを行うことで顧客行動が少なからず変容してしまったり、必ずしも言語化ができない行動を無理やり言語化した結果、恣意性が含まれてしまったりすることが、常に悩みの種になっている。

今後は、ユーザーにより直感的に状況や感想を伝えてもらうために、LINEなどのコミュニケーションサービスを活用した、対話的で負荷の少ない半自動的なアンケート調査がリサーチの主流を占めていくと考えられる。また、テキスト入力や選択は煩わしいが、スマートフォンで画像・音声・動画を撮影して送信してもらうだけであればハードルが下がるため、多様なデータを収集するアンケートが成立する。

また、十分なサンプル数を収集するのが難しいという問題も克服され得る。大手のアンケート会社は、これまでは常時数万人のアンケートモニターを会員として管理しているが、ＳＮＳを活用したり、ユーザーの行動履歴から推定ができれば、より大きな母集団から適切なサンプルを抽出してくることのハードルが下がる。

さらに、ユーザー検証の際に極力介入を減らすという点では、デジタルツールによる常時データ収集を活用した行動観察が重要になってくる。例えば、ＳａａＳ（ソフトウェア・アズ・ア・サービス）では、利用の状況や感想を聞くまでもなく、アクセス状況の取得により、顧客の行動や利用感の推定は自動的に可能である。

また、家電のセンサーデータやスマートフォンのアクセスデータの一部を、何らかの形で後から送信してもらい、ユーザー検証を意識する前の自然なデータから商品・サービスの利用状況を推定する、といったことも可能になる。

新・顧客戦略のポイント

［ユーザー検証（アンケート）］

- 対話的で負荷の少ない半自動的なアンケート調査が主流に
- デジタルツールによる常時データ収集を活用した行動観察などが重要に

〔顧客情報管理〕

個人データの「活用」と「保護」代行事業者が台頭し行政とも連携

リアルタイムマッチング	コラボレーション／シェアリング	IoT／セルフ化による自動化	パーソナライズ／カスタマイゼーション	ダイナミックな需要予測／プライシング
MR化／ライブ化	OMOのレコメンデーション	XaaS	X-Tech	スコアリング／信用価値算定
アバター／エージェント化	マルチデバイス化	シームレス決済	スマートミラー活用	スマートシティ化

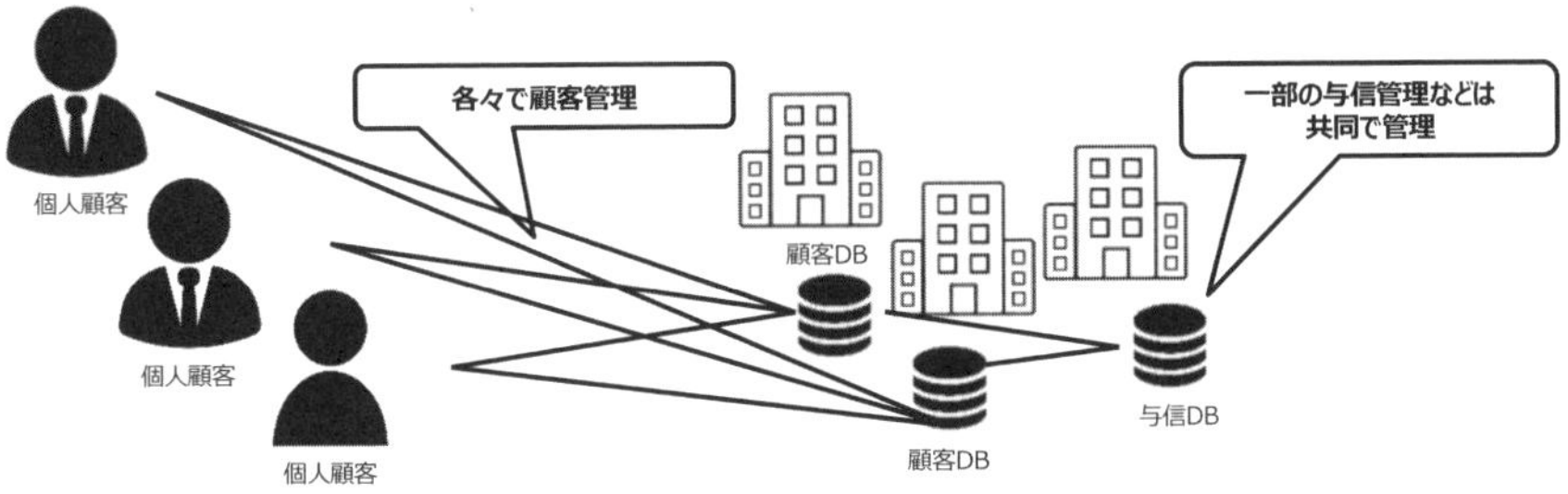

Before

After

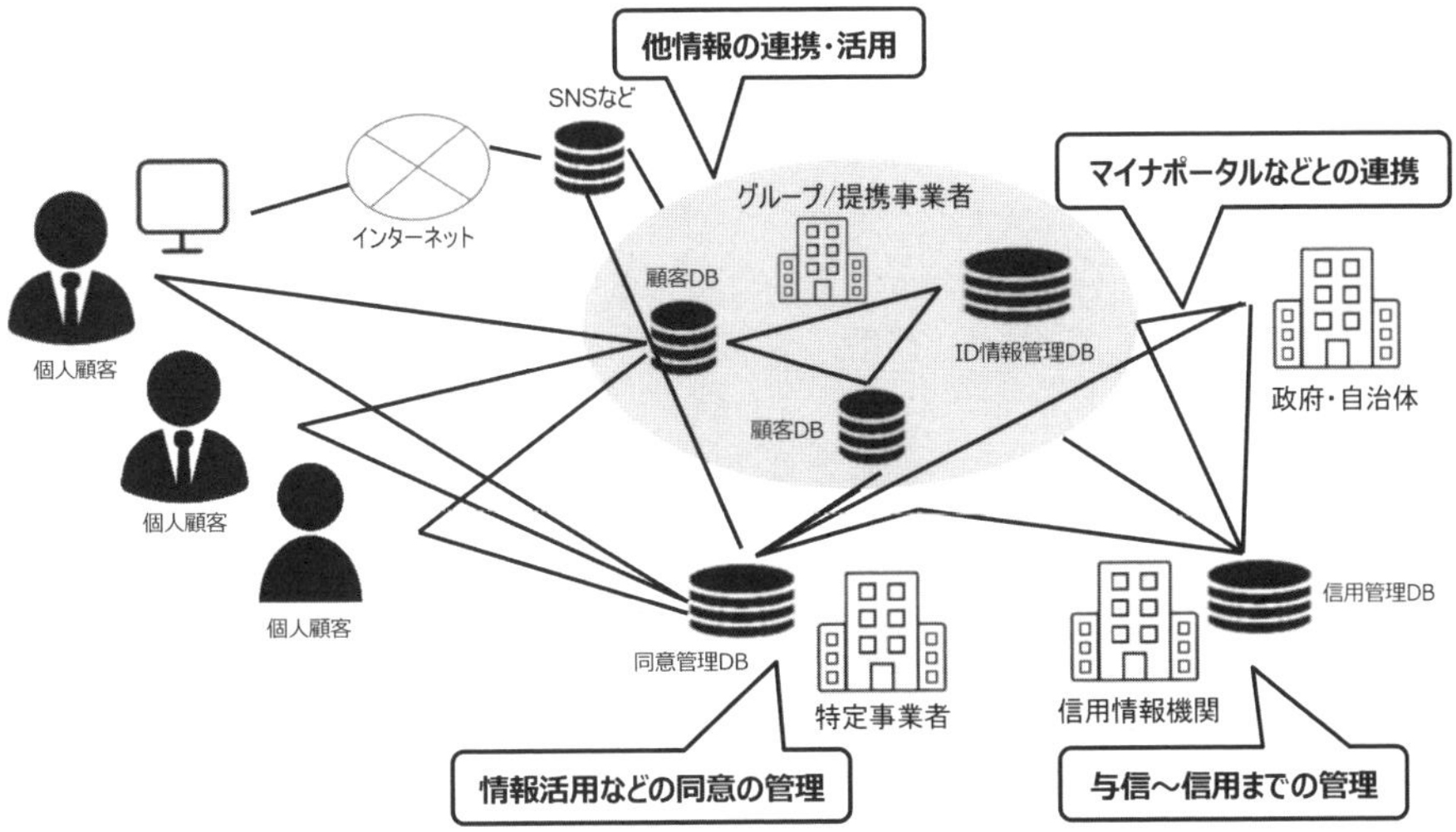

すべての企業は何らかの形で顧客情報（個人／法人）の管理を行っている。特に、個人の課金・決済のサービスを行っている場合は、その滞納などの利用履歴や決済可能な金額（年収など）に応じて、与信枠（後払いの利用可能金額など）が設定される。

また、金融サービスや携帯電話の事業者には、本人確認が義務付けられている。基本的には、悪用された際の危険度が高い事業者ほど本人確認の認証レベルが高いため、銀行などの高レベルのＩＤ情報を他の事業者に連携し、登録時の本人確認を簡略化させるサービスも存在する。また、本人確認の代行サービスがトラストドックやメルペイなどによって提供され始めている。

さらに、ＥＵの「一般データ保護規則（ＧＤＰＲ）」が２０１８年５月から適用され、「各人が自身の個人データをコントロールする権利保障」が世界中に広まった。個人情報は、個人（顧客）自身のオプトイン（承諾などの意思を相手方に明示的に同意すること）が必要となり、マーケティングなどで情報活用・連携する際は、この同意を顧客から取得する必要があり、基本的に事業者単位で顧客の同意情報を管理している。

今後は、顧客情報は、一般的な属性情報や行動情報のほか、顧客の特性（働き方、友人関係などによるキャッシュフロー予測など）の情報も活用が進む。その際、メルカリなどのＣｔｏＣサービスごとに分散した個人の評価、ＳＮＳでのソーシャルグラフ（人的つながり）などの情報（例：「低評価の不払者の友達は同じく不払いである可能性が高い」など）を集約したスコアリング化が進む。そして、その情報の活用も進み、信用情報を動的に自動計測することができるようになる。従って、それらに応じて与信枠も動的に変動する。

ただし、これらの情報を一事業者で管理することがより難しくなるため、顧客情報（ＩＤ情報）の質や量に応じて、代行で管理する事業者が台頭してくる。特にこれまで代行サービスを行っていた事業者がそれらの管理主体となり、信用情報の管理のみならず、本人確認～情報活用・連携の同意の管理まで対応するようになる。

これらの管理事業者は、既存のサービスで認証レベルの高い事業者（銀行などの金融機関）、グループ企業を抱える事業者、政府・自治体と連携して高い認証レベルを有する事業者などが考えられる。

一方で、同時に、それらの顧客情報を使いたい事業者（他の金融機関、インフラ事業者、会員保有事業者、シェアリングエコノミー関連の事業者など）も現れ、適宜マーケティングなどに活用することになる。

情報を利用したい事業者は、管理事業者と連携することで、各種サービスにおいて煩雑な管理が軽減される。また、住宅ローン契約時や引越時などには、各種書類を集めたり、更新したりする必要があるが、これらをマイナポータル（政府が運営するオンラインサービス）と連携することで、ワンストップで対応できるようになる。

このように、顧客の同意状況に応じて、事業者が負荷なく、顧客の要望をできるだけ簡易に叶えられるよう、顧客を管理する形態に進化していく。

新・顧客戦略のポイント

〔顧客情報管理〕

- 各種評価やソーシャルグラフによるスコアリング化で信用情報を動的に管理
- 顧客情報（ID情報）の質や量に応じて、代行で管理する事業者が台頭

［経理・財務］

出張の「経済効果」をAIで分析 戦略提案部門としての役割が高まる

リアルタイムマッチング	コラボレーション／シェアリング	**IoT／セルフ化による自動化**	パーソナライズ／カスタマイゼーション	**ダイナミックな需要予測／プライシング**
MR化／ライブ化	OMOのレコメンデーション	XaaS	**X-Tech**	スコアリング／信用価値算定
アバター／エージェント化	マルチデバイス化	シームレス決済	スマートミラー活用	スマートシティ化

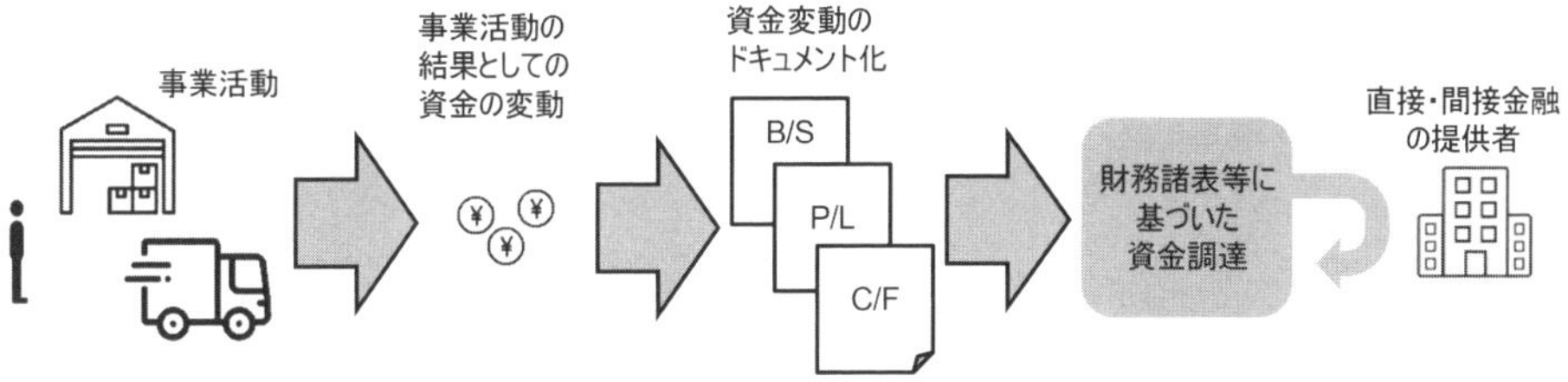

Before

After

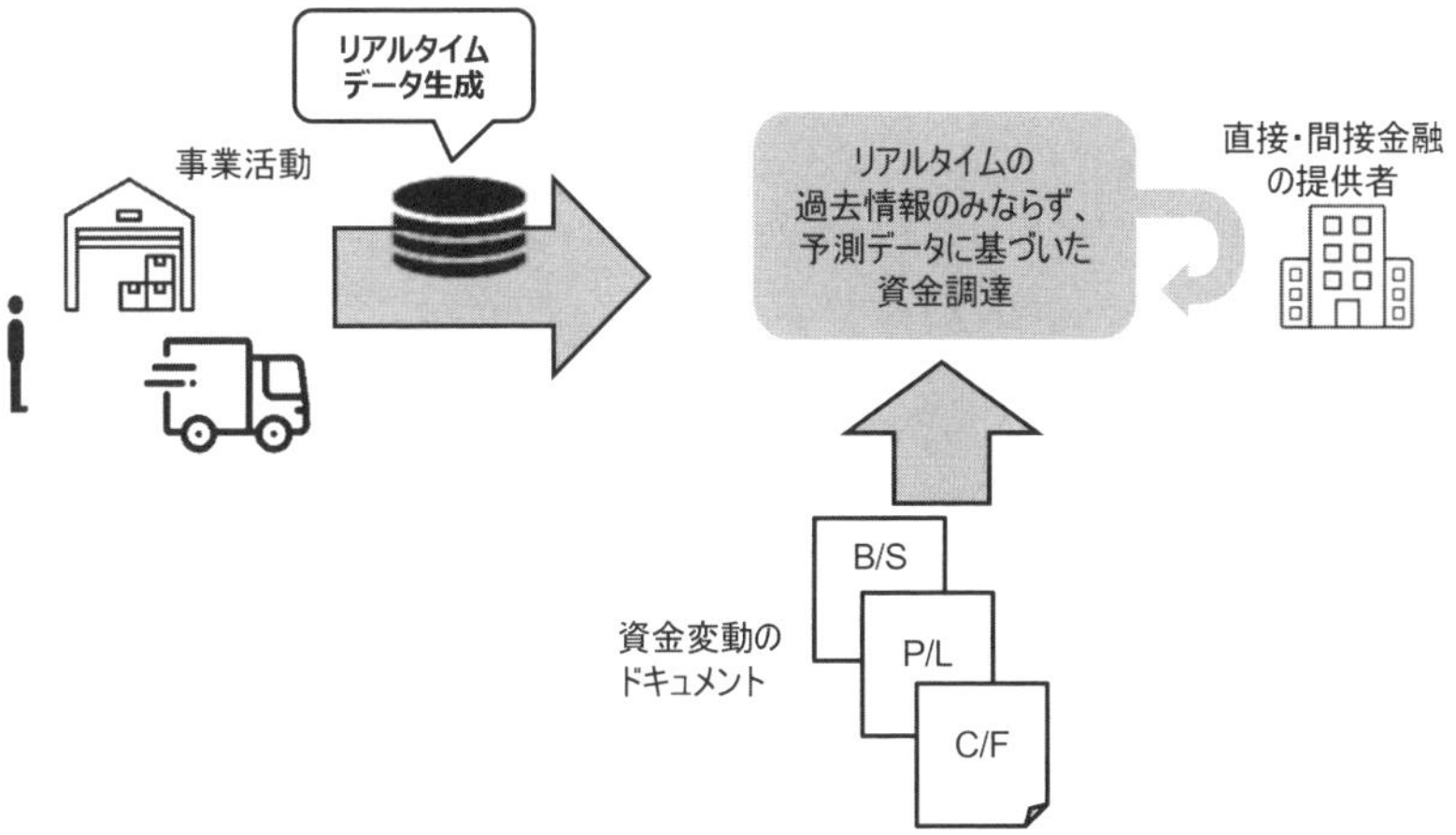

社内の経費処理では、現在スマートフォンなどで領収書を撮影したり、交通系電子マネーの利用履歴などを読み取ったりできるアプリやソフトウェアを活用することで、データ入力を効率化している。また、その入力内容に基づいた経理上の仕訳候補の提示も、経理・会計業務の支援（フィンテックの一種）として行われている。

これによって、財務諸表の導出までの工程の自動化によるリアルタイム・短期化が進んできた。また、経費処理のリアルタイム・短期化によって、運転資金の無駄が削減され、不要な資金調達を回避できる。

データ入力や仕訳の補助といったデータの「整備」については普及が一巡したので、今後は、いかにそのデータを「活用」するのか、という点が重要になっている。

例えば、ある社員が出張したことによって、どれだけの経済効果が生まれたのかを分析できるようになる。さらに、不正検知のほか、重複支出や資金・資産の効率運用も含めて、ＡＩが提案するようになる。

また、公認会計士の認定制度のように「適正な会計を行えるＡＩ」の認証制度が将来的に生まれてくることも考えられる。そうなれば、人間は仕訳結果をチェックする役割を担うようになる。

このように、経理・財務業務が高付加価値化し、財務諸表の予測が行え、その精度も上がっていく。従って、過去実績がリアルタイムに導出できるだけでなく、将来予測も高い精度で必要時に算出できるようになる。資金需要の兆しが見えた時点で直接・間接金融の提供者へ情報伝達することができる。

そのため、資金調達がこれまでよりも迅速に行えることにもつながる。結果として、無理に調達せずとも余裕を持ちながら調達できる仕組み作りが進むであろう。

新・顧客戦略のポイント

〔経理・財務〕

- 経理・財務業務が高付加価値化し、財務諸表の予測精度が向上
- 資金需要の兆しを把握して銀行に伝達するなど、迅速な対応が可能に

［人事］

昇進・昇格をAIが判定
「AI対応力」が評価の重要項目に

リアルタイムマッチング	コラボレーション／シェアリング	IoT／セルフ化による自動化	パーソナライズ／カスタマイゼーション	ダイナミックな需要予測／プライシング
MR化／ライブ化	OMOのレコメンデーション	XaaS	X-Tech	スコアリング／信用価値算定
アバター／エージェント化	マルチデバイス化	シームレス決済	スマートミラー活用	スマートシティ化

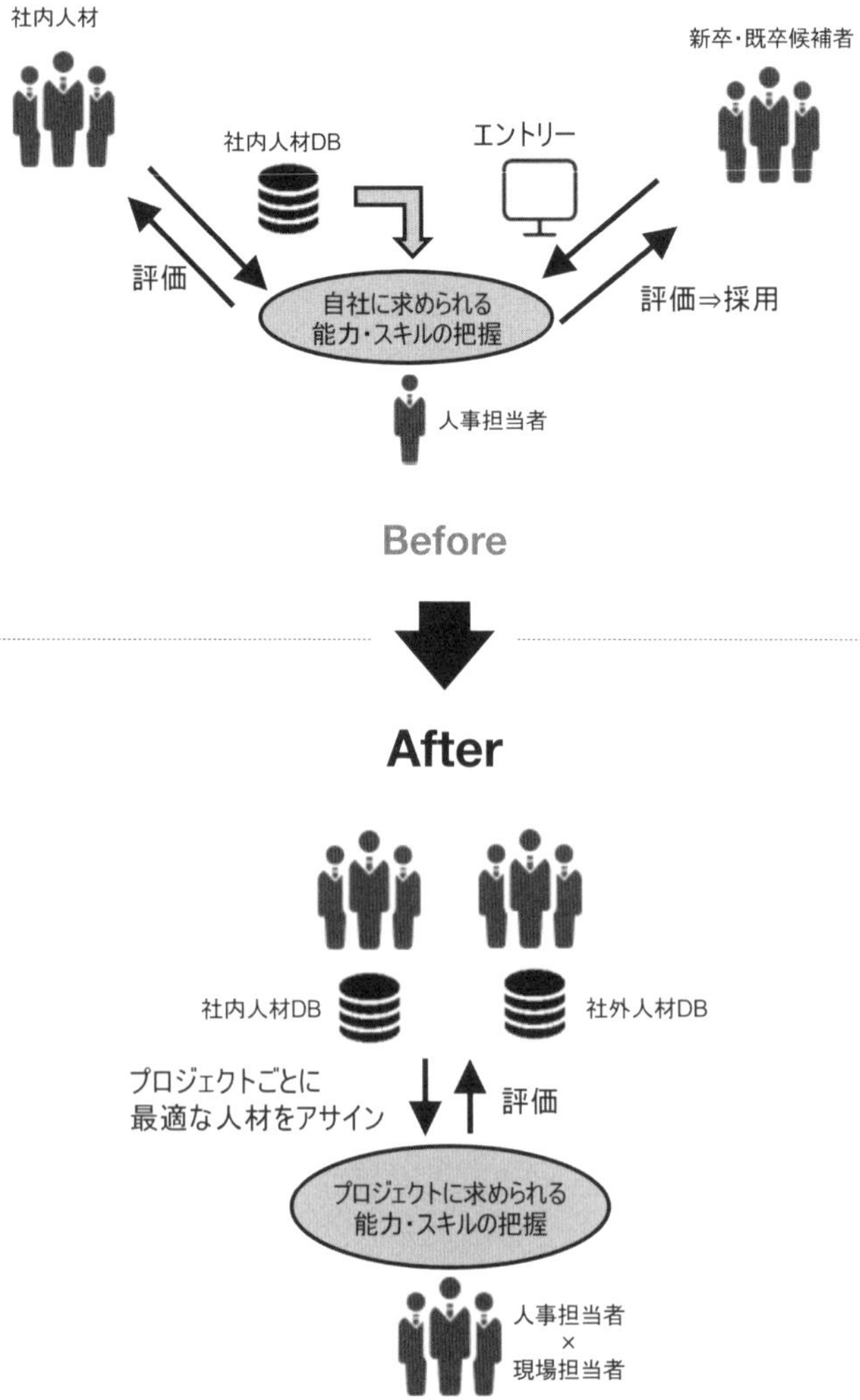

人事においてはまだ属人的な対応・業務も多いが、採用活動や人事評価、異動や昇進・昇格において、入力テキストや成果数値の自動分析は実施され始めている。企業において求められる人材の要件を人事担当者が設定し、採用時のエントリーシートや業務状況のデータを、自動的にAIで解析して、そのような要件に当てはまる人材の抽出が行われている。

さらに、人事データベースにおいて、HRテックで社員間の相性まで分析するようになった。内定者の辞退予測の情報が利用され、社会問題化した事例も存在する。

今後は、技術変化や競争環境の変化によって、企業の人材に求められるスキルもすぐに変化していくため、特定のスキルを持った人材を長期雇用するのではなく、必要に応じて社外の人材を活用する方向へとシフトするだろう。オープンイノベーションやコワーキングといった施策がより広く行われていくことになる。

その際に、社外の人材についてその能力を評価・管理することは、人事担当者の属人的な管理では困難になるため、社外も含めた人材や人的ネットワークの分析においてAIの活用が進む。様々な人材のスキルシートや過去の業務に関する申告情報、SNSなどの情報を合わせて、各人の特徴に関してスキルごとのスコアリングが進む。そのデータをAIが分析することで、求められる業務に最適な人材（若手／高齢者を問わず社内の埋もれた人材、および社外の人材まで含む）の提案まで行う。また、季節、月間変動などの実績から必要な人材の予測も行い、忙しくなる前にＡＩが提案する。さらに、社内で活用する人材のみならず、顧客、取引先などのステークホルダーとの連携までも広がっていくであろう。

また、これまでは知的労働とは考えられていなかった分野においても、ＡＩやロボット、ＲＰＡの活用は加速度的に進んでいく。その中で必要とされるスキルとして、ＡＩやロボットと協働できることが重要になる。その際、必ずしもモデルの構築やパラメーターの設定などが行えるというレベルに達している必要はないが、ＡＩやロボットの行動に合わせて、自身の行動を調整する場面は増える。つまり、対人コミュニケーションだけではなく、特に対ＡＩのコミュニケーション能力が求められるようになり、そうしたスキル開発や評価制度も生まれてくると考えられる。

新・顧客戦略のポイント

〔人事〕

- 社外も含めた人材や人的ネットワークの分析においてＡＩの活用が進展
- 求められる業務内容と量に対して最適な人材の提案までＡＩが実施

PART

5

デジタルマーケティング2.0の思考法

●サイバーフィジカル化する社会の改善ループを回す

[スマホ普及10年、次にやるべきことは?]

スマートフォンが普及してから約10年経過した。その間に起きたマーケティングなどのデジタル化とデータ活用の進展は著しいものがあった。今後は、さらにIoTデバイスや次世代通信技術によって実社会の多様な活動が常時観測、収集され、時間・空間解像度の高い実社会ビッグデータが集積されることになる。

この実社会ビッグデータから、機械学習、AI技術によって現象を予測し、近似できる計算モデルが構築できると、サイバー空間の中でその現象を高速計算し、現実よりも速く、幅広くシミュレーションを行うことが可能になる。

AI技術が社会実装され、様々な場面で実際に利用されることになれば、現代社会の中にある不確実性が減少することで、リスクやコストを低減し、ベネフィットを向上させることが期待できる。つまり、リアルな実空間の活動がデジタル化され、ネット空間と融合する社会・生活の変革(イノベーション)が進行する。情報システムと生活者、社会が融合する時代であり、実生活の中で常時ビッグデータを観測し、活用することが可能になってきたのである。

社会がさらなるデジタル化、サイバーフィジカル化する時代において、ビッグデータとそれを学習したAIは、サービス・アプリケーションと一体で発展する。ユーザーにとっての価値を増大させるためには、具体的な社会実装に向けた実験、実証を早期に着手し、改善ループを回し、持続していくことが重要である。

【雨の休日に来店する顧客は誰か？】

これまでもインターネットが産業にもたらした影響は大きい。最も大きいものは、ユーザーのウェブ上でのクリック履歴や購買履歴などのデータをIDによって紐付けて集約し、その情報に基づいて、サービスや物流の最適化を図ることで、コストやリスクを低減し、ベネフィットと生産性を向上できることを示したことであろう。これは従来の産業の多くが提供者側（サプライ側）から利用者側（デマンド側）への一方向的なフィードフ

社会のサイバーフィジカル化

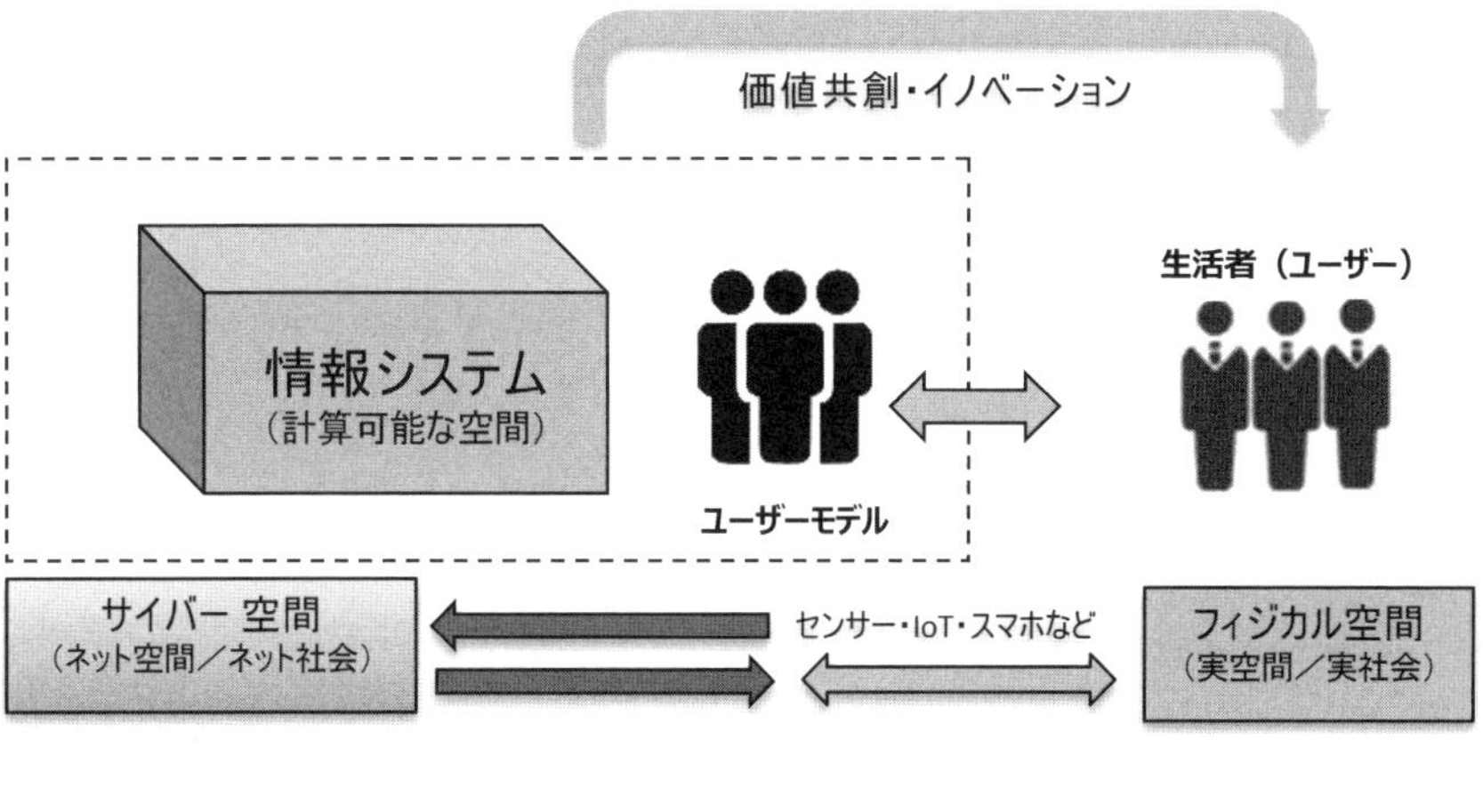

ォワードシステムであったのに対して、インターネットを通じたフィードバックシステムによって、利用者側から提供者側へと情報が循環する構造へと変化した点が本質的である。

サイバーフィジカル化する社会においても、同様にこうした利用者側からのフィードバックを通じて、利用者側のニーズや状況を理解することが重要である。順方向の製品のサプライチェーンだけでなく、製品の利用現場で起こる現象から、循環するビックデータを集めることで、重要な対象を目的変数とし、説明変数との関係を構造としたモデル化ができる。これによって利用者側からのフィードバックシステム、すなわちデマンドチェーンが構築できるので、これまではサプライチェーン一辺倒だった産業構造を大きく変えることになる。

インターネットの普及により急成長したアマゾンは、どのような人がどのような物を購入するのかを把握し、物流や商品の仕入れを最適化することで、他者よりも合理的な価格で販売できたことに競争優位性があった。従来の量的な生産性の向上や価格の値下げというアプローチにとどまらず、アマゾンのサービスがネット上の購買履歴や閲覧履歴を集めるデマンドチェーンを構築できたことで、個々の利用者の個別ニーズを予測し、提供する商品の価値を最適化することができた。その価値を高く評価する消費者にレコメンドし、一方では需要の予測とそのコントロールの精度も向上させたのである。

アマゾンのように、ビックデータによって、提供者側だけではなく、利用者側の情報も積極的に扱う循環型バリューチェーンが、今後の競争優位性の鍵となることは間違いない。例えばアマゾンGOは、レジでの支払いをせずそのまま店から出られる画期的な店舗でもあり、ビッグデータを収集・分析・活用した循環型バリューチェーンの1つでもある。

電子マネーが普及し、キャッシュレス化がさらに進展した社会となると、現金による取引では実現できなかったことも可能になる。現在は、ユーザー側のIDと、決済した時刻、場所などが履歴として記録されているが、製品のIoT化が進めば製品の操作履歴が記録され、医療・健康サービスのIoT化が進めば診療記録や検査記録、通院履歴、医薬品の購入履歴などのデータもパーソナルヘルスレコード（PHR）として連結して活用できる可能性もある。

当然、プライバシーの保護が重要になるが、ビッグデータでよく似た人を抽出し、セグメントとして集計したミクロ集計データ（ミクロアグリゲーションデータ）であれば、個人の特定につながる元のデータには戻せないため、安心して共有できる。これにより、糖尿病の重症化予防などの様々なヘルスケア分野の応用ができるだけでなく、セグメント単位で活用することで、これまでは難しかった金融データ、保険データなどの他業種のデータとも統合できる見込みが出てくる。

セグメントごとに集計してしまうと情報が失われることが心配になるが、その課題も解決可能だ。確率的潜在意味解析（PLSA：Probabilistic Latent Semantic Analysis）という方法で、例えば、どの人が何を買うかという予測をするための情報量が高いセグメントを作ることで、情報損失を小さくしながらミクロ集計やクロス集計データとして活用することが考えられる。スーパーなどでの購買では、顧客のライフスタイルの違いが商品の選択に影響するので、予測のために情報量の高い顧客セグメントを作ることができる。

こうした情報を活用することで、マーケティングの効果を高め、コストを下げることが可能になる。例えば、普通は雨の日は来店確率が下がるものだが、共働きで比較的余裕のあるライフスタイルの顧客セグメントの場合、週末に限っては他のセグメントと逆の傾向を発見することができた。平日は忙しく週末にしかまとめて買い物に行けない、あるいは買い物には車で行くなどの理由から、休日に雨が降っても来店確率が下がらない店が増加したのである。ということは、顧客が減ると思われる日でも、特定の顧客セグメントの来店確率や客数が増えると分かれば、その顧客セグメントに合った商品の調達や施策を実施することで、マーケティング効果の期待値を高め、機会損失や無駄なコストを削減できる。

●デジタルマーケティング2・0を実現する2つのポイント

［イメージ創出の発想］

新しい世界はいつも人のイメージを出発点として構築されていく。AIや5Gなど新しい技術の活用も例外ではない。まず何よりも、構想の立案、イメージ創出が非常に重要である。

イメージを創出していくためには、技術志向に限った単一的な視点（シングルフレーム）でなく、複眼的な視点（マルチフレーム）で物事を見ていく必要がある。ゼロベース思考で「スカイハイ」的に全体像を見ることによって、いろいろな事象に横串を刺すような思考方法が欠かせない。マルチフレームで見ることによって、フレームを変えていく（リフレーミングする）ことができる。

次の図に、リフレーミングのイメージを示した。縦軸方向がフレームチェンジを行うことに相当し、横軸方向はそのフレームの中で生産性を上げていく（例：企業が収益を上げていく）プロセスを示している。横にスライドする（生産性を上げる）ことももちろん重要であるが、それはあくまでもフレーム内での改善であり、破壊的イノベーションを起こすような創造性の発揮にはつながりにくい。

そこでリフレーミングが重要になる。多様な人々の多様なものの見方を取り入れて視点を変

生産性×創造性

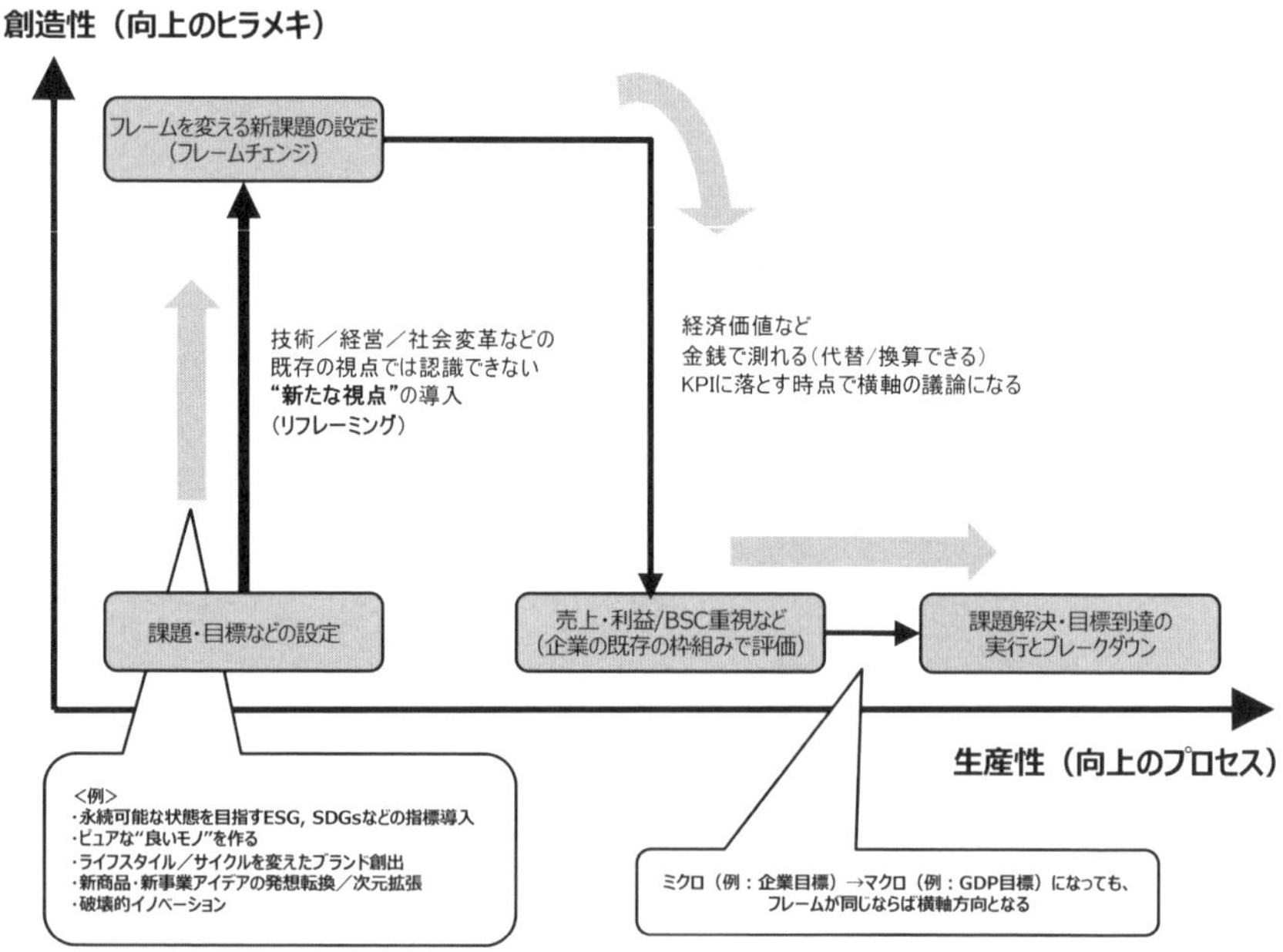
創造性（向上のヒラメキ）
フレームを変える新課題の設定
（フレームチェンジ）
技術／経営／社会変革などの
既存の視点では認識できない
“新たな視点”の導入
（リフレーミング）
経済価値など
金銭で測れる（代替/換算できる）
KPIに落とす時点で横軸の議論になる
課題・目標などの設定
売上・利益/BSC重視など
（企業の既存の枠組みで評価）
課題解決・目標到達の
実行とブレークダウン
生産性（向上のプロセス）
<例>
・永続可能な状態を目指すESG, SDGsなどの指標導入
・ピュアな“良いモノ”を作る
・ライフスタイル／サイクルを変えたブランド創出
・新商品・新事業アイデアの発想転換／次元拡張
・破壊的イノベーション
ミクロ（例：企業目標）→マクロ（例：GDP目標）になっても、
フレームが同じならば横軸方向となる

え、フレームチェンジを起こすことで、新たな発想が生まれたり、ヒラメキが起きたりする。そのためには、オープンイノベーションを創出させやすい環境（状況や場）が必要となろう。ただし、縦方向のジャンプは容易に起こせるものではなく、横方向にスライドしていくことも大事にして、縦と横のバランスを取ることが重要になる。

「それでも残る課題」への対応

技術やビジネスモデルなどがいくら進歩しても、マーケティングには「それでも残る課題」が常に存在する。

その1つ目は、人の感情、その背景にある価値観、貧富の差など、データとして捉えにくい個人差への対応である。サイバーフィジカル化する社会においては、個々の消費行動の裏側にあるそうした要因さえも分析しやすくなるだろう。しかしながら、人間のように知覚ができない、意思やカリスマ性のないAIに任せるだけでは対応できない。つまり、時代背景や環境が異なっても、人間の本質的な感情、欲求にかかる価値観に起因する課題は変わらずに残り、これらはAIでは解決しづらい。

しかし、逆に言えば、その課題にこそマーケッターの出番があるともいえる。デジタルマーケティング2・0の時代には、データ分析はAIによって自動対応され、マーケッターは「それでも残る課題」に集中できるようになるはずである。従って、それらをきちんと踏まえたマーケティングを行えば、課題はより鮮明に解決されていくはずである。

アマゾンが人々に支持されて巨大化した理由の根本にあるのは、創業者のジェフ・ベゾスが「地球上で最も顧客第一主義の会社」を目指して、顧客価値の向上を徹底的に進めたことであると言われる。人の感情や価値観をくみ取ろうという意識を持つことが、高確率・高精度のマーケティングを実現するだろう。

「それでも残る課題」の2つ目は、AI活用に関する企業側の意識や環境整備である。そもそも日本企業は、AIを活用する前に、「システム化されていない」「ICTを活用できていない」「ビジネスモデルやサービス、業務が整理されていない」などの状況が放置され、「AIレディ(AI導入の準備完了)」の状態になっていない場合が多い。

そうした状況でAI導入そのものが目的化してしまえば、現場は混乱するだろう。従って、AI活用以前に、まずは足元を見つめなおすことが必要である。

「それでも残る課題」の3つ目は、個人情報・プライバシーの保護の問題である。AIや5G

などの活用によるデジタルマーケティングでは、ビッグデータの収集・分析・活用が肝である。データには、もちろん個人情報が密接に絡んでいる。

個人の情報を活用するには、基本的にオプトインでの同意が前提となる。同意を得ていたとしても、サービスを使う上で仕方なく同意してしまった場合など、明らかに利用者側が不利になるような方法で取得された同意は無効になる可能性が高い。この問題の詳細は専門書に譲るが、避けては通れない問題でもある。

その問題をクリアする対応策としては、リアルタイムに同意情報を管理する事業者とコラボレーションしていくことである。パート4の「顧客情報管理」で取り上げたように、個人の顧客情報の管理を一事業者で管理することがより難しくなるため、顧客情報の質や量に応じて、代行で管理する事業者が台頭してくるはずである。顧客情報を使いたい事業者が、同意管理する事業者の顧客情報を、その顧客の同意状況に応じて、適宜マーケティングなどに活用する形態にすれば、複雑な同意管理を省けることになる。

さいごに

これまで見てきたＡＩ×５Ｇの時代には、いろいろな社会課題に対して、〝価値〟を創造することでそれらを解決していくことができる。例えば、日本の大きな社会問題への対応ができる。特に、人口減少が止まらない状況において、ＡＩによるネットワークを介したリアルタイムでの人口シェアリング、人材マッチングが可能である。そうすることで、能力のある人材、既に退職してしまった高齢者、結婚・出産後の女性も含めて、もっと社会で活用できる。ビジネスでは、起案者と応援者との新たなつながりを生み出すことができる。

その状況が一般的になると、非定住型の人材、デュアルライフを楽しむ兼業者（デュアラー）が増え、人生をもっと豊かにすることができるかもしれない。また、むやみに移民を避けず、スキルのある移民をもっと活用できるかもしれない。

事業承継に困った地方の多くの優良企業が、その企業と適合する全国のビジネスパーソンとマッチングして、これからも末永く存続できるかもしれない。原因不明の病は、ノウハウのある医者や健康管理の長けた人材の知恵を生かして治せるかもしれない。

人生１００年時代と言われるが、晩年も寝たきりでなく、健康寿命を延ばし、高齢者の終活はもっと長くなるのかもしれない。育児や介護に困った人は、もっと他者の知恵や知識を生かせるだけでなく、育児放棄をしたり、自身が倒れる前にボランティアなどの力をもっと早く借りやすくなるかもしれない。疎遠な50代の息子は、80代の親との共通の興味をもっと早く理解・交流でき、悲しい結末が減るかもしれない。

また、現代の人々との交流のみならず、過去に亡くなった故人やペットなども、AIとして現代によみがえり、もう一度会えるようになるかもしれない。そうすることで、親しんだ人々の教えや愛犬との感情を共にして、もう一度笑い合えるかもしれない。こうした方法で、幸せや感謝のバトンをより広くつなげることができるかもしれない。

さらに、人材のみならず、モノやコトともつなげることで、新たなイノベーションを生みやすくなるかもしれない。このように、AIは単に人の仕事を奪うのではなく、価値を新たに創造することに使うこともできる。

5Gではリアルタイムに高画質で通信ができるというだけでなく、場の雰囲気を醸し出す、臨場感を伝えることで、単に物理的な制約を無くすだけでなく、新たな価値を創造しやすくなるはずである。AIの活用を生かすのも、物理的な隔たりを少しでも無くすこの技術が必要になる。

最後に、「売らなくても売れる状況を作り出す仕組みを作る」ことがマーケティングの基本であるが、次世代のデジタルマーケティング、つまりデジタルマーケティング2・0は、もっと目線を高く持ち、自然と「つながらなくてもつながる仕組みを作る」ことでもあり、本書でこれまでに述べた様々なソリューションを、高確率・高精度で実現させることである。そうすることで、皆が幸せになるための触媒となり、ビジネスとしては、必然的に何かが売れる仕組みにつながっていくはずだ。

謝辞

関連するプロジェクトに参加し、共にAI（および5G）の活用について検討し、ディスカッションを重ねてきた野村総合研究所の森田哲明氏、牧野茂樹氏、今泉晴喜氏および関連する方々に感謝いたします。同じく、元野村総合研究所の田丸悟郎氏にも感謝いたします。また、関連するプロジェクトに参加された産業技術総合研究所の方々にも感謝致します。

〈参考情報〉 AIに関するコンセプトムービー

（出所）AIST（国立研究開発法人産業技術総合研究所）/
NEDO（国立研究開発法人　新エネルギー・産業技術総合開発機構）

①AI for your life ～暮らしに広がる人工知能～
（2023年想定：AIを活用した生活・社会のコンセプトムービー）

・ムービー
https://youtu.be/qpXJ71dDWrw

・解説①（NRIメディアフォーラム）
https://www.nri.com/jp/knowledge/report/lst/2017/cc/mediaforum/forum250

・解説②（NRIジャーナル）
http://www.nri.com/jp/journal/2017/06/20170613/

②AI : Dynamic value creation
（2023年想定：AIを活用した産業創出・事業連携のコンセプトムービー）

・ムービー
https://www.youtube.com/watch?v=ZSiu8az3eL4

・解説（情報処理学会：資料掲載無）
http://www.ipsj.or.jp/event/seminar/2017/program03.html

③AI for the Future of our Tradition
（2030年想定：AIを活用したソーシャル・キャピタル向上のコンセプトムービー）

・ムービー
https://www.youtube.com/watch?v=W__7mkTAYiI&app=desktop

・総評
http://www.ritsumei.ac.jp/mba/curriculum/speaker/archive.html/?speaker_id=183

木ノ下 健（きのした けん）

野村総合研究所（NRI）コンサルティング事業本部 主任コンサルタント

東京大学経済学部、同大学院経済学研究科 修士（経済学）。
NRI入社後、国内外の企業や官公庁向けに数多くのコンサルティング・調査活動に従事。専門は、決済や投資などの金融ビジネス事業戦略策定、デジタルエクスペリエンス分野を中心とした顧客戦略策定など。関連する講演や論文執筆も多数。

〈執筆担当〉

PART3-02〔百貨店・GMS〕、05〔スポーツ・エンタメ〕、06〔アミューズメント施設〕、07〔ホテル・鉄道・航空〕、08〔インバウンド観光〕、09〔出前・デリバリー〕、16〔サービス業（マッサージ、クリーニングなど）〕、24〔自動車〕、25〔家電製品〕、31〔生命保険〕、33〔金融（法人向け融資）〕、34〔資産運用〕、38〔公共サービス（社会保障、税務）〕、PART4-39〔商品企画・開発〕、49〔経理・財務〕、50〔人事〕

松村 直樹（まつむら なおき）

野村総合研究所（NRI）コンサルティング事業本部　副主任コンサルタント（〜2019年9月）、Ubie株式会社 事業開発担当（2019年10月〜）

東京大学工学部、同大学院工学系研究科 修士（工学）。
専門は、経営・事業戦略、業務改革、AI活用事業立案、DX戦略・企画立案など。

〈執筆担当〉

PART3-04〔飲食店〕、10〔タクシー〕、11〔宅配便〕、14〔教育サービス（塾・予備校）〕、26〔受注生産品（住宅や自動車など）〕、29〔農林水産業〕、PART4-43〔販売促進〕、45〔コールセンター〕、46〔カスタマーサポート〕、47〔ユーザー検証（アンケート）〕

本村 陽一（もとむら よういち）

産業技術総合研究所（AIST）人工知能研究センター 首席研究員／確率モデリング研究チーム長、統計数理研究所客員教授、東京工業大学大学院特定教授、神戸大学客員教授, Ph.D.

通産省工技院電子技術総合研究所入所、情報科学部情報数理研究室研究員。アムステルダム大学招聘研究員。AIST情報処理研究部門主任研究員、デジタルヒューマン研究センター主任研究員、サービス工学研究センター大規模データモデリング研究チーム長、同副研究センター長、情報技術部門副部門長、人工知能研究センター副研究センター長を歴任。サービス学会理事、行動計量学会理事、人工知能学会理事、人工知能学会評議員なども歴任。ドコモモバイルサイエンス賞、IPA未踏ソフトウェアスーパークリエータなど受賞。
専門は、人工知能技術、確率モデリング技術、知能システム。

〈執筆担当〉

PART5〔サイバーフィジカル化する社会の改善ループを回す〕

〔著者紹介〕

安岡 寛道（やすおか ひろみち）　＜編著＞

野村総合研究所（NRI）コンサルティング事業本部 プリンシパル, Ph.D.（中小企業診断士）

慶應義塾大学理工学部、同大学院理工学研究科 修士（工学）、同大学院システムデザイン・マネジメント研究科 博士（システムデザイン・マネジメント学／総合社会文化）。NRIを一旦退社後、スクウェア（現スクウェア・エニックス）オンライン事業部チーフ、Arthur Andersen（現PwCコンサルティング）マネージャーを経て、NRI再入社。現在、立命館大学経営管理研究科客員教授、高知県産学官民連携センター（高知県・大学等連携協議会）土佐MBA「経営戦略コース」監修講師。2020年4月より、明星大学経営学部教授。他に、内閣官房、総務省、経済産業省、農林水産省、高知県などの委員、東京大学大学院情報学環、慶應義塾大学文学部、駒澤大学経営学部、第一工業大学工学部、横浜商科大学商学部の講師（非常勤）なども歴任。

専門は、経営・事業戦略、顧客戦略、デジタルマーケティング、新規事業立案など。会員サービス・ID・ポイント・決済・eビジネス・事業戦略などの著書多数。


〈執筆担当〉

はじめに、PART1、PART2、PART3-13〔携帯電話サービス〕、15〔外国語会話教室〕、19〔福祉・介護〕、20〔医療機関〕、21〔警備（一般顧客向け）〕、22〔自動販売機〕、23〔駐車場〕、32〔金融（個人向け融資）〕、35〔不動産仲介〕、36〔経営コンサルティング〕、37〔セミナー・講演〕、PART4-41〔販売企画・検証〕、44〔ポイント・クーポン・決済〕、48〔顧客情報管理〕、PART5〔デジタルマーケティング2.0を実現する2つのポイント〕、さいごに、全体編集

稲垣 仁美（いながき ひとみ）

野村総合研究所（NRI）コンサルティング事業本部 副主任コンサルタント

カリフォルニア大学ロサンゼルス校（UCLA）経済学部 学士（経済学）。

専門は、エネルギー（石油／電力／ガス）、交通・移動・まちづくり（地方創生）領域における事業戦略、顧客戦略、デジタルマーケティング、新規事業立案・推進など。

ミュージシャンとして、ガールズバンド“らすとぴーす”でオリジナル曲の楽曲制作とギターボーカルを担当し、ライブ活動にも従事。


〈執筆担当〉

PART3-01〔小売店〕、03〔アパレル〕、12〔ガソリンスタンド〕、17〔美容（スキンケア・メイクアップ）〕、18〔健康管理サービス〕、27〔エネルギー機器〕、28〔電力システム〕、30〔損害保険〕、PART4-40〔物流〕、42〔広告制作〕

デジタルマーケティング2.0
AI×5G時代の新・顧客戦略

2020年2月25日　第1版第1刷発行
2020年4月 9日　第1版第2刷発行

著　者　安岡寛道　稲垣仁美　木ノ下健　松村直樹　本村陽一
発行者　村上広樹
発　行　日経BP
発　売　日経BPマーケティング
〒105-8308　東京都港区虎ノ門4-3-12
https://www.nikkeibp.co.jp/books/
装　丁　山之口正和（OKIKATA）
制　作　秋本さやか（アーティザンカンパニー）
編　集　長崎隆司
印刷・製本　図書印刷

本書籍に関するお問い合わせ、ご連絡は下記にて承ります。
https://nkbp.jp/booksQA

Printed in Japan
ISBN978-4-8222-8872-3